本书得到河北省教育厅人文社科重点研究基地
河北大学政府管理与公共政策研究中心资助

社会变革中的公共政策实践与优化研究

孙健夫 等 著

科学出版社
北京

内 容 简 介

本书以我国社会发展变革为背景，以公共管理和公共经济理论为指导，以调查研究为依据，分析了财政扶贫资金支出、财政科技投入支出、政府购买公共服务支出、政府间横向合作关系、面向现代服务业发展的税收征管制度等热点公共政策的内涵与实践，较为详细地分析了上述公共政策提出的国内外经济和社会发展环境，客观评价了政策实施的效果及改进的空间，提出了优化的方法和对策建议。本书的研究对象既有全局性的宏观政策问题，又有区域性的政策问题，注重问题研究的理论性、思想性和实际操作性。

本书适合从事经济学、公共管理学和社会学研究的专业人员以及高校师生学习参考。

图书在版编目（CIP）数据

社会变革中的公共政策实践与优化研究 / 孙健夫等著. —北京：科学出版社，2019.3

ISBN 978-7-03-054993-8

Ⅰ. ①社… Ⅱ. ①孙… Ⅲ. ①公共政策—研究—中国 Ⅳ. ①D63-31

中国版本图书馆 CIP 数据核字（2017）第 261677 号

责任编辑：陈会迎 / 责任校对：王　瑞
责任印制：张　伟 / 封面设计：无极书装

科 学 出 版 社 出版
北京东黄城根北街 16 号
邮政编码：100717
http://www.sciencep.com

北京凌奇印刷有限责任公司 印刷

科学出版社发行　各地新华书店经销

*

2019 年 3 月第 一 版　开本：720 × 1000　1/16
2020 年 9 月第三次印刷　印张：12 1/4
字数：249 000

定价：98.00 元

（如有印装质量问题，我社负责调换）

前　　言

随着国家经济的快速发展，我国公共政策的制定与实施正在越来越多地成为社会关注的热点问题。尤其是党的十八大以来，从国家治理到民生改善，从经济进入新常态到民主法治建设，从预算制度改革到扶贫脱贫攻坚……无不彰显着以习近平同志为核心的党中央运筹帷幄、开拓创新的坚强决心和务实策略。毫无疑问，这些宏大的公共政策的提出和成功实践，为中国特色的社会主义走向胜利奠定了坚实的基础，也为当代公共政策的学术研究提供了前所未有的广阔天地。

河北大学政府管理与公共政策研究中心作为一个学术研究机构，近年来在教学和科研领域紧紧把握党和政府的中心工作，努力贯彻理论联系实际的学风，致力于研究现实问题，为各级政府担当智库参谋，组织教师和学生走向社会，深入基层，大兴调查研究之风，在观察和认识实际问题的过程中，有深度地理解公共政策理论及其在中国的创新性发展。本书所呈现的就是该中心在上述研究中所取得的部分成果。

全书由孙健夫教授和李孟亚、冯楠、杨嘉豪、李立媛、黄玉龙、杜时雨共同撰写。六章内容关注了四个方面的公共政策问题。

其中，用四章的篇幅探讨了财政支出的相关政策设计及其实施机制。根据两年多来在河北省部分市县精准扶贫的深度调查，我们重点研究财政资金支持精准扶贫政策的投入方式和投入成效，提出区分不同财政资金投入方式的思路以及分类改进投入方式的政策建议，设计评价财政资金投入效果的方法。在河北省 R&D（research and development，全社会研究与试验发展）财政政策绩效评价研究中，我们对目前所采用的财政科技投入评价方法进行客观分析，利用数据包络分析（data envelopment analysis，DEA）和因子分析模型对河北省科技投入的面板数据进行实证分析，进而指出应加强科技投入及优化科技投入结构的政策完善措施。书中关注的另一项财政支出政策是政府购买公共服务。通过对保定市政府购买公共服务的制度和实际应用考察，着重从提高购买公共服务的规范性、透明度、竞争性和相关的监管机制设计提出对策思路。

随着科技创新的加快，现代服务业不断兴起，给传统的税收征管带来了不小的挑战。在网络游戏行业税收征管问题研究中，我们针对网络游戏行业自身的特点，提出了以防范税源流失、维护税收公平原则为目标，加强和改进税收征管的必要措施。

2022 年，北京、张家口两地将联合举办国际冬季奥运会（简称冬奥会）。这将是继 2008 年夏季奥运会（简称夏奥会）成功举办之后在中国举办的又一次重大国际体育赛事。毫无疑问，作为冬奥会承办地的北京和张家口对赛事的成功举办负有极其重大的责任。为此，我们以公共管理中政府横向合作理论为指导，分析北京、张家口两地政府举办冬奥会合作机制，论证两地政府合作的原则、基础、挑战和协调机制。

综上所述，由于公共政策体系十分庞大，我们在本书所做的研究并非是全局性的系统性研究，而是以问题为导向，并基于我们自身的研究优势，选取目前有代表性的若干公共政策问题，作为重点研究对象。这也是我们后续研究的基本思路。对于书中不成熟、不完善的观点，期望得到专家学者的指教！

孙健夫

2017 年 11 月 20 日

目　录

第一章　财政扶贫资金投入方式研究

第一节　概　　述

一、研究背景

（一）解决农村贫困问题的紧迫性

贫困问题是一直困扰着各国的世界性难题。中国是一个农业大国，农村贫困人口多、贫困面大一直是中国社会经济发展的短板。自中华人民共和国成立以来，中共中央、国务院高度重视减贫工作，从相关政策角度来说就是几大标志性文件的颁布实施，如《国家八七扶贫攻坚计划（1994—2000年）》《中国农村扶贫开发纲要（2001—2010年）》《中国农村扶贫开发纲要（2011—2020年）》[1]。在党和政府积极出台政策措施扶贫的背景下，我国贫困状况得到了有效改善，依据原有的贫困标准，贫困人口由1978年的2.5亿人减少到2007年的4320万人，贫困发生率由1978年的30.7%下降到2007年的4.6%；2008年新的贫困标准调整为年平均收入1196元，贫困人口由2008年的4007万人减少到2009年的3597万人，贫困发生率由2008年的4.2%下降到2009年的3.8%；2010年的贫困标准调整为年平均收入1274元，贫困人口由2010年16 567万人减少到2016年的4335万人，贫困发生率由2010年的17.2%下降到2015年的3.1%（表1-1）。

表1-1　2000～2016年我国贫困人口变化情况

年份	贫困发生率/%	贫困标准/元	贫困人口/万人
2000	10.2	865	9 442
2001	9.8	872	9 030
2002	9.2	869	8 645
2003	9.1	882	8 517
2004	8.1	924	7 587
2005	6.8	944	6 432
2006	6.0	958	5 698
2007	4.6	1 076	4 320
2008	4.2	1 196	4 007
2009	3.8	1 196	3 597

续表

年份	贫困发生率/%	贫困标准/元	贫困人口/万人
2010	17.2	1 274	16 567
2011	12.7	2 300	12 238
2012	10.2	2 300	9 899
2013	8.5	2 736	8 249
2014	7.2	2 800	7 011
2015	5.7	2 885	5 575
2016	3.1	3 000	4 335

资料来源：国家统计局

但是，由于历史、自然、社会等方面因素的影响，我国农村贫困地区面临的根本性问题依然没有解决，扶贫开发依然任重道远。到 2020 年，平均每年减贫要达到 1170 万人。扶贫开发工作重点县 592 个，14 个集中连片特困地区包括县 680 个，两者有 440 个县的重复，总贫困县数是 832 个。这些县 2020 年都将要实现脱贫。

河北省既是人口大省和农业大省，又是环首都经济圈的一个重要组成部分。由于经济发展水平和自然环境的制约，全省的贫困问题一直成为制约经济和社会发展的难题。尤其在保定市、张家口市、承德市范围内形成了一个连片的贫困带，其脱贫工作任务艰巨。仅在保定市，涞水县、阜平县、唐县、涞源县、望都县、易县、曲阳县、顺平县 8 个县都属于第一批国家重点贫困县，博野县①被列入省重点贫困县。[2]毫无疑问，精准扶贫的好坏将直接关系到这些贫困县的人口能否实现真正脱贫的目标。而财政资金如何选择支持投入方式，是一项极具挑战意义的研究课题。

（二）现行财政资金投入方式亟待优化

精准扶贫开发要精确定位扶贫资金，把每一笔财政扶贫资金都用在刀刃上，进而确保贫困户直接受益，加快其脱贫进程。然而，目前我国的扶贫方式存在资金错位、缺位的现象。以保定市为例，经实地调研发现，有些地区财政资金存在积压的现象，受到季节等因素的影响，扶贫项目在预算年度内不能按计划推行，进而会拖延到下一个年度，例如，将 2014 年、2015 年的财政专项资金积压到 2016 年。财政资金的使用从补贴到户到产业扶持，资金的还用形式以及入股形式处于摸索阶段，财政资金未能充分利用。与此同时，扶贫资金对贫困村的扶持力度不

① 博野县于 2017 年 4 月因符合退出贫困县标准而出列，本书中仍将其列入贫困县进行分析。

是很大，贫困村的基础设施主要是与产业相配套的基础设施，财政资金缺乏对贫困村公共基础设施建设的投入。保定地区 70%的财政资金用于扶贫产业项目，只有 25%的资金用于产业配套的基础设施建设，5%用于劳动力转移培训，资金量相对较小。贫困村中类似于街道、路灯等公共基础设施依然很缺乏，如果这些基础设施得不到完善，产业也无法顺利发展起来。财政资金使用精确度不高，资金安排存在重复投入的现象。可见，精准扶贫资金投入方式具有重要的研究价值。

二、研究意义

（一）理论意义

财政专项扶贫资金管理是扶贫开发工作的重中之重，通过优化财政扶贫资金的投入方式，将有助于提高财政资金使用效率，不断提高扶贫工作的精准性、有效性、持续性。

（1）有利于实现资金精准滴灌。我国的扶贫开发旨在通过财政资金的投入带动贫困地区的经济发展，改善贫困地区的生存环境和生活条件，集中优势资源发展本地区的特色产业或项目，从而使贫困人口受益，带动其脱离贫困。一直以来，财政扶贫资金投入有限，需要扶持的对象多、数额大，客观上存在“小马拉大车”的问题，有的地方为了兼顾平衡，难免存在“摊大饼”“撒胡椒面”安排资金项目的问题，有些地区的专项资金投入与其产业项目带来的资金存在重复投入的现象，少数地方在资金分配上没有与减少贫困目标挂钩。因此，让财政资金的使用得到应有的投入效果，必须做到精准滴灌，有针对性地解决问题。

（2）有利于推动财政体制创新。精准扶贫是政府履行公共管理职能的一个创新方式，也对财政支出方式的优化提出了新的课题。与之相联系，需要加大中央财政均衡性转移支付力度，提高转移支付系数，增加转移支付额度；完善县级基本财力保障机制，增强基层政府提供基本公共服务的财政保障能力；中央有关专项转移支付要向片区县倾斜，加大革命老区、民族地区转移支付力度；省级财政要提高对片区的转移支付比重，延长省级财政性资金扶持政策执行期限。所有这些，都需要从理论和实际的结合上进行深入研究。

（二）社会意义

消除贫困、改善民生、最终实现共同富裕，是社会主义的本质要求。扶贫开发有利于实现全面建成小康社会的宏伟目标，促进社会和谐稳定与经济有序健康发展。本章在精准扶贫的背景下，重点研究财政资金投入方式存在的问题，对保定市贫困县的财政资金的使用进行统计分析，掌握提高财政资金使用效率的规律，为政府部门制定扶贫开发规划和扶贫管理提供依据。通过对财政资金投入方式决定因素的研究及其创新方式的探索，为政府部门如何将财政资金投入、扶贫开发措施与建档立卡工作有效衔接以及如何提高扶贫精准度提供有意义的参考。同时，在此基础上为优化财政扶贫资金投入方式提出相应的建议。

三、研究文献综述

（一）关于贫困定义的研究

最早对贫困的定义进行专题研究的是英国的布什（Booth）和朗特里（Rowntree），100 多年前，他们对伦敦东区城市贫困进行了一系列的调查研究，在调查研究的基础上提出了贫困的定义。2006 年，美国学者亨利·乔治（H. George）在 *Progress and Poverty* 一书中指出，导致贫困的根源是不平等的土地分配以及政府的行政垄断（税收）[3]。100 多年来，不同的机构、学者根据各自的研究需要，从不同的视角给贫困下了许多不同的定义，正如一千个读者有一千个哈姆雷特，人们对贫困的认识也在不断地深入，刚开始时仅限于狭窄的收入概念，主要是收入的多寡能否维持基本的物质生活需要，随着研究的深入，陆续增加了其他方面的因素，如情感、社会、制度等。贫困的定义从大的方面来说有狭义说和广义说。[4]

（1）狭义的贫困。1898 年，英国学者 Rowntree 从家庭消费的角度提出了自己对贫困的定义：衡量家庭是否处于贫困状态的指标，就是其家庭的总收入能否维持必备物质生活的需要，如果不能，则说明该家庭处于贫困状态[5]。1901 年，Rowntree 在就城市贫困问题对伦敦进行了一系列调查研究后，提出了“初级贫困”的概念，即低于维持机体有效活动的最低指标的一种贫困状态[6]。后来这被引用为绝对贫困，也称为生存贫困，是连最低物价生活水准都达不到的一种生活状态。1979 年，英国学者 Townsend 从“资源的不足”角度分析认为，所谓贫困，就是指那些由于缺乏必需食物的个人、家庭和群体，不能参加最基本的社会活动，不能维持生存所必需的生活与社交条件资源的情形[7]。Lemert 认为“贫困是指生活必需品的缺乏”[8]。Fairchild 认为“贫困是指相对较少（收入）的一种状态”[9]。Queen 等认为“贫困是一种失调状况，即经济收入低于所在地当时基本生活必需品购买力的一种状况”[10]。1990 年，世界银行在以“贫困问题”为主题的《1990 年世界发展报告》（*World Development Report*（1990））中提出了传统的贫困概念：缺少达到最低生活水准的能力就是贫困[11]。国家统计局“中国农村贫困标准”“中国城镇居民贫困问题研究”两个课题组在其报告中提出的贫困概念是：“贫困一般是物质生活困难，即一个人或一个家庭的生活水平达不到一种社会可接受的最低标准，他们缺乏某些必要的生活资料和服务，生活处在困难境地。”[12]1998 年，吴天锡认为：仅依靠自家劳动能力谋生，而无法维持其家庭基本生活水准的，均可称为贫困[13]。

（2）广义的贫困。Suhultz1990 年、1991 年两次对贫困给出自己的解释，他认为贫困是特定社会特定家庭的一种复杂的社会状态，现存的贫困很大一部分是经济发展不平衡的结果[14]。詹姆·肯凯德则指出：“贫困不仅仅是指收入分配处在社会的最底层，而且指人处在社会地位的最底层，由所处的地位导致的一种特殊的无权利状态，在面临来自社会有权势的集团压力时，无力控制自己所处的生活环境。”[15]1998 年诺贝尔经济学奖得主 Sen 在 *Commodities and Capabilities* 一书中提出了商品、能力和功能这三个重要的概念，阐述了其贫困思想，“所谓贫困，是指对人类基本能力和权利的剥夺，而不仅仅是收入的低下”[16]。欧共体委员会 1989 年对贫困的定义是“贫困应该被理解为个人、家庭的资源（物质的、文化的和社会的）如此有限以致他们被排除在他们所在的成员国可以接受的最低限度的生活方式之外”[17]。世界银行在《2000/2001 年世界发展报告：与贫困作斗争》中指出：“贫困不仅仅指收入低微和人力发展不足，它还包括对外部冲击的脆弱性，包括缺少发言权、权利被社会排斥在外。”[18]

（二）关于贫困标准的研究

全球多数国家都根据本国实际确定本国贫困标准，并发布按本国贫困标准衡量贫困人口数[19]。中国衡量贫困状况通常使用以下两个标准：一个是国家统计局公布的农村贫困标准，也称政府贫困标准；另一个是世界银行的“1 天 1 美元的国际贫困标准”。

1. 政府贫困标准

中国国家统计局发布的政府贫困标准的发展一共经历了三个阶段：第一阶段是绝对贫困标准；第二阶段是增加了农村低收入标准；第三阶段是将两个标准合并为国家贫困标准（表 1-2）。

（1）绝对贫困标准（1986 年）。中国农村绝对贫困标准是在 1985 年、1990 年、1994 年、1997 年由国家统计局农村社会经济调查总队根据农村住户调查分户资料测定，其他年份则使用农村居民消费价格指数进行更新。1986 年农村绝对贫困标准是 206 元，2007 年农村绝对贫困标准是 785 元。

（2）农村低收入标准（2000 年）。为了更好地监测刚实现基本温饱的贫困人口的动向，并进行贫困的国际比较，1988 年，国家统计局开始测算新的贫困标准，从2000年起，以农村低收入标准的名义向社会公布。具体方法是：采用1997年的食物贫困线（根据物价指数调整），再利用在贫困状况下食物消费占总生活消费的60%的假设，计算出1998年农村低收入标准为880元，该标准的测定使用了联合国粮食及农业组织采用的一个通用的假设，如果恩格尔系数（食物消费份额）在60%以上，生活水平一般为贫困。2000年农村低收入标准为865元，2007年农村低收入标准为1067元。

（3）国家贫困标准（2008年）。在2008年以后绝对贫困标准和农村低收入标准合一，统一使用1067元为国家贫困标准。2010年将国家贫困标准上调为2300元。

表1-2 中国贫困标准[①]

年份	绝对贫困标准/元	农村低收入标准/元	国家贫困标准/元	
			2008年标准（1067元）	2010年标准（2300元）
1986	206			
2000	625	865		
2007	785	1067		
2008			1067	
2009			1196	
2010			2300	
2011				2300
2013				2736
2014				2800
2015				2855
2016				3000

资料来源：中华人民共和国国家统计局

2. 国际贫困标准

世界银行于1990年根据1985年购买力平价采用370美元作为衡量各国贫困状况的国际贫困标准，后来被简化为1天1美元。1994年根据1993年的购买力平价将国际贫困标准修订为1天1.08美元。2005年将国际贫困标准修订为1天1.25美元。2015年将国际贫困标准修订为1天1.90美元（表1-3）。

① 贫困标准根据每年的消费价格指数变动。

表 1-3　国际贫困标准

年份	国际贫困标准/美元
1990	1.00
1994	1.08
2005	1.25
2015	1.90

资料来源：中华人民共和国国家统计局

国内还有一些学者对贫困测量方法进行了一些评价和完善。例如，张秀艳和潘云详细地介绍了关于贫困的基础测量指导、标准化度量以及洛伦茨曲线与基尼系数[20]。毕洁颖和黄佳琪认为为达到 2020 年现行标准下的贫困人口全部脱贫的目标，在实践中采取多维度测量的方法，多维度贫困与收入贫困相比关注范围进一步延伸，延伸到教育、健康等发展领域，更多地关注人的长期发展，并且可将此作为 2020 年后新扶贫标准制定的可行方法[21]。

（三）关于财政扶贫资金投入的研究

随着国内近 20 年以来扶贫资金总量的增加，我国农村扶贫取得了令人瞩目的成绩，但扶贫的边际效益日益递减也是不争的事实，因此，近年来扶贫资金投入与扶贫效率评价研究日益引起国内学者的重视和关注：通过农村财政资金减贫的作用机制分析，不同地区项目的合理区间和运作方式不同[22]；扶贫信贷资金的传递效果不理想，使用效率出现了边际递减现象[23]。1997 年，Pizza 等认为，中国扶贫开发不仅要增加扶贫资金的投入，而且要提高扶贫资金的使用效率[24]。朱乾宇 2004 年进行了财政扶贫资金及其具体投向对提高农业总产值和农民纯收入，降低农村贫困人口及其比例的回归分析，来考察我国政府扶贫资金使用绩效，他认为我国不同形式的扶贫资金的投入具有不同的绩效，其中以工代赈的绩效最佳，而贴息贷款和发展资金的投入使用效果并不理想，绩效不佳[25]。郑海宁和李彤认为扶贫项目资金的分配、申请到发放过程都是政府、银行和企业的活动[26]。于敏认为应采取专业评价和综合评价结合的方法，改善考核指标，对工作人员进行培训，分区考核，建立工作平台，建立专家库，合理利用评价结果[27]。

（四）简要述评

由于贫困问题的复杂性，迄今为止尚无一个权威且得到普遍认可的定义。

但总体来说，贫困的内容具有多元性，外在表现具有缺失性，贫困程度具有可衡量性，贫困是动态的，主要取决于一国的社会经济发展水平。笔者更倾向于狭义的贫困定义，贫困就是由一个人或家庭的收入低下而导致其生活水平远低于社会正常生活标准的一种生存状态。通过分析中国贫困标准和国际贫困标准，可以从表 1-2 和表 1-3 中看出，世界银行于 2015 年将贫困标准调整为每天 1 人 1.90 美元，而我国 2014 年遵循 2010 年贫困标准，随着消费价格指数的变动，2014 年中国贫困标准为 2800 元，按照购买力平价计算，大约为每天 2.2 美元，略高于世界银行 1.90 美元的标准。但我国仍有 4335 万贫困人口，扶贫工作依然很艰巨，要充分利用农村的财政扶贫资金。然而，农村扶贫资金管理机构庞大，财政扶贫资金的投入与使用环节存在许多漏洞，监督和绩效评估机制不完善，导致扶贫资金使用效率低。虽然近几年贫困人口的减少速度不断下降且与扶贫资金不断增加形成强烈反差，已经引起我国学者的关注，但对于财政扶贫资金投入方式的研究文献并不多，更谈不上系统。因此，本章在对贫困户进行走访的基础上对财政资金投入方式进行系统性分析，对以后扶贫工作的开展有一定的参考意义。

四、基本概念

（一）贫困与扶贫

贫困是指在一定的社会范围内，由一部分人的收入水平过低导致的经济生活水平低于社会整体一般生活水平的状态。存在绝对贫困和相对贫困、长期贫困和短期贫困的不同概念。扶贫是中国特有的词语，国外称为反贫困。所谓扶贫，就是帮助贫困人口和贫困地区发展经济，目的是消灭贫困，提高贫困人口的生活水平，改变贫困地区的生活面貌的活动。中国农村的扶贫问题，重点在贫困村，难点在贫困户。我国根据不同的贫困类型，因地制宜地制定扶贫策略。农村的贫困成因是非常复杂的，有历史因素，也有现实因素；有自然因素，也有人为因素；有经济体制因素，也有政治体制因素[28]。因此，扶贫就像是中医看病，号不准脉，就下不准药，治不好病。精准扶贫就是要把好致贫原因的脉，开好治贫的药方。如果扶贫缺乏精准度，粗心大意找问题，必然摸不到实情；粗制滥造定举措，必然扎不准穴位；粗枝大叶搞落实，必然收不到实效。贫困地区的基本面貌、资源禀赋、发展诉求千差万别，只有充分掌握扶贫对象的个别情况，因地制宜，因人施策，才能实现扶贫工作效率最大化和资源利用最大化，帮助扶贫对象走上脱贫致富的新道路。

（二）精准扶贫

精准扶贫是常规扶贫的升级版，是指针对不同贫困区域、不同贫困对象，运用科学有效程序和方法对贫困区域、贫困对象实施精准识别、精准规划、精准帮扶、精准管理、精准考核的一种扶贫方式，旨在引导各类扶贫资源优化配置，实现扶贫到村到户，逐步构建精准扶贫工作长效机制，为科学扶贫奠定坚实基础[29]。精准识别，是指通过申请评议、公示公告、抽检核查、信息录入等步骤，将贫困户和贫困村有效识别出来，并建档立卡。精准识别是精准扶贫的第一道工序，也是前提和基础，通过有效合规的程序，用"定位仪""瞄准仪"对贫困村和贫困户进行准确定位与精确瞄准，解决贫困人口底数不清、对象不明、分布不详的问题。精准规划，是指按照全面小康社会的要求，根据河北省各地不同的贫困程度、自然环境、发展条件，找准差距，明确工作重点和具体措施，把规划、目标转化为贫困村和贫困户最期待、看得见、摸得着、落得实的具体措施。精准帮扶，是指对识别出来的贫困户和贫困村，深入分析致贫原因，落实帮扶责任人，集中财力、物力予以支持。精准管理，是指对扶贫对象进行全方位、全过程的监测，建立全国扶贫信息网络系统，实时反映帮扶情况，实现扶贫对象的有进有出、动态管理，为扶贫开发工作提供决策支持，同时重点对扶贫资金、帮扶队伍进行精细化管理，形成信息管理、资金管理、组织管理"三位一体"的精准管理体系。精准考核，是指对贫困户和贫困村识别、帮扶、管理的成效，以及对贫困县开展扶贫工作情况进行量化考核，奖优罚劣，保证各项扶贫政策落到实处。

（三）财政扶贫资金

财政扶贫资金分为发展资金、以工代赈资金、少数民族发展资金、"三西"农业建设专项补助资金、国有贫困农场扶贫资金、国有贫困林场扶贫资金、扶贫贷款贴息资金等 7 个类别[30]。财政扶贫资金根据投入项目的性质不同，大致可以分为：投入生产经营项目的扶贫资金、投入基础设施项目的扶贫资金、投入教育培训项目的扶贫资金。根据财政资金的投入主体不同，大致可分为中央投入、地方政府投入、公司的投入和公共私营合作（public-private-partnership，PPP）模式；根据财政资金投入的形式不同，大致可以分为资金投入和实物投入。发展资金主要用于促进贫困地区农业、牧业、种植业等的发展，适当用于修建乡村道路、桥梁，建设基本农田，兴建农田水利，解决人畜饮水问题，发展农村基础教育、医疗卫生、文化、广播、电视事业等，提高地区农业经济，并以此带动地区经济的发展。以工代赈，是指政府投资建设基础设施工程，受赈济者参加工程建设获得劳务报酬，以此取代直接救济的一种扶持政策。以工代赈资金是让贫困农户以劳动换取相应实物报酬的方式，在为贫困者提供一定就业机会的同时，帮助贫困者解决基础设施不足的问题，改善群众生产生活条件和生态环境，重点修建县、乡、村道路，兴修农田水利，解决人畜饮水及开展小流域综合治理等。少数民族发展资金和“三西”农业建设专项补助资金是专款专用。其中，“三西”农业建设专项补助资金专门用于解决甘肃省的定西地区、河西地区、陇南 10 个高寒阴湿特困县和宁夏回族自治区的西海固地区（简称“三西”地区）的开发建设，重点用于基础设施建设补助、人畜饮水建议设施、移民安置补助、智力开发等。国有贫困农场或林场扶贫资金主要用于支持贫困农场、贫困林场改善当地生产生活基础条件，并利用当地资源发展生产，促进经济增长。扶贫贷款贴息资金主要用于直接解决农村贫困人口温饱的种植业、养殖业和以当地农副产品为原料的加工业中效益好、有还贷能力的项目，帮助贫困地区和贫困户早日脱贫，促进当地的经济发展。

在此，根据河北省的具体情况，将财政扶贫资金的结构分为发展资金、以工代赈资金、扶贫贷款贴息资金、项目管理费和国有贫困林场扶贫资金五类，并以此为依据对财政资金的投入方式进行分析研究。

（四）财政资金投入方式

财政资金投入方式是指财政支出形成过程中，按照什么规则，通过什么途径以及采用什么工具，将资金用于达到设计好的目标。因此，财政资金投入方式一词是一个很综合的概念。在这里必须明确，在精准扶贫领域，财政资金投入方式并不仅仅是投资方式的含义，而且包括财政对扶贫支出项目所花费的全部资金采用的方式。毫无疑问，在精准扶贫过程中，产业扶贫居于重要地位。财政支持产业扶贫的资金就意味着财政的投资性支出，它会形成某种形式的产业或资产，无论是扶持农村专业合作社，还是扶持农民家庭的养殖业、种植业，还是增加企业性质的补贴支出，都可以成为投资性支出。但是，政府还要承担公共基础设施建设扶贫、教育扶贫、移民搬迁扶贫、金融扶贫以及危房改造扶贫、社会救助扶贫等，所有这些都需要政府的财政拿出必要的资金予以扶持。其中包含为低保家庭提供的子女教育学费、日常生活费用等。显然，教育扶贫、移民搬迁扶贫、医疗扶贫等可以称为民生性扶贫，而不能称为投资性扶贫。这些扶贫项目的形成，都是财政资金投入的结果。因此，当讨论财政资金投入方式时，必须全面认识投入的资金形式与渠道，以免漏掉某些项目，影响分析结果。

五、相关理论基础

（一）公共产品理论

作为西方财政理论的核心，公共产品理论发展较早，最早可追溯到古典学派。20 世纪 20 年代 Samuelson 对公共产品的经典定义，标志着公共产品理论的正式形成。Samuelson 在 1954 年发表的 *The pure theory of public expenditure* 一文中将公共产品定义为：纯粹的公共产品或劳务是每个人对该产品或劳务的消费并不减少其他人对该产品和劳务的消费[31]。公共产品与私人产品的根本区别在于公共产品具有效用的不可分割性、消费的非竞争性和受益的非排他性基本特征，而私人产品具有效用的可分割性、消费的竞争性和受益的排他性。准公共产品是介于两者之间的一种公共产品。依据非排他性和非竞争性两个特征，将公共产品分为纯公共产品、准公共产品和私人产品。纯公共产品同时具备这两个特征，如国防；准公共产品只具有其中一个特征，如有线电视；私人产品不具备这两个特征，如食品。在公共产品消费中存在明显的“搭便车”现象。公共产品理论是以研究市场失灵为起点，建立在边际效用价值论和社会契约理论基础上的一项新政治经济学。公共选择理论作为公共产品理论发展的新方向，其代表人物布坎南在 1965 年的《俱乐部的经济理论》中首次对非纯公共产品进行了分析，进一步拓宽公共产品的概念，指出公共产品是经过集体或团体商议决定的、出于某种目的获取的繁荣物品或服务。

农村的贫困地区缺少必要的公共产品。农村的公共产品是指在农村地域范畴内用于满足农村公共需要的，私人不愿意提供的，具有非排他性、非竞争性的社会产品，如农村的公共基础设施等，这些主要由政府来提供，财政有专项的扶贫资金支持。尤其是在贫困地区，农村的公共产品相对欠缺，正需要财政资金的大量投入。

（二）人力资本理论

舒尔茨在发表《人力资本投资——一个经济学家的观点》时提到：“经济发展主要取决于人的质量，而不是自然资源的丰瘠或资本存量的多寡。”他在研究农业经济问题时发现，美国农业生产产量急剧上升和生产率迅速提高的原因不是土地、人口和资本存量等物质资本的提升，而是人民大众生产能力和技术水平的提升。所以，他认为传统经济理论中强调物质资本重要性的观点有失偏颇，人力资本对经济增长的贡献远超物质资本。人力资本又包括质和量两个方面的内容，质指的是技术、知识等可以影响人的生产能力和生产效率的东西；量指的是社会中所有从事工作的人数及其百分比。因此，要提高农民收入、农业生产效率，就应该加大人力资本的投入，即进行农业技术推广、大力推行贫困地区义务教育、加大农村基础设施建设和教育师资投入等。可以说，舒尔茨的人力资本理论是对贫困与反贫困理论的重大突破，他将研究视线从“物质资本”引向“人力资本”，启发了人们对促进经济发展因素的反思。可以说，完全依靠追加资本投资来促进经济增长的观点存在片面性，导致贫困产生的根本原因不应该完全归结为物质资本的匮乏，而应该是人力资本的匮乏以及对人力资本投资的轻视。

（三）政府的职能理论

在新的扶贫形势下，作为农村扶贫资金主要提供者和实施者的政府职能应进行重新调整。从政府在扶贫中的作用看，政府承担的主要为服务功能，不要什么都管，什么都做。要处理与市场的关系，对于自己管理不好、管理不了的一些事项进行放权，让市场去管理，通过市场机制发挥最大效益。政府要做的是政策制定、舆论宣传、统一协调、监督惩处等。其主要工作是：科学合理界定扶贫目标，制定中长期农村扶贫规划、出台保障和规范扶贫活动的法律法规与政策，组织参与社会资本不愿或不能进行的水利、交通等公共基础设施建设，提供社会公共服务，对贫困人口开展各种形式的文化技能教育，培养有文化、懂市场、会经营的新型农民；为各类农村扶贫主体参与扶贫工作提供一个良好的操作平台，为各类扶贫资源的优化配置、高效运行提供一个优越的外部环境。在扶贫范围上，政府要退出一些市场能有效解决的领域，但对生活条件十分艰难的特困地区，文化素质低、因病或因故致残，无简单再生产能力的贫困人口，政府应将扶贫与低保有效衔接，提供必要的基本生活保障，确保这些贫困人口的基本生活需要，保证其有饭吃、有衣穿、有房住。因此，在中国现阶段，政府应当提高其服务的意识和能力，增强决策的科学化和民主化，提高配置的效率和协调能力，只有这样，政府才能在消除贫困促进发展方面做好规则、组织、引导、服务、监督。

（四）反贫困理论

阿马蒂亚·森作为提出反贫困理论的代表性人物，指出贫困的实质是能力的缺乏和可行能力被剥夺。能力的缺乏和可行能力被剥夺，意味着人们失去争取富裕和发展的机会，最终陷入贫困的状态。这种能力包括参与政治活动、免受困苦、获取知识和信息、识字算数等。冈纳·缪尔达尔提出了著名的“循环积累因果关系”理论，认为发展中国家出现贫困的根本原因在于资本形成不足和收入分配不公平。冈纳·缪尔达尔从经济、政治、制度、文化等宏观层面分析发展中国家贫困的影响因素，认为发展中国家贫困问题并不是简单的经济现象，而是一个动态的系统，各因素间相互影响、相互制约，形成“累积性循环”的态势。其主要表现为：发展中国家经济发展水平低，国民收入能力有限，收入水平低下，从而导致国民生活水平较低。而生活水平低致使国民面临着医疗卫生条件差、营养不良、国民健康指数低、受教育程度低等问题。受教育程度低、文化素质不高的直接后果是本国人口质量不高，劳动者文化素质低，导致劳动生产率低。而劳动生产率低使得劳动者获得较低的工资收入，最终陷入反复的贫困循环中。

第二节 财政扶贫资金投入方式的决定因素

改革开放近40年的实践表明，我国政府的开发式财政扶贫资金投入对解决贫困地区农户的温饱问题和农村发展产生了深远影响与显著作用，为这些地区的贫困人口改善生产和生活条件、提高收入水平提供了巨大的资金支持。但是国内环境的日趋复杂，必然增加了我国财政扶贫资金投入的难度，资金投入方式的合理性与否必然影响其扶贫效果。长期以来，理论界重财政资金的投入而轻资金的投入方式的研究，不利于从理论上对财政扶贫资金进行精准滴灌。正是基于此，本节首先关注财政扶贫资金投入规模与来源，了解保定地区财政扶贫资金的投入情况，重点分析财政扶贫资金的投入方式及其决定因素。本书选取数据的依据是2013年我国提出精准扶贫，选取范围是2012～2016年，以此来进行财政扶贫资金投入方式的分析。

一、财政扶贫资金投入规模与来源

（一）财政扶贫资金投入规模

由于我国2013年第一次提出精准扶贫，本章以2012年的数据为基期数据，以此来进行保定地区的财政扶贫资金投入规模的分析。通过与保定市财政局、民政局和扶贫开发办公室（以下简称扶贫办）的座谈会得到了有关保定地区财政资金投入的数据，并经过整理得到保定地区财政资金投入规模情况表。由表1-4可知，2012～2016年的5年间，保定地区贫困县的财政扶贫资金年均总投入额为75 369.92万元，年均环比增长为33.13%。从目前现有的数据来看，保定地区的财政资金投入自2013年以来总体上处于增加的趋势，国家规定在"十三五"期间的财政扶贫资金投入额应每年增加，保定地区认真贯彻落实扶贫政策，2016年财政扶贫资金总投入为112 972.75万元，2015年财政扶贫资金总投入为64 082.02万元，与2015年相比增加了48 890.73万元，增长了76.29%。

表1-4　保定地区财政资金投入规模情况表

年份	数量/万元	环比变化率/%	基比变化率/%
2012	40 704.3	—	—
2013	89 283.84	119.35	119.35
2014	69 806.69	−21.81	71.50
2015	64 082.02	−8.20	57.43
2016	112 972.75	76.29	177.55
平均	75 369.92	33.13	—

资料来源：保定市财政局

由表1-5可以看出，自2013年提出精准扶贫以来，保定地区的贫困人口逐年减少，由2013年的911 213人减少到2016年的316 222人，降低了65.3%；贫困发生率也处于降低的趋势，贫困发生率由2013年的11.3%减少到2016年的3.8%，共有594 991人脱贫。由图1-1可以看出，保定地区的贫困发生率高于全国的贫困发生率，虽然保定地区的脱贫工作初见成效，但截至2016年仍有316 222人未脱贫，脱贫任务依然艰巨。因此，建立多元化的财政扶贫资金投入方式，有利于充分利用财政扶贫，使其发挥到最大的效益，能够更好地使贫困人口脱贫。

表1-5　保定地区贫困状况

年份	贫困标准/元	贫困人口/人	脱贫人口/人	贫困发生率/%
2013	2 300	911 213	—	11.3
2014	2 300	593 352	317 861	7.4
2015	2 800	453 546	139 806	7.6
2016	3 000	316 222	137 324	3.8

资料来源：保定市扶贫办

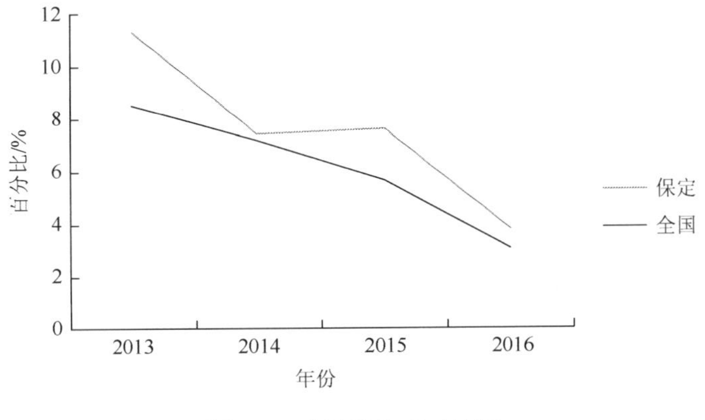

图 1-1　贫困发生率对比图

（二）财政扶贫资金来源结构及变动趋势

我国财政扶贫资金根据来源的不同可分为中央安排、省级配套、市（县）级配套。其内部结构可分为发展资金、以工代赈资金、少数民族发展资金、“三西”农业建设专项补助资金、国有贫困农场或林场扶贫资金、扶贫贷款贴息资金等 6 个类别。根据保定地区财政资金来源的统计与整理，只有省级以上的财政资金投入可以按类别进行划分，本章将河北省财政资金的结构按照发展资金、以工代赈资金、扶贫贷款贴息资金、项目管理费和国有贫困林场扶贫资金 5 类进行统计分析，从而得出 2012～2016 年保定地区扶贫资金来源结构及保定市财政扶贫资金的投入情况（表 1-6）。

表 1-6　2012～2016 年保定地区扶贫资金来源结构及保定市财政扶贫资金的投入情况

来源		单位	2012 年	2013 年	2014 年	2015 年	2016 年	合计
省级以上	发展资金	万元	18 838.7	68 335	56 724.48	47 804	83 118.4	274 820.58
		%	87.88	89.66	94.98	90.41	93.97	92
	以工代赈资金	万元	1 704	6 588	1 206	2 578	1 979	14 055
		%	7.95	8.64	2.02	4.88	2.24	4.7
	扶贫贷款贴息资金	万元	569	858	1 194	1 568	1 980	6 169
		%	2.63	1.13	2.0	2.97	2.24	2.07
	项目管理费	万元	205	319	501	874	1 327	3 226
		%	0.96	0.42	0.84	1.66	1.5	1.08
	国有贫困林场扶贫资金	万元	123	116	98	50	51	438
		%	0.58	0.15	0.16	0.08	0.05	0.15
	合计	万元	21 439.7	76 216	59 723.48	52 874	88 455.4	298 708.58

续表

来源	单位	2012 年	2013 年	2014 年	2015 年	2016 年	合计
市级配套	万元	15 400	7 179	5 415.2	5 240	10 390	43 624.2
省直管县	万元	3 864.6	5 888.84	4 668.01	5 968.02	14 127.35	34 516.82
合计	万元	40 704.3	89 283.84	69 806.69	64 082.02	112 972.75	376 849.6

资料来源：保定市财政局

由表 1-6 可知，2012～2016 年保定地区财政扶贫资金总投入额为 376 849.6 万元，其中，发展资金累计投入额为 274 820.58 万元，占 92%；以工代赈资金总投入额为 14 055 万元，占 4.7%；扶贫贷款贴息资金为 6169 万元，占 2.07%；项目管理费为 3226 万元，占 1.08%；国有贫困林场扶贫资金为 438 万元，占 0.15%。由此可见，发展资金的投入是保定地区扶贫资金的重要来源，其余依次是以工代赈资金、扶贫贷款贴息资金、项目管理费和国有贫困林场扶贫资金。保定地区 2012～2016 年省级以上财政扶贫资金投入额为 298 708.58 万元，占中央、省级、市级总投入的 79.26%，可以说保定地区现阶段的扶贫资金投入主要依靠中央安排和省级配套的财政扶贫资金。从结构和变动趋势来看，发展资金的投入由 2012 年的 87.88%，上升到 2016 年的 93.97%，增加了 6.09 个百分点；以工代赈资金的投入由 2012 年的 7.95%，下降到 2016 年的 2.24%，下降了 5.71 个百分点；扶贫贷款贴息资金在投入总额上呈增长趋势，由 2012 年的 569 万元，增长到 2016 年的 1980 万元，增长了 1411 万元；项目管理费的投入也呈逐年增长的趋势，由 2012 年的 205 万元增长到 2016 年的 1327 万元，增长了 1122 万元；国有贫困林场扶贫资金呈逐年下降趋势。由此可见，除继续保持中央财政和省级财政的财政扶贫的主导作用外，越来越重视扶贫贷款贴息资金等金融扶贫的方式在扶贫工作中的重要作用，创新财政资金投入方式。

二、财政扶贫资金投入方式的决定因素

（一）以因素构成作为基本标准

中央财政专项扶贫资金主要按照因素法进行分配。资金分配的因素主要包括各地扶贫对象规模及比例、农民人均纯收入、地方人均财力、贫困深度等客观因素和政策性因素。客观因素指标取值主要采用国家统计局等有关部门提供的数据。政策性因素主要参考国家扶贫开发政策、中央对地方扶贫工作考核及财政专项扶贫资金使用管理绩效评价情况等。地方各级财政安排的财政专项扶贫资金应主要采取因素法分配，资金分配的因素及指标取值由各地自行确定。因素分配法的投入方向主要有产业、基础设施、教育培训、贷款贴息、项目管理费。

为了科学分配财政扶贫资金，做到既确保分配公平，又有利于提高使用效益，

保定地区严格贯彻执行《财政专项扶贫资金管理办法》，将省级以上的财政资金按照因素分配法分到 9 个贫困县。2016 年省级以上专项扶贫资金为 88 455.4 万元，在年底全部下达到保定地区，其中曲阳县收到专项扶贫资金为 14 255 万元，占省级以上总专项扶贫资金的 16%；阜平县次之，收到专项扶贫资金为 13 060.9 万元，占比 15%。保定地区 9 个贫困县中望都县收到的专项扶贫资金为 4756 万元，占省级以上总专项扶贫资金的 5%，具体见图 1-2。

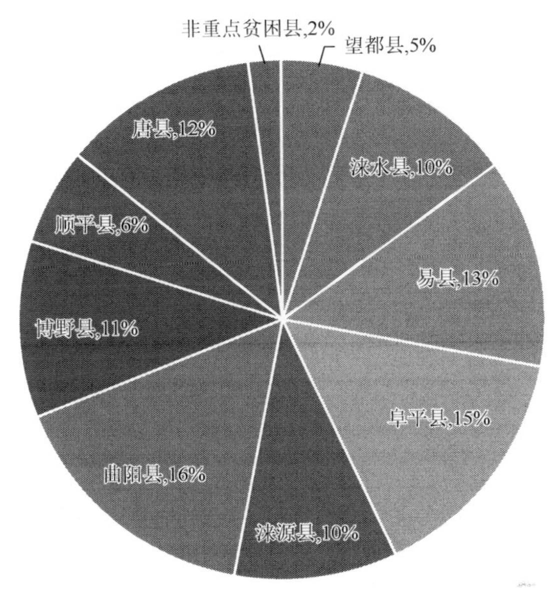

图 1-2　2016 年保定地区省级以上专项扶贫资金分配图

（二）财政扶贫资金在精准扶贫中的投入责任

扶贫作为一项准公共品，势必要求政府在资金上的长期有效投入。长期以来，贫困问题一直都受到各国政府的广泛关注。精准扶贫作为一项带有一定中国特色的反贫困政策，更是对我国财政投入能力的一大考验。合理安排财政扶贫资金投入渠道，不仅是提高我国减贫成效、加快实现我国减贫目标的必要举措；而且是提升我国的国际形象、实现我国政府公共服务均等化等职能的责任与义务。因此，保证财政扶贫资金投入在精准扶贫落实中不失位、不错位，是我国精准扶贫工作顺利进行的首要保障。

目前，我国财政扶贫资金主要来源于中央安排、省级配套和地方政府配套，我国每年都增加财政资金投入的力度，但存在部分财政资金监管不力、资金错放等投入问题，影响了精准扶贫的推进进程。

与此同时，财政资金投入覆盖范围有限、流动性差、周期疲态，从而导致扶贫工作在全国范围内还存在许多无法兼顾的地区以及大量的资金缺口。因此，我国政府应考虑加强社会资本引入，以形成全社会共同发力扶贫的局面，从而实现我国减贫水平的跃升。当前我国社会投入还处于运作初期，股份制合作、光伏发电、电商+产业等形式有效例证了以财政资金带动社会投入创新性地提高了扶贫项目的建设效率，这一形式也是新常态下政府职能创新转变的方向所在。故应大力撬动社会资本，如采取 PPP 等模式，形成财政资金与社会资本的良性运作，实现政府扶贫与社会扶贫的合力突围。

（三）财政资金投入方式的效率性

效率性是指在有限的时间内提升脱贫的速度。财政资金投入方式的效率性一般是指在一定时限内通过合理的资金配置所达到的成效水平。在精准扶贫工作中，政府应通过合理优化财政资金的投入方式，来提高减贫成效及脱贫速度。

中共十八届五中全会指示，我国要在 2020 年实现农村贫困人口全部脱贫、贫困县全部摘帽，实现全面建成小康社会的伟大目标，时间十分紧张，任务非常艰巨。这就要求各级政府科学运筹财政资金，保证财政资金投入集中财力精准到村到户，发挥最大的效益。因此，重视财政资金投入方式上的效率性便成为政府部门精准扶贫工作中必须要考虑的重要因素。

当前在财政资金投入方式上主要采取了直接方式和间接方式，尽管每年都投入大量资金，但并没有使财政资金发挥出应有效力。财政资金内外部时滞的存在，导致一些扶贫项目难以依进度推进。而在资金下放过程中，不可避免地会造成一定程度的资金损耗，这就严重影响了资金利用最大化的实现。且对于一些利益关系复杂的项目来讲，财政资金投入不当会造成矛盾激化、项目搁置难以为继等现象，严重阻碍了扶贫效率。因此，在扶贫项目的推进上，一方面要解决好项目机制本身的建设，选取有较强带动性和示范性的项目；另一方面要规划好财政资金投入机制，以使财政资金发挥其乘数效应。

（四）财政资金投入方式的有效性

有效性是指财政扶贫资金投入方式不同，会产生不同的脱贫结果。如何让有限的财政资金发挥最大效益，降低资金的损失浪费，是财政扶贫资金投入方式选择的基本因素。实施精准扶贫以来，我国每年都在增加财政资金的投入，然而却出现财政资金投入效益边际递减的现象。中国扶贫开发不仅要增加扶贫资金的投入，而且要提高扶贫资金的使用效率。因此，在财政扶贫资金的投入方式上，根据不同的项目及不同的贫困类型，采取不同的投入方式，改变以前以“输血式”的实物资助为主的模式，解决好治标不治本，高成本的投入，低效率的收益问题，确保财政扶贫资金的精准滴灌、财尽其用。当前，我国财政资金投入方式还处在摸索阶段，体系建设尚未成熟，本章在借鉴大量文献的前提下，总结财政资金投入方式，为以后精准扶贫工作过程中财政扶贫资金投入方式的选择提供参考，避免资金的流失。

第三节 财政扶贫资金投入方式类型及其运行实践

影响精准扶贫的因素是多样化的，因此，在精准扶贫的实践中，其投入方式也有不同类型的实施状况。

一、分散性投入和集中性投入

就资金投入的影响范围看，可以分成面向村民个人及其家庭的分散投入方式和面向村集体或专业合作社的集中投入方式。这两种方式并不是非此即彼、相互割裂的，而是相辅相成、相互依存的。分散投入方式的优势在于发挥政府扶贫的精准性作用，有针对性地解决贫困家庭的需求。因为村民毕竟有不同的情况，即使在贫困化程度很深的村里，也不会每个家庭都是贫困家庭，总会有一些家庭劳动力素质更高，经济情况比较好，并不属于贫困标准以下的人群。因此，直接针对困难家庭进行投入，将有利于避免资金被滥用的情况。而集中投入方式优势在于提高扶贫资金投入的整体效果，发挥能人和集体带动困难家庭脱贫的作用。这种方式适用于两个扶持方向：其一，一些贫困家庭由于身体原因没有劳动能力，或者没有足够的劳动技能，通过有劳动能力的和劳动技能较强的群体，设置专业合作社，并吸收贫困家庭以扶贫资金入社，通过集体性地开展适合当地资源条件的生产经营活动，能够更有效地使扶贫资金得到充分利用，帮助贫困家庭借助于专业合作社获取一定的收入。其二，贫困村通过集体性的生产经营方式使用扶贫资金，有利于它们扩大资金规模，从事具有更高收入前景的生产经营项目，比单独的一家一户经营收益更加稳定，即以较少的投入获取更大的规模收益。如专业合作社集体组织的草药连片种植、果蔬连片种植、畜禽集中养殖等，都会扩大这些村子的专业种植、养殖项目的影响力，达到扩展营销市场和销售收入的目的。

（一）分散性投入

即使在贫困村，贫困人口的贫困程度也并不相同，因此，财政扶贫资金有针对性地对贫困人口进行扶持，不仅有利于缓解其贫困程度，改善其生活，还能够因人而异地进行帮扶，避免造成扶贫资金的滥用。

（二）集中性投入

财政扶贫资金集中投入到贫困地区，发挥能人和集体的带动作用，扶持其发展产业项目，有效增加贫困群众的经营收入，主要有以下两种方式。

1. 专业合作社

合作社是贫困村的自发形式，在周边没有较大的产业园区或龙头企业的贫困村成立合作社，贫困村自主选择带头人，带领当地的村民一起入股合作社，经过合作社合伙人的一致同意，选择能够盈利的产业经营，产生的经济效益能够保障贫困户的分红。易县以保障贫困群众权益，降低产业风险为落脚点，引导贫困村成立扶贫合作社 87 家，全县 7000 多户贫困户以土地、资金、劳力三种资本入社，变身为“有股金、挣薪金、拿租金”的产业工人。以桑岗村为试点，探索性地建立“巢状市场+扶贫”模式，通过与中国农业大学开展深度合作，打通山区农产品直销北京校园、社区及市场的直通渠道，全县千余户空巢老人、家庭妇女凭此一项人均增收近 2000 元。唐县西胜沟村依靠自身的自然资源，发展旅游业，并注册唐县雅苑农宅旅游农民合作社，与河北中宝旅游开发有限公司合作，开发农宅项目，截至 2016 年 9 月，签订合作协议的有 20 户，有 6 户完成改造并可以入住，目前正在改造的有 14 户。唐县合作社与公司合作开发的农宅项目给 30 户贫困户共 45 名贫困人口提供了就业岗位，同时能够带动 85 名贫困人口改善其生活条件，带动西胜沟村及其周边村的经济发展，使贫困人口基本生活条件得到改善。

2. 集体生产经营

集体生产经营是贫困村集体使用财政扶贫资金发展产业项目，从而使扶贫资金的效益发挥到最大。村集体集中进行果树连片种植、草药连片种植、畜禽集中养殖，整合村民的人力、物力、财力，由村里的干部或者能人寻找收购商，将农产品卖出，形成产销一体的机制，集体解决农产品的销售问题，将种养殖的风险降到最低，形成规模经济，在一定程度上能够带动贫困户经济的发展。涞水县建立了长毛兔集中养殖园区，贫困人口从 2011 年的 10 万人降低到 2015 年的 2.2 万人。涞水县有的家庭没有劳动能力，并且每家每户单独的养殖模式使长毛兔的存活率不高，不能达到财政扶贫资金的使用效果，因此由当地政府集中投入财政扶贫资金对长毛兔进行集体性的养殖，采取合作化模式取得了初步成效。笔者调研发现，兔毛价格近几年出现下降趋势，由每斤（1 斤 = 0.5 千克）120 元的价格降到最低每斤 60 元，现在反弹到每斤 75 元。从长毛兔集中养殖园区工作人员了解到，虽然近几年兔毛的销售价格偏低，但是按照目前的价格来说，每只长毛兔每年的净收益是 80 元左右，长毛兔的总数量近 10 000 只，养殖园区的净收益约有 80 万元。当地的贫困户可以采取入股的形式获得合作社的分红，2014 年每人每年分别获得 350 元，2015 年每人每年分别获得 400 元。

贫困地区由能人带动贫困户发展产业项目，可以增加其就业，促进贫困户增收，进而实现其脱贫。唐县贫困女大学生大学毕业后返乡创业，建立唐县信达贸易有限公司，在水峪口村开办加工厂，生产婴幼儿枕头、被子、睡袋等，雇用附近贫困村里擅长手工制作的中老年贫困妇女缝制半成品。该公司长期在职员工 140 余人，其中 135 名为农村妇女，每年向长期在册员工发放工资 250 余万元；兼职员工 400 多名，大多为周边 25 个村的中老年妇女，年发放工资近 80 余万元，促使他们能够在当地实现就业，进一步增加农村贫困妇女的收入，在工作之余还能打理农田，照顾老人。

二、农业投入和非农投入

就资金投入的产业方向看，资金投入方式可以分为农业投入和非农投入，本章将农业理解为广义的农业，即种植业、林业、畜牧业、渔业、副业，农业投入是指财政扶贫资金对种植业、林业、畜牧业、渔业、副业的投入，非农投入是指除去农业投入以外的投入。精准扶贫政策是面向农村贫困人口的扶持政策，但是，这不等于扶贫项目的选择完全局限于农业领域。扶贫的目的是要减贫和脱贫，只要能够达到这样的目标，宜农则农，宜工则工，宜商则商，凡是确实能够产生扶贫效应的方式都可以纳入选择范围。因此，在产业扶贫中，可以吸引工业企业在贫困县和贫困村建立中药材加工、畜禽加工、农产品加工乃至光伏发电等非农企业或项目。在这些企业或项目运营中，优先选择当地贫困家庭的人员就业，让他们获得稳定的工资性收入。不仅如此，农民的土地还可以获得来自企业的租金收入；在政府给予企业资金支持的情况下，贫困家庭还可以通过政府的股权获取分红收入。显然，非农项目的投入远比农业投入项目具有更能提高扶贫效果的优势。

（一）农业投入

财政扶贫资金对农业的投入主要体现在三个方面：第一是财政扶贫资金对贫困户进行种子、幼畜补贴，由贫困户自己种植或养殖，农户只出劳动力，例如，易县政府利用财政资金统一购买核桃树苗，按照地亩数发放给贫困户，由当地村民自己种植，核桃树三年挂果，五年进入盛果期；第二是建立农业产业园，财政扶贫资金以入股的形式投入到产业园区，培育和壮大特色优势产业，支持扶贫对象发展种植业、养殖业，承接来料加工订单，使用农业优良品种、采用先进实用农业生产技术，取得产业园区的股金；第三是对农业发展所需要的农田水利的建设，如防洪、防涝、引水、灌溉等基础设施的建设。易县豹子峪村地处山沟地段，耕地与林地几乎都沿着山沟两侧绵延，恶劣的自然条件成为农业发展的阻碍。由于豹子峪村多为片麻岩地质结构，打深水井难，引水上山更为不易。干旱缺水成为豹子峪村农业发展的一大难题。截至 2016 年 7 月，财政投入扶贫资金打井引水上山，解决了村民的引水和灌溉的问题。

保定地区大力发展农业特色产业，到 2017 年，贫困地区建成面积 5000 亩（1 亩≈666.7 平方米）以上的现代农业园区 40 个，其中精品园区 10 个，建设乡级农业园区 120 个，形成贫困县“一县一精品、一乡一园区”的格局，以阜平县为例打造可复制推广的农业发展模式，引领整个保定地区贫困县农业特色产业精准扶贫工作。

（二）非农投入

财政扶贫资金在农业投入以外的资金投入均属于非农投入，如加工业、旅游业、电商、光伏发电等，贫困户可以采取土地、资金、劳力入股的形式，获得年底的股金分红，从而促进贫困户增收。

第一，加工业的投入。财政扶贫资金扶持贫困地区龙头企业的发展，鼓励其发展特色产业，带动周围贫困户的发展。涞源县谷润农副产品加工有限公司是保定市重点扶持的龙头企业，在公司资金周转不开的时候，涞源县扶贫办提供 150 万元的财政扶贫资金扶持其产业发展，主要经营杂粮的加工和销售。涞源县的加工业公司与保百超市签约，将深山散养健康无公害的“桃木疙瘩”牌柴鸡蛋入驻保百超市，实现产销对接。

第二，旅游业的投入。2016 年保定承办首届河北旅游产业发展大会，促进“涞涞易”三个地区旅游升级，深入挖掘当地的生态旅游和民俗文化等资源，因地制宜打造乡村经济旅游重点村或旅游景区，引导周边不具备基本生存条件地区搬迁对象适度集中居住并发展乡村旅游。易县依托狼牙山开辟了狼牙山山花节的旅游契机，鼓励当地有劳动能力的贫困户就业，支持发展农家乐。同时建立养生生态园，坚持以市场为导向，立身自然环境资源优势，做精做大乡村旅游品牌，打造扶贫旅游示范村 52 个，吸引城市人口来此旅游修养，对贫困地区的经济发展具有带动作用。

第三，电商的投入。保定地区对于在贫困村开设的电商服务网点通过省财政补贴予以资金支持，每个行政村补助 6000 元，用于支持农村电子商务服务站的基础设施建设和硬件设备的购置。与此同时，政策鼓励各类企业或社会力量参与贫困地区电子商务公共服务中心建设，整合当地农村产品资源，扶持电商企业加强与贫困村、邮政便民网点、供销社、超市等流通主体的合作，鼓励贫困村的种养殖大户或农村集体经济组织依托电商平台开展产业化经营，组织消费的交易市场、超市、网络零售企业与平台开展商品预售、包销等供需对接服务，进一步提高农村生产、生活服务水平。

第四，光伏发电的投入。河北省发布《关于做好2016年光伏扶贫实施方案的通知》中指出，光伏扶贫电站光源资源好的地区扶贫标准为1万千瓦扶贫电站扶贫1000人，其他Ⅲ类资源扶贫标准为1万千瓦扶贫电站扶贫800人。两类资源区均要针对当地建档立卡的贫困人口，由县政府规定要帮扶的贫困村和贫困人口，保障每个贫困人口连续20年、每年3000元的光伏扶贫收益。光伏发电建设不仅通过提取部分发电收益资金的方式补贴无劳动能力的贫困户，同时雇用有劳动能力的贫困户参与电站建设维护工作获得工资收入，从而带动贫困人口增收。

三、共享性投入和独享性投入

就资金投入的受益性质看，资金投入方式可以分为共享性投入和独享性投入。基础设施建设投入、贫困村环境改造投入、科技投入等是共享性投入的典型方式。这些投入不面向每个家庭，而是为全村甚至全县、全镇提供公共产品，贫困人口与非贫困人口可以共享这些财政资金产生的利益。通过贫困县、贫困村生产和生活条件的改善，为贫困家庭的脱贫创造新的机遇，提升脱贫的信心和能力。而人力资源投入（教育扶贫）、危房改造投入、低保救助投入方式等都是政府以补贴、救助等方式将资金直接打到贫困户的账户，保障贫困家庭能够一次性或定期得到来自政府的资金扶持，使他们免于贫困的折磨。在这些资金使用过程中，无论是集体还是其他个人都不允许发生挤占行为，因而其产生的利益也就全部归贫困家庭独立享有。

（一）共享性投入

基础设施、环境改造、科技等投入到村，就是要加快水、电、路、通信等基础设施建设，以基础设施建设带动贫困村脱贫致富。贫困村之穷，穷在自然条件恶劣，基础设施落后，公共服务不完善。自2013年精准扶贫以来，保定地区贫困村的面貌有了很大的改善，80%的贫困村中的主路已完成加宽、硬化的工作，并且与外界联系的道路也在修建，在村里建设垃圾集中处理点，建立农村居民活动中心，完善各种健身器材。在缺水的地区加强农田水利设施建设，打井引水上山，保证农村居民饮水安全。强化贫困村的信息服务，支持农村地区实施村村通有线电视、电话、互联网覆盖工程，做好有线网未通达农村地区的直播卫星广播电视公共服务推广工作，完善农村邮政网络建设，推进广电网、电信网、互联网“三网融合”。在贫困地区建立电商平台和担保平台，引导农民网上买卖产品，解决农民的资金问题，提高农村地区的信息化水平，紧跟时代的潮流。这些投入都属于共享性投入，贫困村的所有居民都可以共享，并且这些财政扶贫资金的投入对广大农民来说都是看得见、摸得着、能够切实亲身体会到的，扶贫效果较为明显，农户能够真实地感受到自己周围生活环境的变化，提升他们的幸福感。

（二）独享性投入

第一，贫困地区教育培训投入。财政扶贫资金加大对贫困户教育培训的投入，实施“雨露计划”，以政府财政扶贫资金为主，为了促进就业、提高贫困人口的自我发展能力，直接面向扶贫对象直补到户、作用到人，把教育作为阻断贫困代际传递的治本之策，让贫困家庭都能接受公平有质量的教育培训。针对贫困地区有劳动能力而无致富技能或经营能力的贫困人口，开展实用技术与创业技术的培训，确保贫困家庭劳动力至少掌握一门致富技能，实现依靠技能脱贫。针对贫困地区贫困家庭在校接受教育的子女进行生活补助，保定地区在落实“雨露计划”中，2015～2016年度共为7429名接受职业教育的在校贫困学生补助生活费2228.7万元。在互联网+的大背景下，保定市制定了2017年贫困地区贫困人口培训任务分解表（表1-7），计划9个贫困县对3550名农村贫困劳动力展开免费技能培训，其中：就业技能培训2300人，岗位技能提升培训360人，创业培训890人，经过培训，要达到独立上岗的要求，促进贫困人口就业增收，助推“雨露计划”精准扶贫。

表1-7　2017年保定贫困县贫困人口培训任务分解表（单位：人）

贫困县	就业技能培训	岗位技能提升培训	创业培训	总计
阜平县	280	40	40	360
涞源县	260	40	100	400
涞水县	260	40	100	400
易县	260	40	150	450
唐县	260	40	120	420
顺平县	260	40	80	380
曲阳县	260	40	100	400
望都县	260	40	150	450
博野县	200	40	50	290
合计	2300	360	890	3550

资料来源：《保定市人力资源和社会保障局关于加强职业技能培训促进贫困地区贫困人员就业增收脱贫工作的实施方案的通知》（保人社[2016]20）

第二，危房改造投入。以建档立卡的贫困户为对象实施农村危房改造，确保贫困地区符合条件的危房应改尽改。农村危房改造以农户自建为主，农户自建确实有困难的且有统建意愿的，由县级政府（部门）或乡镇搞好组织协调，帮助农户进行建设，也可以结合移民搬迁政策进行资金整合使用。扶贫户危房改造可以申请小额信贷，贷款额度最高不超过 5 万元，贷款期限最长不超过 3 年，由财政按基础利率予以贴息，由县扶贫办向当地银行提供建档立卡贫困户名单。

第三，农村养老投入。以贫困县特困老人、失能老人为对象，为其提供养老服务，建立幸福院，采取集中建院、集中居住的方式，实行集中供养。2016 年底，保定地区 9 个贫困县共有 1.3 万名特困老人，1.5 万名空巢老人，9.44 多万名生活贫困老人，统筹整合社会专业人才和志愿者，为贫困地区老年人提供最基本的生活保障。政府针对不愿意入住敬老院的农村五保老人，通过政府购买公共服务，实行院户挂钩的供养方式，由政府出资聘请护理人员，签订供养协议，形成没有围墙的敬老院。财政扶贫资金对于集中供养的特困老人每人每年保障标准不低于 6000 元，对于分散供养对象每人每年保障标准不低于 4000 元。各级政府用于社会的福利彩票公益金，要将 50%以上的资金用于支持发展养老服务业并根据老年人口的增加逐步增加投入。

四、直接投入和间接投入

就资金投入对贫困群体受益的性质看，资金投入方式可以分为直接投入和间接投入。这实际上是对上述所有各类投入方式进行重新整合的一种结果。所谓直接投入，是指政府将财政资金直接投入到贫困村和贫困户，贫困群体直接感受到政府投入为他们带来的利益。以财政扶贫资金为贫困村和家庭修建的基础设施、购买的畜禽、危房改造补贴、移民搬迁建房补助、专业合作社补贴、低保救助金等，都属于直接投入方式。在大部分贫困县和贫困村，直接投入占有主体地位。间接投入则是在政府给予贫困村、贫困家庭的投入中需要借助于第三方的力量或渠道，才能完成的投入。其中典型的形式是政府补贴鼓励银行部门发放给贫困家庭的小额贷款，以及鼓励工商企业对贫困县、贫困村建设的经营项目。

（一）直接投入

1. 资金形式

首先，对有劳动能力和经营能力强的贫困户，采取直接扶持到户，主要发展种植业、养殖业和加工业等，原则上按每户不超过 6000 元的标准给予扶持。其次，保定地区推行低保线与贫困线两线合一，充分发挥低保制度的兜底作用，2015 年底保定地区农村低保标准提高到 2900 元/年，逐步提高低保标准与扶贫标准，鼓励经济条件好的地区高于国家、省扶贫标准。将符合条件的贫困家庭纳入低保范围，家里有房、有车、有子女赡养的家庭原则上不纳入低保范围。最后，财政扶贫资金用于基础设施建设。政府直接将财政扶贫的款项打到村账户，再由村干部发放给贫困户，或者将拨下来的财政扶贫资金用于村里的基础设施建设。目前保定地区主要是将财政下发的到村财政扶贫资金用于村里的水、电、路、气、网等基础设施建设。此外，教育培训的投入，为了促进就业、提高贫困人口的自我发展能力，直接面向扶贫对象直补到户、作用到人。2016 年 2 月，保定市人力资源和社会保障局专门制定方案，在当年完成对 4170 名贫困农村劳动力的就业培训，并明确了培训项目的补贴办法。最后，光伏发电产业每年为贫困人口提供 3000 元的收入。这些均属于财政扶贫资金投入形式。

2. 实物形式——全额直补方式

全额直补方式是在精准扶贫初期实施的一种补贴方式，对贫困地区的贫困户种地、购畜（禽）全额补助，以物资补助为主，贫困户只出劳力。易县政府利用财政资金统一购买核桃树苗，按照地亩数发放给贫困户，由当地村民自己种植。核桃树三年挂果，五年进入盛果期。涞源县政府利用财政资金统一购买幼牛，由贫困户自己养殖。

（二）间接投入

1. 项目申报审批

精准扶贫年代，扶贫重点从贫困县下移到村到户，有限资金如何更高效、更精准地用在刀刃上，现有项目审批程序亟待松绑下沉，基层扶贫活力有望被更大限度地激活。1997 年，我国确立扶贫开发省级负责制，明确责任、权利、资金、任务“四到省”，项目审批、资金分配大权由省级掌握。这套机制曾对河北省减贫开发发挥巨大作用。但随着扶贫攻坚形式不断变化，弊端也逐渐凸显。每年数十亿元的专项资金都以项目为载体，在整村推进、连片扶贫开发等大项目下又有各种子项目，具体到各地，大到上百万元的修路，小到几千元的养鸡，全省每年项目数以万计，都要报省逐一“过堂”，提出审查意见后方能实施。精准到村到户都是很细小的项目，让更了解实情的县级政府根据贫困户实际需求实施，才能精确指导。财政资金投入采取项目申报审批方式采用“资金跟着项目走”的原则，做到扶贫项目到村，财政扶贫资金到户，解决贫困人口的温饱问题，真正使贫困户受益。这种财政扶贫资金投入方式，在贫困人口多、大面积集中连片区分布的情况下，能够对缓解贫困起到积极作用。截至 2016 年底，保定市财政扶贫资金到县总量为 54 584.4 万元，未报账资金额度为 4092.81 万元，累计报账资金为 50 491.59 万元，扶贫资金的报账率为 92.50%（表 1-8），由此可以看出，保定地区财政扶贫资金的报账率较高，能够很好地使用中央和省拨下来的扶贫资金。

表 1-8　2016 年度保定市资金报账情况

名称	到县资金总量/万元	未报账资金额度/万元	累计报账资金/万元	扶贫资金报账率/%
全市总计	54 584.40	4 092.81	50 491.59	92.50
重点县合计	52 731.88	2 595.12	50 136.76	95.08
涞水县	6 342.00	0.00	6 342.00	100.00
涞源县	5 960.00	0.00	5 960.00	100.00
易县	5 551.00	0.00	5 551.00	100.00
望都县	3 792.00	180.37	3 611.63	95.24
唐县	6 483.00	324.15	6 158.85	95.00
顺平县	5 225.00	390.90	4 834.10	92.52
阜平县	9 045.90	698.10	8 347.80	92.28
博野县	2 984.00	266.60	2 717.40	91.07
曲阳县	7 348.98	735.00	6 613.98	90.00

资料来源：保定市财政局

2. 金融信贷方式

信贷资金是由国家开发银行、中国农业发展银行发行政策性金融债，原则是保本或获得微利，中央财政对贷款给予 90%的贴息，省财政对贷款给予 10%的贴息，贷款期限一般不超过 20 年，贷款应用于贫困户、龙头企业、易地搬迁、基础设施建设等。

第一，贷款贴息方式。扶贫贴息贷款，以财政补贴贷款利息，旨在帮助贫困农户以较低的成本获得资金。扶贫贷款贴息方式帮助农村扶贫对象缓解生产性资金短缺困难，支持贫困地区建立村级发展互助资金，对扶贫贷款实行贴息。从图 1-3 中可以看出，2012～2014 年保定地区贫困县扶贫贷款贴息资金逐年增长，由 2012 年的 390 万元增长到 2014 年的 804 万元，共投入财政扶贫贷款资金 1782 万元，说明通过扶贫贷款贴息方式来实现财政扶贫资金的精准到户有很明显的效果，这是保定地区财政资金投入的重要方式之一。除了扶贫贷款贴息资金，财政每年投入大量的小额信贷扶贫资金，2012～2016 年共投入小额信贷资金 1249 万元，为贫困户摆脱贫困提供了可能。到 2016 年底保定地区 9 个贫困县均建立小额贷款平台。

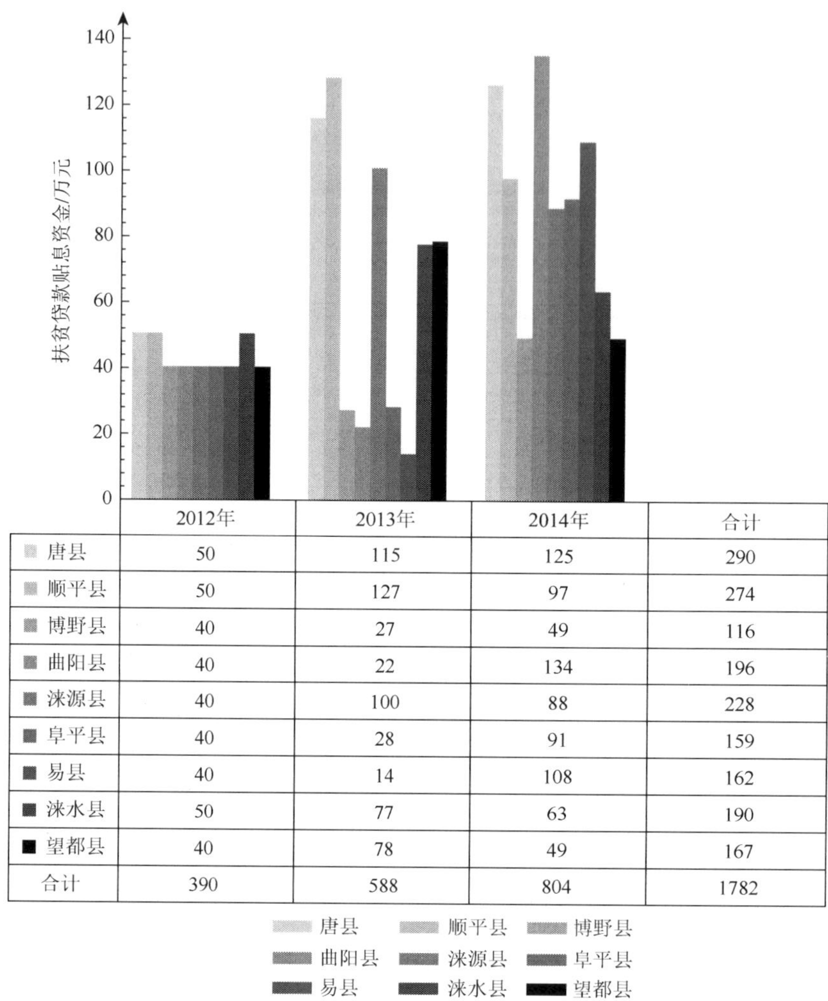

	2012年	2013年	2014年	合计
唐县	50	115	125	290
顺平县	50	127	97	274
博野县	40	27	49	116
曲阳县	40	22	134	196
涞源县	40	100	88	228
阜平县	40	28	91	159
易县	40	14	108	162
涞水县	50	77	63	190
望都县	40	78	49	167
合计	390	588	804	1782

图 1-3　2012～2014 年保定地区贫困县扶贫贷款贴息资金情况图

为了精准配置扶贫贷款贴息资金，可将其贷给贫困户或贫困地区的龙头企业，主要有以下两种形式：①到户贴息。贫困户向银行申请贷款，将扶贫贷款贴息资金直接贷给贫困户；贫困户向银行申请贷款，将扶贫贷款贴息资金贷给贫困户后，贫困户将钱交给发展大户、合作社或龙头企业，采用入股的方式签订协议以取得分红的资金。保定地区建档立卡国家投息 90%，省政府投息 10%；易地搬迁由省政府负责贴息，贫困户由政府贴息，非贫困户还本付息。②贷给龙头企业。贫困地区发展大户、合作社或龙头企业与贫困户签订带动发展或者分红的协议，由贫困户向银行申请贷款，银行把钱贷给贫困地区发展大户或龙头企业。银行要对申请贷款贫困户的信用进行评级或者采用几户联保的形式，贷给贫困户相对应的额度，降低风险。

2014年初，顺平县创新到户贷款贴息工作模式，改变了以往将贴息资金按照各金融部门年底发放数量进行补贴的做法，扶贫办提前审核贷款发放对象，金融部门有针对性地放贷，财政直接给贫困户贴息。此项工作极大地调动了金融部门和贫困户的热情，顺平县选定积极性最高的中国邮政储蓄银行顺平县支行开展首期工作试点。自启动以来，中国邮政储蓄银行顺平县支行受理扶贫贷款申请310户，申请贷款1550万元，目前已发放贷款585万元。到户贷款发放率同比增长964%。初步扭转了贫困户贷款无门、金融部门贷款担忧的局面。

第二，担保方式。为探索资金的支持形式，解决环首都示范区发展贷款抵押的问题，解决扶贫龙头企业和贫困户发展所需贷款担保问题，保定市从2012年开始探索扶贫担保机构，由省级财政资金连续3年每年投入5000万元，分别在阜平、涞源、易县、涞水4个县建设担保机构，撬动金融资金，支持贫困群众发展增收产业。4个县成立的担保公司全部运转，并逐渐规范完善相关程序。为广大贫困户和涉农企业发展种植、养殖、林果、设施农业、旅游及其他劳动密集型产业提供了贷款担保。通过省财政安排的财政资金设立扶贫贷款担保基金，并且从中抽取部分资金设立风险补偿金。将风险补偿金投入银行，同时按照1∶5或1∶10的比例放大，对象是贫困地区贫困户、龙头企业、种养殖发展大户、对贫困户和贫困村的发展起带动作用的大户或企业，对他们进行信用评级，根据信用等级申请相对应额度的贷款，经考察再由担保公司提供担保，由银行、企业、担保公司共同承担风险，鼓励金融机构发放扶贫贷款，壮大担保企业资本实力，为贫困县的龙头企业、小微企业和发展大户输血供氧，提升其自身的发展能力，鼓励有劳动能力的贫困人口再就业或自主创业，扶持贫困地区发展特色产业，促进当地旅游业的发展，提供更多的就业平台，带动周边贫困地区的经济发展，帮助贫困户尽快脱贫致富。4个县的担保机构累计担保贷款达到1.32亿元，涉及企业或合作社65个、农户80户。

保定地区贫困县跟中国农业银行和中国邮政储蓄银行合作，若出现贫困户、发展大户、合作社或龙头企业不还贷款的情况，则由当地银行进行实地调查，根据具体情况制定具体措施。当贫困户确实不能偿还贷款时，由财政的风险补偿金偿还。涞源县担保公司与信用合作联社合作，积极扩大信用贷款扶持范围。担保公司协调县信用合作联社，按照1∶3的比例，将信用担保贷款额度放大3倍，降低贷款条件，扩大了贷款覆盖面。2017年3月，已累计发放担保函126份，金额10 895万元，信用合作联社实际发放担保贷款46笔，4720万元，扶持涞源县内龙头企业3个，专业合作社17个，农家院9家，贫困村17个，贫困户3660户。

第三，村级互助金试点。贫困村互助资金指以财政扶贫资金为引导（一般是15万元），村民自愿按一定比例以缴纳的互助金为依托，以无任何附加条件的社会捐赠资金为补充，在贫困村建立民有、民用、民管、民享、周转使用的生产发展资金。其主要目的是缓解贫困村、贫困农户生产发展资金缺乏，帮助贫困农户增加收入；培育农村专业合作组织和新型农民；提高贫困农户自我管理、自我组织和自我发展的能力。由入社社员推选理事会、监事会人员负责管理，以借贷的方式有偿使用。保定市自 2007 年开展互助金试点工作以来，已经在 7 个贫困县的 169 个村进行试点（望都县、博野县进入贫困县后，河北省未在此 2 个县发展试点）。169 个试点村财政扶贫资金 2662 万元，入社资金 541 万元，入社社员 2.3 万户，累计发放贷款 7231 万元，涉及 1.2 万户。为稳步试点发展，从 2012 年河北省按照自愿发展，竞争定村，不再规定发展数量；对运行好的试点给予资金奖励，用于增加互助金规模；对原来的试点村进行分类指导，好的村继续发展，管理有困难的要逐渐退出或依托其他组织代管。

第四，风险补偿金。2015 年，国家全面开展小额信贷扶贫工作，对建档立卡贫困户进行评级授信，使建档立卡贫困户得到免抵押、免担保的信用贷款。河北省开展实施了金融示范县试点建设，重点抓好 8 个金融扶贫富民产业信贷示范县和 19 个金融扶贫富民农户信贷示范县。河北省给每个金融扶贫富民产业信贷示范县注入风险补偿金 600 万元，每县出资 400 万元；河北省给每个金融扶贫富民农户信贷示范县注入风险补偿金 300 万元，每县出资不少于 200 万元。由县选择合作金融部门，按照风险补偿金的总额进行 5 倍以上的贷款放大，出现风险由补偿金和金融部门按照一定比例进行分担。保定市望都县为金融扶贫富民产业信贷示范县，顺平县、曲阳县、阜平县是金融扶贫富民农户信贷示范县。其中阜平县也是国家级试点。河北省出台《河北省金融扶贫富民工程的实施方案（试行）》《河北省扶贫小额信贷风险补偿资金管理办法（试行）》《河北省金融扶贫指导意见》《河北省扶贫贷款贴息资金管理办法（试行）》《河北省贫困户授信评级办法》等 5 个指导性文件。主要是建立贫困户诚信体系和扶贫资金风险补偿机制，按照风险补偿金的 5 倍以上放大贷款规模，为贫困户提供 5 万元以下、3 年以内的贷款资金，解决贫困户产业发展资金问题。目前，试点县风险补偿金已经到位。

3. 奖补方式

保定市目前的奖补资金主要是采取先由开展产业项目的贫困户或者企业先实施，再由相关部门验收合格后，对开展扶贫项目的贫困户或企业发放的形式。保定市 2012～2014 年省级以上财政以奖代补资金处于逐年上升的趋势，由此可以看出这种方式的脱贫很明显。2014 年省级以上下发部分均衡性转移支付资金，关于扶贫开发以奖代补资金 312 万元，其中涞源县、阜平县、易县和涞水县扶贫开发以奖代补资金各 50 万元，顺平县和曲阳县扶贫开发以奖代补资金各 23 万元，唐县、望都县和博野县以奖代补资金各 22 万元。

4. 整合方式

我国财政资金具有散、小的特点，审批时间长，财政资金无法发挥效益。保定市经济基础薄弱，贫困人口比例较大，保定市作为“政策性金融扶贫实验示范区”之一，要大力整合财政资金，集中财力办大事，保障重点发展领域。河北省各级财政部门严格贯彻落实《国家扶贫资金管理办法》，河北省地方配套资金占国家扶贫资金总量的比例应达到 40%～50%，其中 2010～2016 年保定市安排财政专项资金共 81 043.72 万元。河北省积极响应《国务院办公厅关于支持贫困县开展统筹整合使用财政涉农资金试点的意见》（国发办〔2016〕22 号），在贫困县中开展试点工作，河北省共有 62 个试点县，其中覆盖了保定地区的 9 个贫困县。保定地区纳入整合范围的资金规模是 271 695.74 万元，中央涉农财政资金 175 470.3 万元，省级涉农财政资金 50 077.63 万元，市级涉农财政资金 3021.98 万元，县级涉农财政资金 43 125.83 万元。截至 2017 年 1 月 5 日，已整合资金规模 132 938.06 万元，占纳入整合范围的资金规模的 48.93%，其中，中央涉农财政资金 77 158.55 万元，省级涉农财政资金 21 709.07 万元，市级涉农财政资金 1300.85 万元，县级涉农财政资金 32 769.59 万元。已完成支出资金规模 106 477.9 万元，占已整合资金规模的 80.10%，其中，中央涉农财政资金 49 287.92 万元，省级涉农财政资金 30 460.93 万元，市级涉农财政资金 3009.35 万元，县级涉农财政资金 23 719.70 万元。由此可以看出，保定地区涉农资金整合的范围大，涉及的中央、省级、市级、县级的资金额多，能够及时地将整合完成的涉农资金充分利用起来，将 80.9%的整合资金利用到贫困地区的农业生产发展、农村基础设施建设和其他领域，保定地区试点贫困县的财政涉农资金整合初见成效。从表 1-9 中经计算得出，保定地区贫困县整合后的资金有 45 719.70 万元投向农业生产，占已完成支出资金规模的 42.94%，有 36.06%的整合后资金投向农村基础设施建设，说明保定地区通过财政专项资金整合，将优先的资金进行合理配置，提高财政资金使用的精准度，这对缓解财政供需矛盾，促进经济社会和谐发展有积极作用。

表 1-9　2016 年保定地区贫困县统筹整合使用财政涉农资金进度情况统计表（单位：万元）

财政资金名称	纳入整合范围的资金规模	整合进展情况		整合后资金实际投向		
		已整合资金规模	已完成支出资金规模	农业生产发展	农村基础设施建设	其他
中央	175 470.3	77 158.55	49 287.92	27 473.94	16 411.78	8 839.50
省级	50 077.63	21 709.07	30 460.93	6 635.36	15 552.84	3 533.30
市级	3 021.98	1 300.85	3 009.35	0	531.60	2 107.38
县级	43 125.83	32 769.59	23 719.70	11 610.40	5 896.48	7 885.32
合计	271 695.74	132 938.06	106 477.9	45 719.70	38 392.70	22 365.50

资料来源：保定市财政局

5. 参股方式

在精准扶贫的背景下，保定地区将一部分财政资金以参股的形式投入龙头企业、合作社或者产业园区，建立利益联结机制，通过股份合作制方式努力实现财政扶贫资金精准到户，财政资金参股，促进保值增值，提高财政扶贫资金的使用效率。

财政扶贫资金以入股的形式投入产业园区，培育和壮大特色优势产业，支持扶贫对象发展种植业、养殖业、民族手工业和旅游业，建设特色循环产业园区和生态养生园区，承接来料加工订单，使用农业优良品种，采用先进实用农业生产技术，取得产业园区的股金。易县坚持以市场为导向，立足自身自然环境资源优势，按照“扶贫抓产业、产业抓片区、片区育龙头、龙头带基地、基地连农户”的思路，鼓励贫困户以资金、土地、劳动力等形式入股，谋划了旅游、林果、食用菌、蜜蜂、花卉等八大扶贫产业片区，在集中连片开发中实现优势互补，发挥集约效应。易县的产业园区坚持向贫困区域聚集，建立狼牙山万亩花海、绿泽农现代生态农业、紫荆关香菇、牛岗苹果、白马经济型观赏玫瑰等示范园区 12 个，连片开发整体推进，做精、做大乡村旅游品牌，打造扶贫旅游示范村 52 个，以“产业园区+旅游+农户”的形式与 82 个贫困村对接，带动周边贫困地区发展产业，促进有劳动能力的贫困户再就业，对贫困地区经济的发展具有带动作用。

贫困地区的农户非常信任当地的龙头企业，他们非常愿意将手中的资金入股到这些企业，龙头企业进行种植业、养殖业、手工业或旅游业等实体产业的发展，在取得经济效益后给农户分红。贫困地区的龙头企业可以和当地的产业园滚动发展，共同致力于带动周边地区贫困户、贫困村的发展。涞源县谷润农副产品加工有限公司是保定市重点扶持的龙头企业，在公司资金周转不开的时候，涞源县扶贫办提供 150 万元的财政扶贫资金扶持其产业发展。该公司主要经营杂粮的加工和销售，发展“龙头企业+农户形式”的订单农业。涞源县扶贫办通过对当地龙头企业的财政资金投入，帮助企业不断发展壮大，提高竞争能力。

第四节　目前财政扶贫资金投入方式存在的主要问题

贫困关系到低收入人口自身的生存问题，政府运用财政扶贫资金对建档立卡的贫困户进行精准帮扶能够保障其基本的生活需求。然而，前面提到了四种财政资金投入方式，直接投入和间接投入是对其他三种投入方式整合的结果，因此，基于财政扶贫资金投入方式的精确性考虑，主要对直接投入和间接投入的问题进行分析。财政扶贫资金作为贫困地区脱贫的最主要投入来源，其投入方式主要存在以下问题。

一、项目申报审批程序烦琐，项目资金分布不均衡

项目审批程序烦琐且时间长，出现财政资金积压的问题，繁重的任务由省财政和扶贫部门少数几个人承担，效率低成为必然，而且“一刀切”在所难免。省级审核村级，具体项目很难知晓，只有按规划、资金管理办法和扶贫要求来，上面要求与基层实际、规划与变化容易脱节。贫困地区的贫困程度越深，贫困人口的思想观念越保守，投入到扶贫项目上的意愿不高，致使扶贫项目实施进度慢，甚至有一些扶贫项目在个别贫困村无法实施，从而影响整个贫困地区的扶贫效果。项目跟着资金走，会导致项目资金地区分配不均衡。目前保定地区大多数的财政资金是项目带下来的，贫困地区的情况不同，按照项目来分配资金，会造成项目多的贫困地区财政资金投入也多，项目少的贫困地区财政资金投入少，财政资金会出现地区间分配不均衡的问题。项目报账手续烦琐，存在延迟报账的问题。在扶贫项目精准的问题上，贫困人口往往缺少话语权，政府部门或驻村工作组习惯以大多数群众要求的名义反映他们的个人意愿，例如，有些地区县级干部希望搞工程建设，乡村干部希望搞基础设施建设和公益项目，条件好的家庭希望搞不分贫富共享扶贫资金的项目，从而导致许多扶贫项目背离人口而去，结果是帮助富人掏了穷人的腰包。

二、财政资金直接投入方式带有显著的救济性色彩

财政资金直接投入方式带有显著的救济性色彩，客观上会造成贫困户懒惰的思想，幻想着不劳而获，有劳动能力的贫困人口总是依靠着政府的补助生活，认为政府给自己发放救助资金是理所应当的事情，逢人就哭穷已经习以为常，缺乏主动劳动来维持日常生活的意愿。扶贫并不等于救济，而是通过财政资金对贫困地区、贫困人口进行扶持进而能够提升自身的生活水平，获得赚钱的途径。例如，光伏发电，这种扶贫方式具有明显的救济性色彩，容易造成贫困户的贫困心理，把贫困作为一种“福利”和“资源”，他们把生活的希望寄托在政府和社会的扶贫行动上，政府和社会的帮扶是他们生活的依靠，其结果是贫困农户缺乏自我脱贫、自我发展的能力。

第一，易滋生“等靠要”的懒惰思想。采用全额直补方式将财政扶贫资金转化为物资直接发放给贫困户，容易助长他们全部依靠国家兜底的懒惰思想，使其

不愿意用自己的劳动力来获得自身生活水平的提升，一味地等着国家发放的补助而维持基本的生活，在一定程度上滋生了贫困户的“等靠要”的思想，缺乏脱贫致富的主体意识、参与意识与主动意识。从另一个角度来看，贫困户不应该是改善其贫困状况的扶持措施的被动接受者，应该是增收的主动参与者。政府对于贫困户的无偿补贴，并没有给贫困户更多的话语权，在扶贫项目的选择以及扶贫资金的投入上处于强势地位，难以采纳贫困户的意愿。

第二，贫困户变卖直补物资。贫困地区的贫困户知识文化水平低，目光短浅，只追求眼前的利益，会出现将财政补助的物资变卖的现象，这种方式难以解决贫困户面临的现实困境，阻碍了贫困户自我发展能力的提高，在一定程度上影响了当地的脱贫效果，没有将财政资金很好地利用起来，客观上造成了资金的浪费，虽然短期内有利于贫困户改善其生活水平，但不利于长期的发展和扶贫项目的成功。

三、财政贴息对信贷扶贫资金的吸引力不够

2014 年保定地区扶贫贷款贴息资金为 804 万元，省级以上总的扶贫资金投入为 59 723.48 万元，占比 1.35%。财政拨下来的财政扶贫贷款贴息资金远远少于实际贴息的资金。保定地区易地搬迁任务重，涞水县是河北省试点县，全县有 42 万人需要整村外迁，每个人需要 6 万元，全部建设需要 250 多亿元，财政扶贫贷款贴息资金远远不能满足要求，需要市政府统贷统还。贫困贷款贴息在贫困户中难以落实，还款率低，财政负担加重。政府通过与银行签订协议，担保的债务有很多，对贫困户和企业的贷款，应由企业来还，但是存在许多贫困户和企业不能按期归还或没有能力偿还的问题，导致担保贷款还款率低，在一定程度上使财政的负担加重。一方面，贫困户对于向银行贷款行为存在不理解的情况，贫困户认为即使不还银行的贷款也没有关系，会有政府来兜底，对于政府的贴息视为补贴或者是捐赠，没有还款的意愿；另一方面，贫困户向银行的贷款收不回来，造成了贷款贴息资金的沉淀，难以发挥贷款贴息资金的有效性。此外，财政贴息的政策性贷款发放具有明显的行政计划特色，指令性强而市场性弱；扶贫贷款由银行发放，银行又是有其自身经济目标的市场主体，其自身经济利益与政府扶贫目标、农户发展需要之间有冲突。农村贫困地区农户生产规模小，农业生产周期长，担保抵押资产不足，致使这些农户在向银行申请信贷资金项目时处于极为不利的地位。

四、财政奖补机制尚不健全

贫困户本身经济生活条件差，并且缺乏获取知识与信息的能力，沉重的教育

成本阻碍了贫困户获取知识的意愿，并且缺乏对农产品市场信息的了解，无法主动应对市场安排自身的生产经营活动。若采用以奖代补或先实施后奖补的方式进行财政资金投入，贫困户自己筹集资金的能力较弱，除去日常生活所需的资金，很难拿出资金进行项目的投资，这样即使贫困户有做项目的意愿，但缺乏筹资的能力，就会造成项目的前期工作很难开展。奖补资金大多是针对贫困地区的企业，奖补资金也是跟着产业项目下来的，奖补资金额度小。当省级以上奖补资金拨下来后，各个贫困县向政府（部门）申报扶贫项目，申报成功后由企业先行实施，完工后由相关部门验收，合格后发放奖补资金。保定地区 2012～2014 年省级以上的财政以奖代补资金总投入为 662 万元，分别为 150 万元、200 万元和 312 万元，占 2012～2014 年省级以上财政资金总投入的 0.42%，与其产生的脱贫效果不成正比。

五、省级以上财政资金整合难度大

涉农资金数额大且涉农项目多，整合起来耗时耗力。在涉农资金整合的过程中有可能会影响部门的利益，使资金整合受到阻碍。2016 年保定地区贫困县已经整合的财政涉农资金占总需要整合涉农资金的 49%，将近 1/2，保定涉农资金整合的任务依然很艰巨。从图 1-4 中可以看出，2016 年中央的涉农资金纳入整合的范围，已经整合的资金、已经完成的资金是最多的，但是整合的速度却不及县级的涉农资金。2016 年保定地区纳入整合范围的涉农资金中央占 65%，省级占 18%，市级占 1%，县级占 16%。其中，保定地区总体已将完成整合的资金占纳入整合范围中的资金的比例为 48.9%，中央已整合资金完成了 43.97%，省级完成了 43.45%，市级完成了 43.05%，县级完成了 75.99%。由此可见，涉农资金的整合中央占比最大，市级占比最小，从整合资金的完成情况来看，县级的进程最快，市级的进程最慢，说明县级政府整合资金较容易，政府确定一个大的项目，以项目为整合平台，工作容易开展，而中央、省级、市级的财政资金整合难度偏大，整合进程大都完成了 43%。从 2016 年保定地区涉农资金整合的投入来看，涉农资金的已完成支出资金规模占已整合资金规模的 80.90%，其中，中央涉农资金完成投入 9.78%，省级涉农资金完成投入 21.49%，市级涉农资金完成投入 43.13%，县级涉农资金完成投入 11.08%（表 1-10）。由此可知，中央完成整合资金的支出远远少于其已经整合完成的资金，有一大部分的整合资金尚未完成投入。

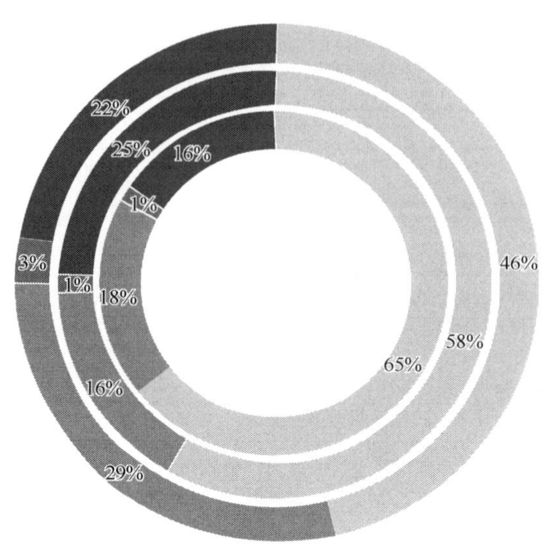

图 1-4　2016 年保定地区涉农资金整合情况

三个圈反映随着扶贫资金的整合，不同级别的政府在资金管理上的能力发生了变化，尤其是县级政府扩大了使用资金的权力

资料来源：保定市财政局

表 1-10　2016 年保定市 9 个贫困县财政扶贫资金整合情况　（单位：%）

资金名称	纳入整合范围的资金规模	已整合资金规模/纳入整合范围的资金规模	已完成支出资金规模/已整合资金规模
中央	65	43.97	9.78
省级	18	43.45	21.49
市级	1	43.05	43.13
县级	16	75.99	11.08
合计	100	48.90	80.90

资料来源：保定市财政局

六、财政资金投入进程受制于资金管理制度

我国的财政扶贫资金是从中央到地方，自上而下层层传递，而不是一步到位的。将扶贫资金足额传递给所需贫困地区所用的时间的长短决定了扶贫资金传递效率的高低。资金传递时间越短，中途损耗越少，传递效率就越高。如果把扶贫资金比作注入贫困地区的水源，而传递过程就是管道，管道密封得好，才能使大部分水源

到达贫困地区，而如果传输过程中，漏斗过多，大量水资源外流，则只有很少的水能够到达贫困地区，这些只能解决眼前的一些问题，要想达到良性循环还是很困难的。保定市的扶贫资金想到达贫困地区，要经过长途跋涉，经过层层政府部门的决策。若扶贫资金迟迟不到位，那么扶贫工程的进度势必会受到影响，进而影响工程的质量。在资金流转过程中，过于庞大的扶贫机构，不仅会消耗很大一部分的扶贫资金，还会由相关部门的协调沟通不力导致资金在无形中增加运行成本。更为严重的是，当扶贫资金到位时，由于贫困地区财政收入有限，县级政府往往会截留部分资金用来维持机构正常运转，使其能够真正用在扶贫上的资金越来越少。

第五节 优化财政扶贫资金投入方式的建议

在精准扶贫的背景下，财政资金的投入方式更加注重“精准”，为了精准使用财政扶贫资金，需要进一步优化财政资金的投入方式，确保扶贫资金真正用到贫困村和贫困户。本节在前面研究的基础上，提出进一步优化财政扶贫资金投入方式相应的对策建议。

一、推进分散性投入精准度和集中性投入的带动作用

（一）精确瞄准贫困人口，有针对性地进行帮扶

财政扶贫资金要落在建档立卡的贫困人口身上，应瞄准贫困人口直接发力。在贫困地区财政资金扶贫的过程中，扶贫对象并不是静止的，而是一个动态的变化过程，也就是说，随着扶贫地区经济的不断发展，贫困人口的收入不断增加，扶贫对象的经济地位就会不断发生变化，扶贫对象就需要不断调整，针对不同类型的贫困户采取不同的扶贫措施。因此，要精确地瞄准贫困人口，使财政扶贫资金有针对性地进行帮扶，进一步提高扶贫资金的使用效率，避免资金的浪费。

（二）因地制宜选择产业项目，发挥能人带动作用

在农户脱贫方式的选择上，充分考虑自然条件、发展方向等因素，以市场为导向、资源为依托，大力发展贫困地区的优势、特色产业，将财政扶贫资金进行捆绑使用。与此同时，推进龙头企业带动、建立多种利益联结方式，进一步增强对贫困人口的辐射带动效应。探索国家投入资金支持合作社，照顾到贫困户享受分红的扶贫方式，让懂市场、会经营的人带领群众脱贫致富。

在带动方式上，扶持贫困地区由能人带动的专业合作社和龙头企业，建立生产基地，打造本地区特色的农业品牌，专门培育一批具有较强竞争力的知名产品，带动贫困人口脱贫致富。采取捆绑的集中性投入方式，选择有项目、人品好、愿意带动贫困户脱贫的种养殖大户与有劳动能力的贫困户结成对子，依托主导产业，提高农民组织化程度，实现可持续脱贫的目标。

二、增强农业投入科技性和非农投入多元性

（一）增加农业教育和技术的投入，优化财政支农结构

农业教育和技术推广是指针对贫困户农业种植的需求进行科技培训，培育他们农业产业园农产品深加工技术、农产品储藏保险技术及特色农业产业园种植技术等，通过培训或者农业大学教授实地考察指导等方式，达到提高农业总产值的效果，进而促使贫困户增收。进一步推广农业技术服务，建立新型的现代农业，培养农业科研人才，带动贫困户依靠先进的农业种养殖技术，运用先进的农业设备，提高农业生产力。另外，增强贫困户获取市场信息的能力，提高贫困地区农产品的产销渠道，进而提升其在市场中的竞争力。同时，优化财政支农结构，提高财政资金使用效率。

（二）鼓励精准合作，创建多元化非农投入方式

1. 着力实现多元自主可持续发展

财政扶贫资金应推进农业、工业、旅游业、人力资源开发、绿色能源、环保等各个领域的合作，将贫困地区的资源环境优势转化为经济发展优势，依靠产业带动和必要的政策激励，鼓励创业、扩大就业。扶持产业扶贫、电商扶贫、乡村旅游扶贫、光伏扶贫等非农投入，通过购买贫困地区生产的农副产品等方式，科学开展扶贫开发项目，提高贫困地区群众的收入和生活质量，创新财政扶贫资金投入方式。建立扶贫基金，加强财政、扶贫、水利、民政、发展和改革委员会等部门与民间组织的合作，扩大扶贫的主体，增加更多扶贫资金的投入，充分利用政府和民间资金，确保贫困地区的扶贫项目能够长期有效地帮助贫困人口脱离贫困。

2. 加强对财政扶贫项目资金的有效监督

实施财政精准扶贫，应加快改革步伐，坚持中央统筹、省负总责、县抓落

实的管理体制，合理划分中央和地方扶贫事权。尝试将扶贫项目审批权从省下放到县，实现将责任、权力、资金、任务由县全权负责，市县级政府由“主演”变为“导演”，县级可自主确定项目、科学安排资金，这使得项目更切合实际，资金使用的精确性和指向性更高。为了围绕项目合理配置资金，应因地制宜地制定贫困地区的扶贫规划和年度实施计划，并以规划和计划为依据，建立和完善扶贫项目库，搭建资金整合平台，细化实施方案，为扶贫和相关涉农资金整合使用提供有效载体，促进扶贫规划和重大项目的实施。项目申报应符合当地的扶贫规划，以扶贫项目到村到户为目的，真正使贫困人口受益。为了保证扶贫资金的合理使用及扶贫项目的顺利进行，提高扶贫资金的使用效率，提高扶贫资金使用的透明度，重要的途径之一就是加强对使用农村扶贫项目资金的监督。既要监督贫困单元的确定、贫困规划的制定和贫困资金的分配，也要监督贫困项目实施和贫困主体受益的过程；既要对项目落实的进度报告、报表、资金流向进行书面或电子监督，又要通过实地走访、抽样调查、现场查看等方式对项目的实施情况、资金受益终端进行监督。对于监督中所发现的问题，要依法依规进行整改，对于相关负责人员要追究法律责任。同时，地方政府要求通过参与的方式鼓励贫困户参与到项目的选择、实施、监督和评估过程中，促进资金能够合理投放，提高扶贫开发的效果。

三、加大共享性投入和独享性投入的扶持力度

（一）加强基础设施建设，完善公共服务

加强贫困地区的基础设施建设，本着“缺啥补啥”的原则，根据其道路、引水、电力、教育、卫生、文化、燃气等基础设施及公共服务的“缺项”，确定扶贫项目，将财政扶贫资金集中扶持贫困村的基础设施和公共服务等项目建设，彻底改善贫困村的发展环境，贫困人口和非贫困人口均可共享，同时为贫困户脱贫奠定了坚实基础。

探索基础设施建设领域的 PPP 投入方式。传统的贫困地区基础设施建设项目依靠地方政府的财政资金来建设和维护，会出现由于技术、人员、资金等因素不足而无法满足贫困地区基础设施建设的需要的情况。保定地区有 75%的财政扶贫专项资金用于产业扶贫，用于修路、打井等产业配套建设的资金非常少，财政的贷款贴息资金也大多贷给龙头企业，因此贫困地区的基础设施建设可以采用 PPP 的投入方式，即政府面向社会进行招标来建设贫困地区的基础设施，给予中标的建筑公司特许经营权，双方签订特许合同，由中标的公司负责筹资、建设及运营，政府与金融机构签订协议，使中标的公司能够很容易地获得贷款，

在项目完成交由政府部门批准使用后，私营企业才可以开始获得收益。PPP 的投入方式能够充分利用政府部门和私营企业的优势，在基础设施建设的初期共同参与，对建设项目进行可行性分析，保证了项目在经济上和技术上的可行性，缩短了前期工作的周期，降低了项目费用。同时，PPP 的投入方式有利于减轻财政负担，把政府从繁重的事务中脱离出来，转变政府职能，由过去基础设施项目的提供者转变为监督者，保证基础设施的质量，从财政预算方面减轻政府压力。这种模式可以使风险共担，政府部门和私营企业共同承担风险，降低了私营企业的融资难度，可以建立政府部门与私营企业长期共同互利的目标，更好地为社会提供服务。

（二）独享性投入坚持“因地制宜，分类指导”的原则

对贫困村进行全面普查，摸清每个贫困村的现状，根据贫困村和贫困户的具体特点采取不同的财政资金投入方式，坚持“因地制宜，分类指导”的原则，对于居住在生存条件恶劣、生态环境脆弱、自然灾害频发等地区的农村贫困人口，投入扶贫资金实施易地搬迁工作；对于居住条件恶劣的建档立卡贫困户，投入扶贫资金实施危房改造工作；对于贫困地区家庭困难学生的教育问题，投入扶贫实施教育资助与培训工作；对于丧失劳动能力的贫困人口采取社会保障兜底工作，为老人建立幸福院，采取集中供养的方式解决养老问题。“因地制宜，分类指导”的原则有利于提高财政扶贫资金投入的精准度，保障贫困人口的基本生活。

四、提高直接投入的效率性和间接投入的社会性

（一）培育脱贫内生动力，发挥自身造血功能

虽说扶贫应直接面向穷人，使穷人真正受益，很多国家在反贫困过程中较多地选择直接发放政府补贴的形式，但这并非长久之计。这种直接“给予式”扶贫一方面可能会使穷人接受补贴成为习惯，另一方面，当补贴金额超过其自身努力得到的微薄收入时，穷人很可能选择放弃工作而接受政府补助，这样造成了整个社会效率的下降，财政资金的投入方式应注重提高贫困主体的软实力，重点关注对贫困人口的教育和开发，加大对人力资本的投资，增强贫困人口的可持续发展能力。在加强贫困户脱贫的“造血功能”的同时，注重提高贫困地区扶贫工作的人才队伍的建设，提升他们的专业技能，使其能够独立自主地带领贫困人员脱贫。

（二）拓宽财政扶贫资金投入渠道，增加第三方投入

1. 加大金融扶持力度，强化信贷选择机制

农村贷款难，贫困村和贫困户贷款更难。在精准扶贫的背景下，政府加大财政扶贫资金的信贷投入，建设投融资平台和担保平台，引导和鼓励商业性金融机构创新金融产品及服务，解决贫困地区的贫困人口缺乏资产抵押和担保无法贷款的问题，探索开展农民住房财产权、土地承包经营权等抵押融资方式，增加贫困地区信贷投放。推进承贷主体多元化，加快推动农村合作金融发展，支持贫困村互助组织建设，深入开展贫困村互助资金的使用。进一步推广小额信用贷款，加大对农民实用技术的培训力度。改善对龙头企业、合作社等经营组织的金融服务。充分发挥政策性金融的导向作用，引导全社会广泛参与，支持贫困地区基础设施建设和主导产业发展。妥善利用好专项扶贫资金贴息政策，扩大扶贫贴息贷款规模，扩大贴息范围，提高贴息比例，延长贴息期限，引导社会资本流向扶贫开发项目，加大社会资源参与扶贫建设的力度。完善农业保险保费补贴政策，适当提高财政对贫困地区农业保险补助的比例，针对贫困地区主导产业，鼓励地方发展特色农业保险。积极探索以财政资金作担保的扶贫信贷模式，建立贫困农户发展产业的担保基金，加快贫困地区农村信用担保体系建设，完善农业重大自然灾害风险分散机制。

2. 加大省级以上涉农资金整合力度

在精准扶贫的背景下，我国于2016年开始执行贫困地区涉农资金整合试点工作，保定地区的国家级重点贫困县均包括在内，2016年底共整合资金规模132 938.06万元，占纳入整合范围的资金总规模的48.9%，因此要加大涉农资金的整合力度，在涉农资金整合的过程中，不可避免地会触及部分部门的利益，整合粮食直补、良种补贴、农机购置补贴、农村五保、农村最低生活保障制度、农村医疗救助、新农保基础养老金、优抚、退耕还林政策补助等财政性惠农项目资金，扶贫、发展和改革委员会、财政、民政、农业、林业等政府相关部门相互合作，在项目申报、资金管理、资金使用等方面形成合力，减少存在相互交叉的资金，避免出现项目分解重复申报而造成资金浪费的问题。充分发挥市县财政的主动性，加强省级以上的涉农资金的整合力度，增加整合涉农资金的投入，使其真正能够用到市县最需要的地方，提高资金的使用效率。

五、运用财政资金撬动社会资本的投入

过去，我国农村扶贫资金投入机制主要是由政府主导的单一投入机制，政府

投入的最大特点是资金投入的公平性，资金投入的低效率性，忽视扶贫对象的可持续发展。在目前国家农村扶贫资金投入不可缺少但投入金额十分有限的背景下，必须打破原有的单一投入机制，实现农村扶贫资金投入的政府机制、社会机制与市场机制的有机结合，在逐年加大财政资金力度的同时，引导和鼓励企业、金融信贷投入，吸引社会和外资投入，更重要的是提高贫困主体的积极性，农民自身加大投入，建立来源多元化、层次多极化、渠道多样化的扶贫资金投入机制，既讲究资金投入的公平，又讲究扶贫资金投入的效率。

贫困村和贫困户是精准扶贫的主体，财政扶贫资金的投入千万不能离开这个群体。贫困户期盼什么、需要什么，他们最清楚。同时，积极鼓励和引导社会力量的参与，充分借助专家学者的作用，利用政府财政扶贫资金的投入和社会力量的参与，聘用或邀请第三方机构实施贫困村或贫困户精准扶贫规划的编制和实施，运用财政资金撬动更广泛的社会资金的投入，建立多元化的农村扶贫新机制，实现财政资金的成倍放大。如建立扶贫基金，扶贫基金就是向政府、社会、企业、个人等群体募集或接受以上群体的捐赠的资金或物资，独立运行并从事扶贫开发及相关活动的经济组织。

第二章　保定市财政扶贫资金投入成效分析

第一节　概　　述

一、研究背景

2016年是新一轮精准扶贫政策实施的开局之年。2016年11月23日国务院印发了《"十三五"脱贫攻坚规划》（以下简称《规划》），《规划》主要明确了"十三五"时期脱贫攻坚总体思路、基本目标、主要任务和保障措施，提出了打赢脱贫攻坚战的时间表和路线图。《规划》还进一步明确了到2020年，确保现行标准下建档立卡贫困人口实现脱贫，不愁吃、不愁穿，义务教育、基本医疗和住房安全有保障，12.8万个建档立卡贫困村有序摘帽，832个贫困县全部摘帽，解决好区域性整体贫困问题的目标任务。2017年是脱贫攻坚的深化之年，因此，为了更好地规划并落实新一轮精准扶贫政策细则，提升脱贫成效，保证目标任务完成，适时地阶段性地考察精准扶贫政策实施效果是十分必要的。

消除贫困、改善民生、实现共同富裕，是社会主义的本质要求。贫困问题历来是我国政府工作的重点所在。自中华人民共和国成立起，我国便不断大力推进扶贫工作，大体经历了救济式扶贫、大规模扶贫、开发式扶贫、扶贫攻坚、基本消除贫困、精准扶贫阶段等六个阶段，期间相继出台了《国家八七扶贫攻坚计划（1994—2000年）》《中国农村扶贫开发纲要（2001—2010年）》《中国农村扶贫开发纲要（2011—2020年）》等一系列扶贫规划方案。每个阶段的扶贫政策各有侧重及特点，且均取得了瞩目的成绩（表2-1）。特别是进入"十三五"脱贫攻坚以来，我国扶贫开发取得了显著成果。

表2-1　中国扶贫开发历程（前五个阶段实施效果）

扶贫阶段	内涵特点	成效
救济式扶贫阶段（1949～1977年）	政府部门直接提供物质资料； 政府开始授权中国农业银行为贫困者提供小额贷款； 政府给予农业及经济补贴； 以自然救济、自然灾害救济为主； 暂时性救济，输血式扶贫； 忽视地方扶贫作用	农村经济复苏，居民生活状况有效改善； 平均主义式的分配制度很大程度上抑制了农村两极分化； 有效减少了战争及灾害对贫困者的损害

续表

扶贫阶段	内涵特点	成效
大规模扶贫阶段（1978～1985 年）	包产到户的新经济体制更适应农村生产力的发展； 扶贫政策注重多样性，注重地方作用； 配套多种救济方式，注重农村生产力解放； 仍采用救济式扶贫，并加以补充	农村居民人均纯收入由 133.6 元上升到 397.6 元，农村地区经济明显增长； 农村贫困人口由 2.5 亿人下降为 1.25 亿人，贫困发生率由 30.7%下降到 14.8%； 促进农村工业化，发展乡镇企业，发挥市场调节作用
开发式扶贫阶段（1986～1993 年）	集中力量扶持连片贫困地区； 成立专门职能领导机构，统筹扶贫资源； 实行大规模开发式扶贫，也称“造血式”扶贫，注重贫困地区及贫困人群的自我发展和生产能力； 大力扶持贫困地区基础设施建设，注重科技劳动培训	农村居民人均纯收入由 423.76 元上升到 921 元，城乡差距进一步缩小； 贫困人口由 1.31 亿人下降为 0.75 亿人，贫困发生率由 15.5%下降为 8.2%； 贫困地区自我发展能力提高，劳动者生产积极性大幅提升
扶贫攻坚阶段（1994～2000 年）	坚持开发式扶贫，注重当地资源优势； 政府有计划地组织贫困地区劳务输出，优化劳动力配置； 鼓励扶贫项目贷款，推行信贷优惠，并对特别贫困地区给予粮食补贴； 国家鼓励全社会企事业单位参与扶贫	农村居民人均纯收入由 1220 元上升到 2253 元，解决了 2 亿多农村贫困人口的温饱问题； 贫困人口由 0.7 亿人下降为 0.32 亿人，贫困发生率由 7.7%下降为 3.5%； 西北偏远贫困地区、革命老区和少数民族地区贫困面貌有所改善； 贫困地区各项事业有较快发展，财政收入持续增长，劳动者素质有明显提高
基本消除贫困阶段（2001～2013 年）	加大中西部扶贫力度，提高扶贫资金使用效率； 保持对温饱贫困地区扶持力度，防止返贫，逐步实现小康社会目标； 注重贫困地区医疗保障水平提高； 加强资金管理，鼓励群众参与扶贫规划及扶贫项目； 开始探索中国特色的扶贫道路	农村居民人均纯收入由 2366 元上升到 8896 元，基本解决温饱问题，部分地区实现向小康迈进； 按照 2008 年标准，贫困人口由 0.9 亿人下降到 0.27 亿人，贫困发生率由 10.2%下降到 2.8%； 医疗救助水平逐步提高； 扶贫资金使用效率逐步提升，资金管理进一步加强； 逐步形成中国特色的扶贫组织体系

截至 2016 年末，我国农村贫困人口已减少到 4300 余万人，超额完成减贫 1200 万人。2016 年期间，在精准识别方面，全国开展建档立卡“回头看”，剔除 929 万补助人口，补录贫困人口 807 万人，贫困户识别精准度进一步提高，各级组织部门选派 18 万名优秀干部到贫困村和基层组织薄弱涣散村担任“第一书记”，实现了对建档立卡贫困村的全覆盖；在资金投入方面，中央和省级财政专项扶贫资金首次突破 1000 亿元，同时下放资金使用管理权和项目审批权，到县比例达 95%，同比增长 27%；在政策配套方面，中央办公厅、国务院办公厅先后发布 10 个《决定》配套文件，中央国家机关各部门出台 101 个政策文件或实施方案，涉及产业扶贫、易地扶贫搬迁、劳务输出扶贫、交通扶贫、水利扶贫、科技扶贫、教育扶贫、健康扶贫、金融扶贫等多个方面，力度可谓前所未有；在社会扶贫方面，320 个定点扶贫单位参与实现了中央单位定点扶贫资源和贫困县两个全覆盖，东西部协作深入推进，东部发达地区 262 个经济较强县（市、区）结

对帮扶西部 380 个贫困县，民营企业积极参与，已有 21 992 家民营企业与 21 251 个建档立卡贫困村建立结对帮扶关系[32]。农村大部分贫苦地区的经济面貌可以说有了翻天覆地的变化。

但必须看到，我国的扶贫任务依旧十分艰巨，工作中仍旧存在着脱贫质量不高、帮扶工作不实、扶贫措施不够精准、资金监管有待加强等突出问题。特别是扶贫资金使用方面，据笔者对保定市贫困县的调查，部分县财政扶贫资金层出现严重积压现象，受到季节等因素影响，扶贫项目在预算年度内不能按计划推行，进而会拖延到下一个年度，例如，将 2014 年、2015 年的财政专项资金积压到 2016 年。财政资金的使用从补贴到户到产业扶持，资金的还用形式以及入股形式还处于摸索阶段，财政资金未能充分利用。与此同时，扶贫资金缺乏对贫困村公共基础设施和公共服务建设的投入。数据显示，保定市地区 70%的财政资金用于扶贫产业项目，只有 25%的资金用于产业配套的基础设施建设，5%用于劳动力转移培训，资金量相对较小。贫困村中如街道、路灯等公共基础设施依然很缺乏。此外，目前的财政资金分配并不合理，某些领域内的重复投入现象较为严重。

一直以来，就如何更好解决贫困问题，学术界普遍认为扶贫资金的使用成效是关键所在。蔡昉等认为实现消除绝对贫困的战略目标关键问题在于必须进一步提高扶贫资金使用效率[33]。朱乾宇则通过对我国政府扶贫资金投入与减贫产出指标进行回归分析，发现扶贫资金投入对农民脱贫有明显的正向效应[25]。胡祥勇和范永忠通过对我国农村扶贫资金使用效率的实证分析得出了扶贫资金来源及使用方向的调整对减贫工作有积极作用的结论[34]。依据经济学原理，如果没有技术进步和制度创新，单纯依靠投资会导致资金在增加到一定边界后，逐步进入边际效益递减阶段。我国的扶贫实践也表明，在普遍贫困时期，单纯经济增长的减贫效果十分明显，但随着扶贫资金投入力度逐年增大，减贫成效却呈递减趋势[35]。为此，我国政府在开展精准扶贫工作以来便十分重视扶贫资金管理机制及扶贫资金效率的提升。那么政府的一系列工作是否有效提升了扶贫成效？精准扶贫与传统扶贫方式相比，扶贫资金利用效率有无改进？当前农村贫困地区在资金使用上存在哪些困难点和改进空间？对这些问题的回答便构成了本章研究的内容。

二、研究意义

贫困问题的解决关系到我国全面建成小康社会的宏伟目标，是改善贫困地区经济状况、缩小地区间发展差距的必由之路。我国经过多年的扶贫开发实践，取得了重大突破性进展，同时也受到世界人民的认可，联合国开发计划署认为，中国的扶贫开发实践为世界其他国家，特别是发展中国家提供了一种可行的经验模式[18]。中国地域广阔，由于各地区不同的经济结构、自然条件等因素，扶贫开发实践中积累了大量丰富的实践经验，并可对其他发展中国家或地区在反贫困方面提供借鉴[36]。本章选定保定市地区作为目标研究区域就是考虑到该地区的区位和贫困特点。保定市位于河北省中部，北临北京，地处太行山北部东麓，地势由西北向东南倾斜，山区面积占总面积的 49.7%，平原占总面积的 50.3%。保定市曾有 9 个省直管贫困县，从 2011 年起便按照“1（阜平县）+3（涞源县、涞水县、易县）+5（唐县、曲阳县、顺平县、博野县、望都县）”的扶贫开发工作格局，分类指导，整体推进。其中，阜平县、涞源县、唐县和顺平县是国家级贫困县，涞源县、涞水县、易县位于环首都扶贫示范区，阜平县、涞源县、涞水县、易县、唐县、曲阳县、顺平县和望都县列入国家重点扶持的“燕山—太行山”集中连片特困地区。截至 2016 年，保定市仍有贫困人口 31.62 万人，相比 2013 年下降 59.49 万人，贫困发生率为 3.8%，相比 2013 年下降 7.5%。可见保定市地区在贫困分布、反贫困政策开展等方面都有充分的研究空间。

因此，对保定市地区的农村扶贫及资金使用效果的研究，有利于对扶贫资金投入产出情况进行统计分析，掌握扶贫资金使用效率的提升规律；有利于探寻特定环境下农村扶贫工作的适应条件，积累提高扶贫资金使用效率的理论基础与实践经验；有利于查找农村扶贫资金运行漏洞，为减少资金损耗、优化现有的扶贫资金使用模式、加强扶贫资金与扶贫项目管理提供事实及理论依据；有利于政府部门在新一轮的精准扶贫工作中做好扶贫资金使用与扶贫项目的有效对接，为进一步提高精准扶贫资金使用效果提供有价值的研究参考，从而更高效地完成 2020 年全面脱贫的既定目标。因此，本章的选题具有重要的研究价值和现实意义。

三、关于扶贫资金效率与效益概念的解析

扶贫资金是指国家为改善贫困人口的生活条件和综合素质，扶持贫困地区生产生活基础和经济事业而专门设立的财政专项资金。根据 2017 年 3 月 13 日印发的《中央财政专项扶贫资金管理办法》，中央财政专项扶贫资金是中央财政通过一般公共预算安排的支持各省区市以及新疆生产建设兵团主要用于精准扶贫、精准脱贫的资金。中央财政专项扶贫资金的支出方向包括：扶贫发展、以工代赈、少数民族发展、“三西”农业建设、国有贫困农场扶贫、国有贫困林场扶贫。地方各级财政则根据本地脱贫攻坚需要和财力情况，每年预算安排一定规模的财政专项扶贫资金用于精准扶贫。

在微观经济学中，经济效率有技术效率、配置效率和动态效率三种。经济层

面的效率主要表现在经济的可持续发展上，它强调投入与产出的关系。财政扶贫资金效率用于衡量在一定时期内财政扶贫资金的投入产出情况，实现财政扶贫资金的效率最大化即实现扶贫资金投入产出的最大化。而扶贫产出的考察是指扶贫资金投向地区及个体的贫困程度变化、扶贫项目的带动收入及就业能力、当地产业结构的调整以及公共基础设施和生活环境的改善等，它包含经济、社会、生态等多个层面的因素，是对扶贫资金项目实施后所产生的实际效果的精准评估。因此，对于扶贫资金效率与效益的考察不仅要注重经济利益最大化，也要注重公共利益的最大化，最终评估其是否实现了由经济利益与公共利益共同组成的总体利益的帕累托最优。

四、财政扶贫资金投入效果的评价理论

（1）公共支出绩效评价理论。普雷姆詹德在《公共支出管理》一书中对绩效做了定义：绩效包含了效率、产品与服务质量及数量、机构所作的贡献和质量，包含了节约、效益与效率。绩效实质上不仅包括外部效果，也包含内在的努力程度，往往可以通过投入、过程、产出和结果来表达。而公共支出是指所有以公共资源为成本支出所开展的各项活动。公共支出绩效评价就是指政府、财政部门等单位运用科学的分析方法，按照统一的评价标准，对公共支出行为及其绩效做出相当公正客观的评判。将财政扶贫资金作为一项公共支出，对其进行绩效评价有利于促进财政扶贫资金的合理分配，也有助于提供科学决策依据。“3E”原则是公共支出绩效评价的基本原则，是指经济性、效率性、有效性。经济性是指以最低的支出成本获取一定质量的资源，主要通过衡量投入与标准来判断扶贫项目是否经济；效率性是指以一定的投入来获取产出的最大化，主要通过单位产出成本来衡量扶贫项目是否有效率；有效性是指相对预期目标的偏离程度，主要通过将扶贫项目实际产出与预期经营目标、政策目标或其他目标相比来进行评价[37]。因此，在设计公共支出绩效评价指标时也要以“3E”原则作为立足点，科学评价扶贫资金使用的绩效水平。

（2）资源配置效率理论。资源配置效率是指在一定技术水平条件下各投入要素对各产出主体的分配所产生的效益，资源配置效率问题是经济学研究的核心问题之一。广义上来看，宏观层次的资源配置效率是指社会资源的配置效率，是通过整个社会的制度安排来实现的；狭义上来看，微观层次的资源配置效率是指特定资源的使用效率，是通过生产单位内部生产管理和提高生产技术来实现的。

（3）受托责任理论。受托责任理论是指在财产的直接所有者无法管理好其所拥有的财产和资源时，委托财产受托者对其部分财产或资源进行经营和管理，

并定期向所有者汇报经营情况，它是财政扶贫资金效率评价的基础理论。按照其字面解释，受托经济责任涵盖了行为责任和报告责任两方面的内容：行为责任主要是经营管理受托经济资源，要求具有保全性、合法性、经济性、效率性、社会性和控制性；报告责任主要是编制财务报表或以其他形式向所有者报告经营状况，要求具有公允性和可信性。基于该理论，我们可以通过对经营管理效率的评价来评价受托人经济责任的履行状况，在财政扶贫资金效率评价方面，委托人为资金持有方，即中央和地方各级政府，受托人则为贫困户、贫困地区有关部门或开展扶贫项目的相关社会组织和企业，这样就可以通过分析财政扶贫资金的投入为接受资金主体带来的改善效果以及影响地区的经济社会产出效果来评价财政扶贫资金效率的高低[38]。

五、研究方法

本章采用的研究方法主要有以下几种。

（1）规范分析与实证分析相结合的方法。规范分析与实证分析都是研究事物的有效方法，在经济学、管理学等领域有重要的应用。一般而言，实证分析是按照事物本来面目来描述事物，其特点是回答研究对象“是什么”的问题；规范分析则是基于一定的价值判断，提出部分分析和处理问题的标准，其特点是回答研究对象“应该是什么”的问题。本章采取两种分析方法相结合的方法来分析保定市财政扶贫资金投入效果问题，对保定市 9 个贫困县的扶贫资金投入的贫困主体改善效果、贫困环境改善效果以及不同来源扶贫资金的扶贫效应进行实证分析，然后在此基础上对保定市财政扶贫资金投入效率偏低的情况提出规范性对策建议，保证本书论证的严谨性。

（2）比较分析方法。比较分析方法是通过把客观事物加以比较，以达到认识事物本质及其规律的目的并做出正确评价。为此，本章主要基于时间和空间两个标准，对 2012～2016 年，保定市 9 个贫困县财政扶贫资金的来源结构及投入的变动趋势加以分析，并进一步通过动态面板回归分析对保定市不同来源结构财政扶贫资金效率进行考察。同时，在关于保定市财政扶贫资金投入效果的分析中，注重对贫困县与非贫困县，以及保定市贫困县与河北省省定贫困县、全国国定贫困县平均水平的横向对比，以期对保定市的扶贫工作有所启示。

（3）田野调研法及案例分析法。田野调研法是对调研区域亲身持续性观察的一种研究方法，在社会学中有广泛的应用。笔者在撰写本书前，多次参与了对保定市不同贫困县的实际走访、座谈、调查，掌握了大量保定市扶贫工作基础信息，对财政扶贫资金的实际使用有较深刻的认识，因而对于目前资金使用效率偏低的原因可以进行较深入的分析，提高了本项研究的实际价值。

案例分析法是社会科学研究中常用到的研究方法，本章通过对调研中所掌握的基础性资料进行整理，选择有典型性的实际案例在书中加以讨论，以期提高对扶贫资金投入效果分析的现实基础，增强对保定市扶贫资金使用中所存问题的直观性认识。

第二节　保定市财政扶贫资金来源与投入变化趋势

本章节选定保定市 9 个扶贫重点县为考察目标，对目标区域的贫困状况、扶贫状况以及扶贫资金的来源及投入情况进行定量统计分析。所涉及数据资料皆来源于《中国农村贫困监测报告》《中国扶贫开发年鉴》《河北农村统计年鉴》和笔者于 2016 年暑期参与的“精准扶贫”调研统计资料。

一、财政扶贫资金来源结构及其变动趋势

我国财政扶贫资金根据来源的不同可分为中央专项、省级专项、市（县）级专项财政扶贫资金。其下对应的财政扶贫资金类别主要有 6 种，即发展资金、少数民族发展资金、以工代赈资金、“三西”农业建设专项补助资金、国有贫困农场或林场扶贫资金、扶贫贷款贴息资金（表 2-2）。

表 2-2　我国财政扶贫专项资金类型

资金类型	主要用途
发展资金	主要用于改善贫困地区的农牧业生产条件，发展多种经营，修建乡村道路，普及教育，开展农民实用技术培训
少数民族发展资金	扶持少数民族的专款资金，主要用于解决少数民族自治县、民族乡及其他少数民族聚居的贫困地区的经济建设、生产发展，促进当地经济发展
以工代赈资金	主要用于修建贫困地区县、乡、村公路，建设基本农田和水利，解决人畜饮水问题
“三西”农业建设专项补助资金	主要用于甘肃河西地区、定西地区、陇南 10 个高寒阴湿特困县和宁夏回族自治区西海固地区的人口温饱问题的解决与收入的增加，重点改善当地农业生产条件，发展乡镇企业
国有贫困农场或林场扶贫资金	主要用于针对特定符合要求的贫困农场或林场，培育和壮大贫困农场或林场的优势产业，提高就业对象就业和生产能力
扶贫贷款贴息资金	主要用于支持农户发展种植业、养殖业和加工业，中央财政对农行进行利息补贴

由笔者统计的保定地区财政部门扶贫资金资料，仅省级以上的财政资金投入按此类别进行了划分，河北省从本省的实际情况出发，将财政扶贫资金划分为发

展资金、以工代赈资金、扶贫贷款贴息资金、项目管理费和国有贫困林场扶贫资金 5 类，见表 1-6。

显而易见，在所有扶贫资金中，发展资金占有绝对地位，并且从 2012～2016 年的数据变化能够看到，其比重仍然呈上升状态。扶贫贷款贴息资金和项目管理费总体也保持了较高水平。相比之下，以工代赈资金和国有贫困林场扶贫资金则呈下降状态。

二、财政扶贫资金投入规模及其变动趋势

将 2012 年作为基期，从扶贫资金总投入来看，2012～2016 年，保定市扶贫资金总投入由 40 704.3 万元增加到 112 972.75 万元，基比变动率为 177.55%，此外，由于 2008 年经济危机影响依然存在，经济下行状况未得到根本性扭转，这使得 2014 年和 2015 年的扶贫资金总投入出现下降，但 2016 年已有较大增长，2012～2016 年年均同比变动率达 29.07%，特别是 2013 年和 2016 年这两个精准扶贫关键性起点，2013 年开始提出精准扶贫以后，当年的扶贫资金总投入达到了 89 283.84 万元，同比变动 119.35%，2016 年进入扶贫攻坚时期以来，当年的扶贫资金总投入达到了 112 972.75 万元，同比变动 76.29%；再从人均扶贫资金投入来看，保定市 2016 年人均扶贫资金投入达 3572.58 元，同比增加 152.85%，基比变动率高达 977.54%，这一方面说明保定市的扶贫工作开展良好，减贫程度高，另一方面说明 2016 年的人均扶贫资金投入远高于 2300 元的贫困标准，也间接说明保定市的扶贫资金利用效率有待加强，乘数效应较弱（表 2-3）。

表 2-3 保定市扶贫资金投入规模

年份	扶贫资金总投入			人均扶贫资金投入		
	数量/万元	同比变动率/%	基比变动率/%	数量/元	同比变动率/%	基比变动率/%
2012	40 704.3	—	—	331.55	—	—
2013	89 283.84	119.35	119.35	979.84	195.53	195.53
2014	69 806.69	–21.81	71.50	1176.48	20.07	254.84
2015	64 082.02	–8.20	57.43	1412.91	20.10	326.15
2016	112 972.75	76.29	177.55	3572.58	152.85	977.54

资料来源：保定市财政局

从保定市财政局调研中还了解到，2017 年之前除根据《财政专项扶贫资金管

理办法》，采取因素分配法将中央、省级财政专项扶贫资金向各贫困县进行分配外，对于市本级以及县本级扶贫资金还规定：市本级每年拿出公共预算的1%作为专项扶贫资金，环京津四个县每年拿出公共预算的1%作为专项扶贫资金，而其余五个县每年拿出公共预算的2%作为专项扶贫资金。由图2-1可见市县预算扶贫资金在2012年以后有了十分明显的提高，这说明在精准扶贫阶段的扶贫资金力度越来越大，政府更加重视保定市的扶贫工作，也更加重视发挥地方政府的作用，上下齐力脱贫。

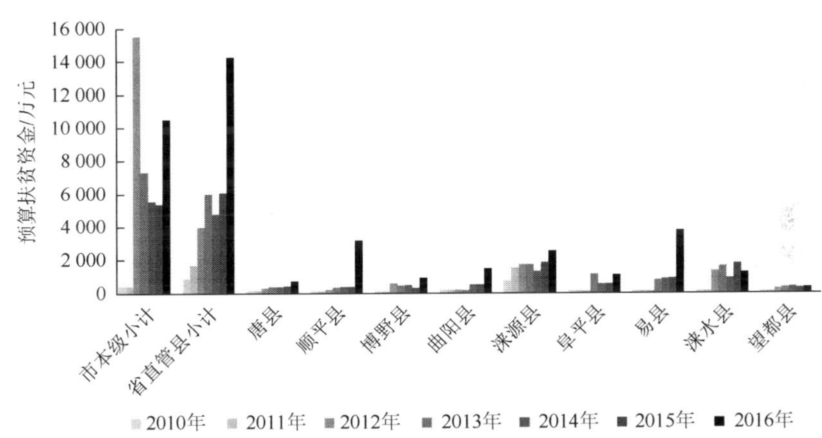

图2-1　保定市市县预算扶贫资金

资料来源：保定市财政局

三、财政扶贫资金地方分配及投向情况

（一）中央和省级财政专项资金按因素分配法向地方分配

我国遵从因素分配法对财政专项扶贫资金进行分配。所谓因素分配法，就是对扶贫目标区域进行横向比对，研究其各自在扶贫需求高低、居民净收入、贫困深度、地方政府财力以及相关政策因素等方面的表现水平。一般来说，客观因素的数据来源主要由国家统计部门提供，而政策性因素则要考虑当期背景下国家大的发展规划、扶贫的基本政策方针、中央与地方之间的扶贫考核体制和相应的资金应用效果等。各级地方应遵循这一方式，根据本地区的情况差异进行不同的指标值界定。因素分配法的投入方向主要有产业、基础设施、教育培训、贷款贴息、项目管理费。

就保定市而言，2016 年对于市财政所接收的 88 455.4 万元的省级以上专项扶贫资金，严格执行了《财政专项扶贫资金管理办法》，年底之前全部依据因素分配法分配到了 9 个贫困县，见图 1-2。

（二）各路资金统筹协调，但基础性投入缺口较大

保定市在资金投入上一直坚持政府投入与金融、工商资本多元投入相结合，坚持市场化扶贫，政府希望以此来更多地通过撬动金融信贷资金、引入社会资本来解决扶贫产业发展问题，发挥有限扶贫资金的杠杆作用。财政扶贫资金则大多用于对建档立卡贫困村、贫困户的产业引导，培育壮大农民专业经济合作组织，购买农业保险和技术服务。“十二五”期间，保定市 9 个贫困县共接收省级以上财政专项扶贫资金 13.8 亿元，直接用于扶贫产业的资金就达到 8 亿余元，占资金总数的 58%，而用于发展产业配套的基础设施建设的资金也达到 3 亿元。自 2012 年起，连续三年每年由省级财政专项资金投入 5000 万元在阜平县、涞水县、涞源县和易县四个县来探索发展扶贫担保机构，吸引金融资金，鼓励贫困群众发展增收产业。但是在贫困地区基础设施和公共服务扶持方面，资金缺口较大，由图 2-2 可见，2016 年保定市涉农扶贫资金整合后总额达 132 938.06 万元，年末已完成资金支出规模为 106　477.9 万元，投入到农业生产发展的资金为 45 719.7 万元，占总额的 43%，而农村基础设施建设的资金投入为 38 392.7 万元，占实际支出总额的 36%，这远远小于农村贫困地区对基础设施建设方面的资金需求。特别是在供水、电力、网络和道路建设方面，保定市贫困村的分布及地理特征导致建设难度大，对企业资金吸引力有限，而财政扶贫资金供给结构和实际能力又有所限制，这都导致贫困地区的基础设施和公共服务建设进展较为缓慢，一定程度上也抑制了当地产业及其他扶贫项目的开展。

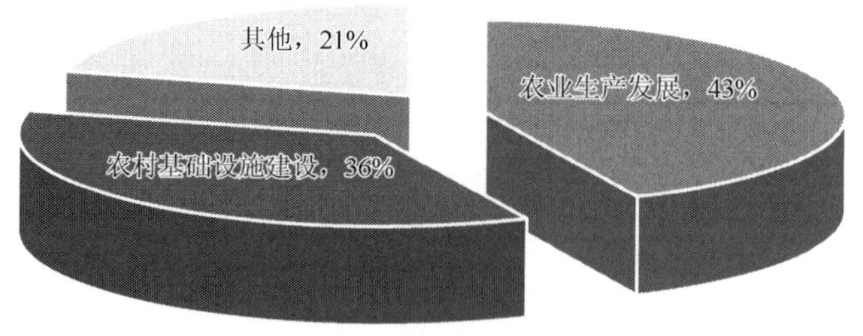

图 2-2　2016 年保定市贫困县涉农扶贫资金整合后实际投向

资料来源：保定市财政局

第三节 保定市财政扶贫资金投入成效的实证分析

“十二五”期间，保定市贫困县的财政扶贫资金整体呈递增趋势，资金来源渠道日渐扩宽，资金使用结构逐步优化，前面已对保定市财政扶贫资金的投入规模、来源结构以及运行与传递情况做了初步的经验分析，本节将在此基础上进一步对保定市财政扶贫资金投入的产出成效做描述性分析，并对不同来源扶贫资金的益贫效应及资金使用的规模效应做实证分析。

一、财政扶贫资金投入成效的描述性统计

笔者通过整理《河北农村统计年鉴》《中国农村贫困监测报告》以及相关官方网站政策新闻资料，并结合调研的一手资料，对扶贫资金使用的产出进行定量分析。

（一）贫困主体的改善效果

贫困主体的改善是指扶贫资金的使用对资金受用人群及个体的生活能力和生活水平的改进效果。经测算，2012～2016 年，保定市每万元财政扶贫资金平均扶持贫困人口 12.5 人，从变动趋势来看，2012～2016 年整体呈下降趋势，2012 年每万元扶贫资金扶持贫困人口约是 2016 年的 12 倍，2012～2013 年下降明显，每万元扶贫资金扶持贫困人口由 33.93 人下降到 10.21 人，下降 69.91%。这一方面说明保定市扶贫资金的覆盖范围较为有限，另一方面说明保定市扶贫资金投入力度逐年加大，对贫困个体的重视程度逐年上升（图 2-3）。

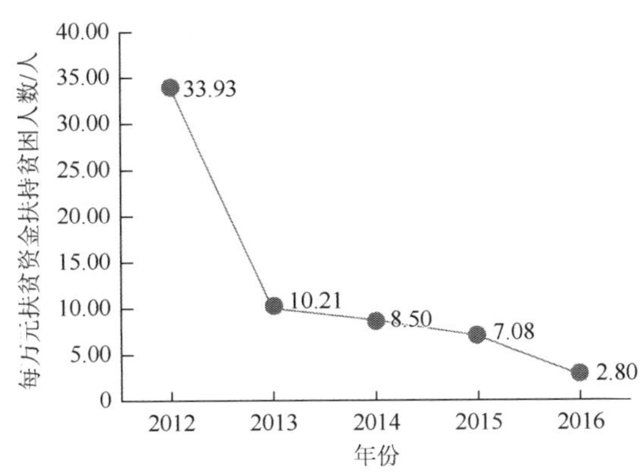

图 2-3 每万元财政扶贫资金扶持贫困人数

将 2012 年作为基期，2012～2015 年，保定市农村居民人均可支配收入由 7696 元提升到 10 558 元，增幅达 37.19%，城乡居民人均可支配收入比由 2.47 下降到 2.24，保定市的城乡收入差距有所下降。据调研资料计算，保定市 9 个扶贫重点县的农村居民人均可支配收入由 2012 年的 4427 元提升到 2015 年的 6925 元，增幅达 56.43%，超过保定市 19.24 个百分点，这说明贫困县的农村居民人均可支配收入的增长速度要快于保定市，对贫困县的资金扶持在收入水平上的提高是有成效的。由表 2-4 可知，保定市 9 个贫困县的农村居民人均可支配收入定基增长速度均在保定市定基增速以上，其中 2015 年定基增幅在 70%以上的有 3 个县：阜平县、涞源县、曲阳县。此外，计算可知，2015 年保定市所辖贫困县的城乡居民人均可支配收入比为 2.62，高于保定市城乡人均可支配收入比 16.96%，贫困县的城乡收入差距较大，具体来看，顺平县和涞源县的城乡收入差距最大，在 2015 年分别为 3.82 和 3.47，仅望都县和博野县低于保定市城乡居民人均可支配收入比，这说明在经济水平较好的贫困县城乡差距相对较小，另外笔者猜测对贫困县扶持资金辐射的精准程度与贫困县的经济发达程度存在一定的正向关系。此外再从变动趋势上来看，2013～2015 年各贫困县的城乡居民人均可支配收入比均呈缓慢下降趋势，这说明保定市各贫困县的城乡收入差距是在逐步缩小的（表 2-4）。

此外，贫困县的居民储蓄也在逐年增加，2012～2015 年，保定市 9 个贫困县年人均居民储蓄存款余额由 18 146.86 元上升到 21 675.96 元，增长 19.45%，与保定市其他经济水平相对较低的非贫困县相比，储蓄增长速度明显较快，具体来看，9 个贫困县 4 年间均呈上升趋势，涞水县、易县、唐县的人均储蓄存款余额增长较快，明显高于其他各县（图 2-4）。

（二）贫困区域环境的改善效果

贫困区域环境的改善是指扶贫资金的使用对资金受用区域整体经济条件、基础设施、公共服务和社会条件等方面的改进效果。根据统计资料计算，2012～2015 年，保定市 9 个贫困县每万元财政扶贫资金平均每年共新增国内生产总值 44 229.32 元，新增农林牧渔服务业产值 335.89 元，新增农业机械总动力 0.5584 万千瓦，新增农业技术人员 0.004 983 人，新增公路里程 0.0049 千米，新增中小学专任教师 0.0135 人，新增受益自来水村数量 0.000 88 个，新增互联网宽带接入户数 0.5778 户，新增新型农村医疗合作保险人数 0.4128 人，新增医疗机构床位数 0.0304 张（表 2-5）。

表 2-4　保定市及所辖贫困县可支配收入情况

地区	农村居民人均可支配收入/元				农村居民人均可支配收入定基增长速度/%				城乡居民人均可支配收入比			
	2012 年	2013 年	2014 年	2015 年	2012 年	2013 年	2014 年	2015 年	2012 年	2013 年	2014 年	2015 年
保定市	7 696	8 675	9 573	10 558	—	12.72	24.39	37.19	2.47	2.44	2.27	2.24
贫困县	4 427	5 511	6 218	6 925	—	24.49	40.46	56.43	—	2.72	2.66	2.62
涞水县	5 077	5 834	6 656	7 468	—	14.91	31.10	47.09	—	2.65	2.59	2.55
阜平县	3 262	4 474	5 150	5 815	—	37.16	57.88	78.26	—	2.32	2.26	2.24
唐县	3 698	4 564	5 073	5 585	—	23.42	37.18	51.03	—	2.91	2.85	2.80
涞源县	3 079	4 286	4 859	5 442	—	39.20	57.81	76.75	—	3.63	3.54	3.47
望都县	6 704	8 379	9 195	10 114	—	24.99	37.16	50.87	—	2.19	2.16	2.12
易县	4 643	5 242	5 976	6 657	—	12.90	28.71	43.38	—	2.93	2.84	2.79
曲阳县	3 308	4 401	5 031	5 674	—	33.04	52.09	71.52	—	3.08	3.01	2.97
顺平县	3 282	4 368	4 902	5 421	—	33.09	49.36	65.17	—	3.87	3.82	3.82
博野县	6 786	8 054	9 118	10 147	—	18.69	34.36	49.53	—	2.01	1.93	1.87

资料来源：保定市财政局、《河北农村统计年鉴》

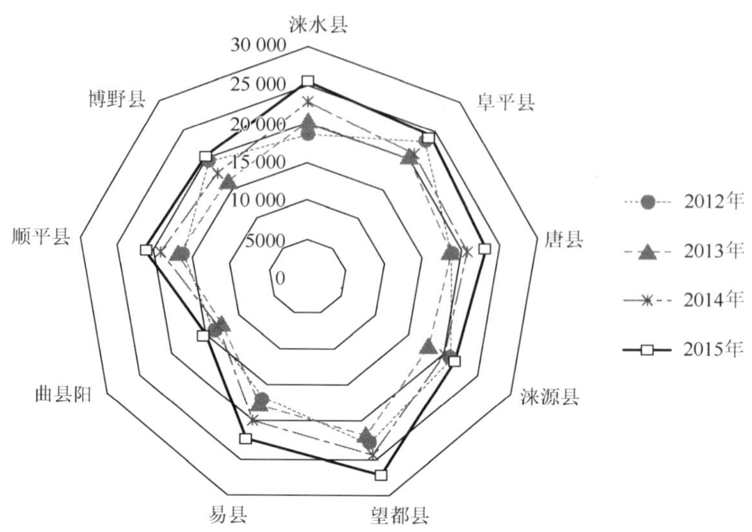

图 2-4　保定市 9 个贫困县人均居民储蓄存款

资料来源：据《河北农村统计年鉴》测算

表 2-5　保定市 9 个贫困县每万元财政扶贫资金新增产出效果

年份	新增国内生产总值/元	新增农林牧渔服务业产值/元	新增农业机械总动力/万千瓦	新增农业技术人员/人	新增公路里程/千米
2012	—	—	—	—	—
2013	54 220.81	333.41	1.503 7	0.013 858	0.003 1
2014	35 877.37	246.50	0.572 1	0.000 186	0.006 6
2015	42 589.79	427.76	−0.400 6	0.000 905	0.005 0
平均	44 229.32	335.89	0.558 4	0.004 983	0.004 9
年份	新增互联网宽带接入户数/户	新增新型农村合作医疗保险人数/人	新增中小学生专任教师数/人	新增受益自来水村数量/个	新增医疗机构床位数/张
2012	—	—	—	—	—
2013	0.352 8	1.852 7	0.005 8	0.000 93	0.062 6
2014	0.491 6	0.752 6	0.013 0	0.000 72	0.012 4
2015	0.888 9	−1.367 0	0.021 7	0.001 00	0.016 1
平均	0.577 8	0.412 8	0.013 5	0.000 88	0.030 4

资料来源：据《河北农村统计年鉴》数据测算

从 2012～2015 年的变动趋势来看，10 项指标新增水平变动大体较为平稳，但各项指标表现有所差异。

（1）新增国内生产总值和新增农林牧渔服务业产值在 2014 年存在较大的下滑，这在一定程度上受到当年整体经济下滑的影响。另经考证，保定市 9 个贫困县近年来的第三产业比重逐渐上升。扶贫资金在产业建设方面投入较多，龙头企业发挥了明显的带动脱贫作用。

（2）新增农业机械总动力呈下降趋势，甚至在 2015 年出现下降。而新增农业技术人员在 2013 年增幅较大，达到 0.013 858 人，这表明在精准扶贫政策落地初期，政府十分重视贫困地区农业技术水平的改善，尽管在 2013 年后农业技术人员的增加幅度逐渐放缓，但仍一直保持有一定数量的农业技术人员长期驻扎于贫困县地区，且有关机构也多次组织农业科研人员对贫困山区进行考察，积极探索当地可发展的农业生态。

（3）新增公路里程在 2014 年后有平缓下降趋势，这可能是因为保定市开展的“村村通”工程，贫困县乡村道路日渐完善，所以用于农村道路的扶贫资金相对减少。目前据笔者对保定市贫困地区的实际走访，“村村通”工程成效十分明显，即使深山区村落也有硬化路面。但受地表形态、地势的影响，深山区居民进城路程仍较远，公交班线极少，这不仅不利于当地居民出城务工，也阻滞了当地旅游或其他产业的发展，因此，如何进一步优化山区到城镇的交通路线及交通工具是有关部门应考虑的问题。

（4）新增受益自来水村在 0.0008 个上下浮动，保定市每年都投入一定量资金用于解决农村地区的饮水问题，未接入自来水的村子逐年减少，但到 2015 年末 9 个贫困县仍有 542 个村未受益自来水，这 542 个村大多来自涞水县、曲阳县、易县和唐县，深山区居民的饮水问题亟待解决。

（5）新增互联网宽带接入户每年呈加速增长趋势，说明在贫困县农村地区的互联网建设日益普及，根据调研观察，“互联网+”对农村地区的福利效应正在逐渐生效，电商扶贫模式正在积极改变着农村贫困地区农产品成品低效以及缺乏产出渠道的问题。

（6）新增中小学专任教师数呈逐年加速递增态势，这得益于政府有关单位积极组织宣传贫困地区的教育事业，增加乡村教师的收入福利补贴。但是从另一组数据来看，贫困地区的乡村教育发展仍略显停滞。由表 2-6 可见，2012～2015 年，小学专任教师人均分配小学生人数一直徘徊在 19.0 人附近，而中学专任教师人均分配中学生人数也多集中在 14.5 人附近，仅 2014 年略高。这说明乡村中小学专任教师的供需缺口仍未显收缩，再考虑到在一些偏远贫困地区，当地能够分配到的专任教师就更为有限。目前，扶贫资金在教育扶持方面，多集中于实行“雨露计划”等政策对贫困学生在经济上进行补助，近几年也取得了很好的成效，但不得不注意的是教师对学生培养的重要作用，鉴于贫困地区在师资等基础力量上的匮乏，扶贫资金今后应对贫困地区教师及学校加大倾斜力度，促进农村基础教育的发展（表 2-6）。

表 2-6　专任教师人均分配相应学生数（单位：人）

	2012 年	2013 年	2014 年	2015 年
小学专任教师人均分配小学生人数	—	19.4725	18.9496	19.0370
中学专任教师人均分配中学生人数	—	14.5324	15.3946	14.4300

资料来源：据《河北农村统计年鉴》数据测算

（7）新增医疗机构床位数在 2013 年有较大增速，之后即稳定在 0.014 张左右。尽管近年来十分注重在医疗卫生方面的投入，但农村贫困地区的基础医疗设施仍十分匮乏，特别是一些极度贫困地区，潜在的传染性疾病威胁较大。另外，农村贫困地区医护人员也十分稀缺。

二、财政扶贫资金投入成效模型的建立与分析

前面已经对保定市财政扶贫资金的投入成效从贫困主体的改善效果和贫困区域环境的改善效果两个角度进行了描述性分析，对精准扶贫资金的产出成效及地区间产出差异有了直观了解，但是描述性分析毕竟具有干扰变量导致的片面性。在此，通过进一步的实证检验，为保定市扶贫资金使用效果做量化评价①。

数据选取了 2012～2016 年的保定市 9 个贫困县（唐县、易县、涞源县、阜平县、顺平县、涞水县、曲阳县、望都县和博野县）的不同来源扶贫资金投入数量、贫困发生率、农村居民纯收入和贫困人口等指标。数据质量较高，均以保定市财政局、《河北农村统计年鉴》及《中国农村贫困监测报告》的相关数据为依据进行统计，故保证了数据的真实性与可靠性。

（一）财政扶贫资金来源结构效率模型

在对保定市扶贫资金的投入产出关系进行分析时，主要可通过假定其他要素不变将资金的不同来源结构或是资金的不同投向作为自变量，而衡量其产出的因变量则主要有贫困县的农村居民人均可支配收入、贫困发生率、农业增加值等。本书中将资金的不同来源结构设为自变量，将贫困县农村居民人均可支配收入作为因变量，因此在不考虑其他因素变动的条件下，通过对扶贫资金来源结构进行调整，可以获得扶贫资金的来源结构与贫困县农村居民人均可支配收入之间的投入产出关系。

① 本书数据处理借助 Stata10.0 软件展开。

以科布–道格拉斯生产函数形式为基础[①]，建立影响保定市 9 个扶贫重点县农村居民人均可支配收入的扶贫资金来源结构的函数模型：

$$Y = AK_1^{\alpha}K_2^{\beta}K_3^{\varphi}K_4^{\theta}K_5^{\mu} \tag{2-1}$$

其中，Y 表示农村居民人均可支配收入；K_1 表示发展资金，α 表示其产出弹性；K_2 表示以工代赈资金，β 表示其产出弹性；K_3 表示扶贫贷款贴息及信贷资金，φ 表示其产出弹性；K_4 表示项目管理费，θ 表示其产出弹性；K_5 表示县级预算扶贫资金，μ 表示其产出弹性；A 表示常数项。

对式（2-1）两边取自然对数得

$$\ln Y = \ln A + \alpha \ln K_1 + \beta \ln K_2 + \varphi \ln K_3 + \theta \ln K_4 + \mu \ln K_5 \tag{2-2}$$

对式（2-2）两边分别求一阶导数得

$$\frac{\mathrm{d}Y}{Y} = \frac{\mathrm{d}A}{A} + \alpha\frac{\mathrm{d}K_1}{K_1} + \beta\frac{\mathrm{d}K_2}{K_2} + \varphi\frac{\mathrm{d}K_3}{K_3} + \theta\frac{\mathrm{d}K_4}{K_4} + \mu\frac{\mathrm{d}K_5}{K_5} \tag{2-3}$$

此时，$\frac{\mathrm{d}Y}{Y}$ 表示贫困县农村居民人均可支配收入增长率，同时，得到不同类扶贫资金来源对 $\frac{\mathrm{d}Y}{Y}$ 的贡献率，分别是

$$G_{K_1} = \frac{\alpha\frac{\mathrm{d}K_1}{K_1}}{\frac{\mathrm{d}Y}{Y}},\quad G_{K_2} = \frac{\beta\frac{\mathrm{d}K_2}{K_2}}{\frac{\mathrm{d}Y}{Y}},\quad G_{K_3} = \frac{\varphi\frac{\mathrm{d}K_3}{K_3}}{\frac{\mathrm{d}Y}{Y}},\quad G_{K_4} = \frac{\theta\frac{\mathrm{d}K_4}{K_4}}{\frac{\mathrm{d}Y}{Y}},\quad G_{K_5} = \frac{\mu\frac{\mathrm{d}K_5}{K_5}}{\frac{\mathrm{d}Y}{Y}} \tag{2-4}$$

故其他因素的贡献率为

$$G_A = 1 - G_{K_1} - G_{K_2} - G_{K_3} - G_{K_4} - G_{K_5} \tag{2-5}$$

由此，根据式（2-3），借助工具对其进行回归分析，从而得到财政扶贫资金不同来源的产出弹性 α、β、φ、θ、μ，产出弹性越大，说明该项资金来源对减贫的贡献率越大。再对各项产出弹性相加进而获得扶贫资金投入的规模效益，如下。

$\alpha+\beta+\varphi+\theta+\mu<1$，表示随着扶贫资金投入规模的增加，其产出成效呈现规模效益递增。

$\alpha+\beta+\varphi+\theta+\mu>1$，表示随着扶贫资金投入规模的增加，其产出成效呈现规模效益递减。

① 考虑到贫困主体的产出成效和数据的不易得性，利用科布–道格拉斯生产函数来考察不同来源结构扶贫资金的规模效益及减贫贡献。

$\alpha+\beta+\varphi+\theta+\mu=1$，表示扶贫资金投入规模的增加或减少，对其产出成效不构成影响。

（二）财政扶贫资金使用效果的面板回归分析

1. 描述性分析

由表 2-7 可见，2012～2016 年，保定市 9 个贫困县的农村居民人均可支配收入自然对数的最小值为 8.032，最大值为 9.323，平均值为 8.674，标准差为 0.325，这表明 9 个贫困县农民人均纯收入整体水平差距不大，绝对数额较低，变动较为平稳。从财政扶贫资金的来源结构来看，扶贫资金自然对数平均值最大的是发展资金，达 8.099，其次是县级预算扶贫资金，达 6.155，最小的则是项目管理费，为 4.170；而从变动趋势来看，标准差最大的是扶贫贷款贴息及信贷资金，达 1.557，其次是县级预算扶贫资金，达 1.142，变动最为平稳的则是发展资金，为 0.620，且各来源项变量均呈现一定的右偏分布，说明有一定正向的时间效应。

表 2-7　保定市 9 个贫困县来源结构数据描述

变量	变量类型	最小值	最大值	平均值	标准差
被解释变量	$\ln Y$	8.032	9.323	8.674	0.325
解释变量	$\ln K_1$	6.914	10.315	8.099	0.620
	$\ln K_2$	4.533	7.339	5.572	0.786
	$\ln K_3$	2.639	8.878	5.119	1.557
	$\ln K_4$	2.639	6.178	4.170	0.810
	$\ln K_5$	2.303	8.198	6.155	1.142

2. 双变量相关性分析

由表 2-8 可知，扶贫资金不同来源与农村居民人均可支配收入的自然对数的双变量相关性分析中，在 10%的置信水平下，农村居民人均可支配收入与以工代赈资金、扶贫贷款贴息及信贷资金显著相关，与以工代赈资金显著负相关，与扶贫贷款贴息及信贷资金显著正相关，而与其他变量不存在显著相关关系；在不同扶贫资金来源之间，在 10%的置信水平下，发展资金与扶贫贷款贴息及信贷资金、项目管理费存在显著正相关关系，与县级预算扶贫资金存在显著负相关关系，而与以工代赈资金不存在相关关系；此外，县级预算扶贫资金与扶贫贷款贴息及信贷资金和项目管理费存在显著负相关关系，而县级预算扶贫资金与发展资金在使用方向上会有一定的交叉，因而两者存在负向相关性。

表 2-8　财政扶贫资金来源结构的 Pearson 相关性分析

		ln$Y$	lnK_1	lnK_2	lnK_3	lnK_4	lnK_5
ln$Y$	相关性	1	–0.0162	–0.2779	0.3666	0.0262	–0.1507
	显著性		0.9159	0.0915	0.0217	0.8645	0.0329
lnK_1	相关性		1	0.2014	0.5333	0.5019	–0.3680
	显著性			0.2252	0.0005	0.0004	0.0140
lnK_2	相关性			1	–0.1602	–0.2672	0.1952
	显著性				0.1043	0.1043	0.2470
lnK_3	相关性				1	0.2551	–0.3561
	显著性					0.1171	0.0282
lnK_4	相关性					1	–0.3757
	显著性						0.0120
lnK_5	相关性						1
	显著性						

3. Hausman 检验

本书样本是典型的面板数据，个体一般以固定效应或随机效应的形态存在，那么采取固定效应模型和随机效应模型来进行分析就是一个根本性问题。两者的差异主要反映在对“个体效应”的处理上，固定效应模型的个体差异反映在每个个体都有一个特定的截距项；随机效应模型则假设所有的个体具有相同的截距项，个体差异主要反映在随机干扰性的设定上，因此本书研究保定市 9 个贫困县的扶贫资金益贫效应时，样本相对母体而言较小，结合实际情况可以认为不同居民在个人能力、消费习惯等方面的差异是随机的，因此笔者经验上倾向于选择随机效应模型较为合适[39]。此外，笔者进一步通过 Hausman 检验来判断两者如何选择（表 2-9）。

表 2-9　Hausman 检验

Chi2（6）	5.03
Prob>Chi2	0.5401

因 P 值为 0.5401，故接受原假设，应选取随机效应模型而非固定效应模型。

4. 随机效应模型 GLS 估计

通过广义最小二乘（generalized least squares，GLS）估计的随机效应模型可知，Wald 值为 124.40，R^2 值为 0.6885，方程评价具备可靠性（表 2-10）。因此利用随机效应模型 GLS 估计可以对方程参数进行估计，得到回归方程：

$$\begin{aligned}\ln Y = 7.6758 + 0.0869\ln K_1 - 0.0374\ln K_2 \\ + 0.0547\ln K_3 + 0.0685\ln K_4 - 0.0108\ln K_5\end{aligned} \tag{2-6}$$

可得各来源要素的产出弹性：①发展资金的产出弹性为 0.0869；②以工代赈资金的产出弹性为–0.0374；③扶贫贷款贴息及信贷资金的产出弹性为 0.0547；④项目管理费的产出弹性为 0.0685；⑤县级预算扶贫资金的产出弹性为–0.0108。

据此，结合式（2-4）和式（2-5）可以得出保定市 9 个贫困县的财政扶贫资金不同来源对农村居民人均可支配收入的贡献率：①发展资金对农村居民人均可支配收入的贡献率为 29.44%；②以工代赈资金对农村居民人均可支配收入的贡献率为–17.23%；③扶贫贷款贴息及信贷资金对农村居民人均可支配收入的贡献率为 37.37%；④项目管理费对农村居民人均可支配收入的贡献率为 6.24%；⑤县级预算扶贫资金对农村居民人均可支配收入的贡献率为–0.78%；⑥其他因素对农村居民人均可支配收入的贡献率为 44.96%。

表 2-10 随机效应模型检验结果

解释变量	系数值	Z 值	P 值
$\ln K_1$	0.0869	1.16	0.247
$\ln K_2$	–0.0374	–1.12	0.261
$\ln K_3$	0.0547	3.38	0.001
$\ln K_4$	0.0685	1.82	0.069
$\ln K_5$	–0.0108	–0.23	0.815
CONS	7.6758	10.75	0.000
R^2	0.6885		
Wald	124.40		

（三）结果分析

由前面的参数估计得到了各来源要素对农村居民人均可支配收入的产出弹

性，其中发展资金、扶贫贷款贴息及信贷资金和项目管理费对农村居民人均可支配收入的产出弹性为正，而以工代赈资金和县级预算扶贫资金的产出弹性则为负。再从各来源要素对农村居民人均可支配收入的贡献率来看，发展资金、扶贫贷款贴息及信贷资金和项目管理费对农村居民人均可支配收入有正向的贡献率，而以工代赈资金和县级预算扶贫资金则对农村居民人均可支配收入有负向的贡献率。由此可见，保定市 9 个贫困县的财政扶贫资金来源渠道的产出弹性都不高，最高的发展资金的产出弹性也仅为 0.0869，而贡献率最高的则是扶贫贷款贴息及信贷资金，达到 37.37%，综合可见，保定市财政扶贫资金尚未实现规模效益，不同来源资金贡献率之和仅为 55.04%，没有发挥出财政扶贫资金的应有效率。

（1）保定市财政扶贫资金使用的规模效益偏低，产出弹性之和仅为 0.1619，远未达到实现规模效益的水平。因此，在继续加大对农村贫困地区的扶贫资金投入规模的同时，也要注重扶贫资金使用方式上的优化调整，发挥扶贫资金的应有效力，提升财政扶贫资金的导向作用，实现规模效益。

（2）各来源结构对农村居民人均可支配收入的贡献程度差异较大，发展资金仍发挥着主体作用，其产出弹性达到 0.0869，贡献率也达到了 29.44%，其产出弹性占到了整体弹性水平的 1/2 以上。可见近年来发展资金在减贫增收中发挥着核心作用，但就其绝对水平而言仍处于较低的水平，这说明其在减贫中还存在很大的提升空间。应注重对财政扶贫资金管理体制的改革，提高发展资金的投入效率。特别是在发展资金的使用方向上，更加注重配合其在农村基础设施等方面的使用，减少资金作用生效的政策时滞，此外还要充分调动不同来源结构的资金之间协调使用，避免重复投入，也要发挥合力作用，促进农村居民收入的可持续性增长。另外，扶贫贷款贴息及信贷资金的贡献率最高，达到 37.37%，特别是进入 2016 年以后，保定市政府加大对债务及信贷资金的投入，这种间接带动贫困户增收，增强自我发展能力的方式在扶贫成效中表现突出，极大地带动了脱贫增收。因而今后应进一步加大在这方面的投入力度，创新金融扶贫模式，降低贫困户的偿贷压力，提高其贷款能力。

（3）在来源渠道中，以工代赈资金和县级预算扶贫资金对农村居民人均可支配收入的增加发挥了反向作用。其中以工代赈资金产出弹性的负效应较大，说明近年来，保定市多年的公路交通和水利建设已取得了很好的成果，事实也证明，目前保定市即使在深度贫困的地方也基本解决了公路出行和饮水的问题，在现行水平下，单纯依靠传统的资金投入的边际产出已开始逐渐递减了，对于尚未解决水利、交通方面问题的村落，如果继续依靠资金解决，那么以工代赈资金水平是远远达不到的，其继续在这方面投入只能是杯水车薪。因此，应进一步通过整村推进、易地搬迁等方式对极端贫困村落进行治理，整体性解决这些地区在水利、交通方面的问题。而县级预算扶贫资金负效应的出现可能一方面与目前县级资金整合较为混乱有关，有部分搁置、截留的县级预算扶贫资金存在，对于扶贫资金使用效率很不利。另一方面考虑到“十二五”期间的经济波动较大，各县预算波动也较大，导致在运算中对于县级预算扶贫资金可能存在较强的时滞效应，因此如果在现行基础上，对数据进行动态面板回归逐步分析，相信会获得更有效的信息来对不同来源渠道的资金使用效果进行分析。

第四节　保定市财政扶贫资金投入效率偏低的原因分析

一、财政扶贫资金的投入及其结构不合理

（一）资金投入规模不足，供需不匹配

资金的供给不足对脱贫质量会产生严重影响。《中国农业发展报告》中提出，人均扶贫资金的投入达到一定规模才能实现脱贫目的，而要实现稳定解决贫困人口温饱问题，人均扶贫资金投入应达到1800元以上。而世界银行等国际组织更是将标准的人均扶贫资金投入设定在5000元。可见，保定市在人均扶贫资金投入方面表现欠佳，仅在2016年达到一个较高水平，即3572.58元，而在2016年以前均不足1500元，从资金规模的角度来看，保定市的财政扶贫资金投入水平严重迟滞了“十二五”期间保定市的扶贫资金使用效率。

此外，保定市财政扶贫资金的投向结构还存在供需不匹配现象。这突出表现在保定市贫困地区的农村基础设施和公共服务建设十分落后，一定程度上制约了当地产业经济的发展和人民生活水平的提高。举例而言，笔者在涞源县某村调研中发现，该村基础设施建设十分落后，当地村委会几乎没有可用的办公用品，在驻村工作组到来之前，该村村委会唯一的办公设备仅是一个宣传喇叭，更不必说其他的村落广场、健身设备等公共服务设施了，村里的房子仍有许多以茅草泥土搭建的危房，经过了解，在涞水县、涞源县等地的山区里，这类村子还较为普遍。但如前所述，2016年保定市涉农扶贫资金整合后总额达132 938.06万元，投入到农业生产发展的资金为45 719.7万元，占总额的43%，而农村基础设施建设的资金投入仅为38 392.7万元，占总额的36%，这远远小于农村贫困地区对基础设施建设方面的资金需求，再考虑到目前的资金分配侧重，这类村子实际能够取得的用于改善当地基础设施和公共服务的建设资金就更少了。

（二）财政资金对信贷资金吸附力不足，不易发挥其乘数效应

财政资金在扶贫中的作用居于首要地位，这是由财政资金和精准扶贫的固有性质所决定的。但这并非是指在任何时候、任何项目上，财政资金都会扮演主体的角色。就产业扶贫项目而言，因为产业发展的目的就在于通过产业收益来增加贫困地区和家庭的收入，客观上具有增值的能力，所以产业扶贫的资金投入可以发挥金融部门的作用，借助于财政的贴息机制来吸引其在贫困地区产业领域的贷款投放。2014 年，保定地区扶贫贷款贴息资金为 804 万元，省级以上总的投入为 59 723.48 万元，占比 1.35%。由此可见，上级财政对贷款贴息的资金支持要远远少于实际贴息的资金规模。这种情况导致贫困地区的贷款利用率比较低。其中既有银行不愿贷的问题，也有贷款户不愿还和无能力还的问题。

二、财政扶贫资金的管理体制不科学

（一）扶贫项目审批烦琐，资金拨付滞后

按照目前的扶贫项目审批机制，权力向村一级下放仍十分有限，大部分项目的审批程序烦琐、耗时长，而对应的是省财政等有关部门的少数审批负责人的任务重、审批周期长，从而易出现财政资金积压、资金拨付滞后的现象。此外，普遍存在一些项目前期的计划准备不足，或是项目的运作及利益分配没有划定好，配套项目不完善，而导致扶贫项目迟迟难以开展，资金也不能及时拨付。

此外，在扶贫项目瞄准的精准性问题上，贫困群众实质上对于扶贫方式和内容都并不了解，因此也就无从置评。但有不少基层干部以群众名义反馈自身的扶贫意见，容易出现较为独断的问题，脱离民众真正所向。这样必然会导致扶贫工作开展存在阻碍，民众积极度不高，必然也就难以取得良好的扶贫效果，甚至还可能导致消极影响。

（二）扶贫资金报账存在缺陷，资金整合难度大

扶贫资金报账制的基本程序如下：扶贫项目的实施单位依照当年批准的年度财政扶贫项目计划、项目实施计划、项目工程建设进度表以及项目工程合同等文件，提出项目用款计划并附上有效的报账凭证，然后按照规定程序报送有关财政

部门，待核准后完成报账提款。但财政部门难以对项目实施单位报送的相关扶贫资金使用情况的真实性及合理性进行核实，对于扶贫资金是否有效按规定投入到扶贫项目中也难以核实，这就不可避免地会存在部分财政资金挪用、浪费或是流失等情况，使扶贫资金难以发挥其应有的效率。

此外，整合扶贫资金统一调配也存在一定困难，特别是对于中央、省级财政专项资金而言。庞大的涉农资金在整合过程中会牵涉多个部门的利益及程序，一定程度为资金整合带来了阻碍。由表 2-11 可见，纳入整合范围的资金规模占该级资金规模的比重中，县级财政资金纳入整合范围程度最高，达 80.97%，其余三项均未达 70%。已整合资金规模占纳入整合范围的资金规模比重指标反映出相同的态势，县级财政资金已整合资金规模程度最高，达 75.99%，其余三项均未达 50%，实际整合资金有限。由此可见，县级部门整合资金效率远高于其上级部门，说明在村一级易于对扶贫资金进行整合分配，工作便于开展，而中央、省级、市级由于牵涉部门较多，资金整合难度较大。

表 2-11　2016 年保定市 9 个贫困县财政扶贫资金整合情况（单位：%）

资金名称	纳入整合范围的资金规模/该级资金规模	已整合资金规模/纳入整合范围的资金规模	已完成支出资金规模/已整合资金规模
中央	67.74	43.97	9.78
省级	65.98	43.45	21.49
市级	63.71	43.05	43.13
县级	80.97	75.99	11.08
合计	69.60	48.90	80.90

资料来源：保定市财政局

（三）扶贫资金监管不严，科层损耗较大

尽管近年来扶贫资金管理日益规范，各项规章制度更为健全，管理举措也更加严格。但据调研群众反映，仍存在截用、挪用扶贫资金的现象。一些单位采取虚报扶贫项目支出的方式来套取扶贫资金，并将其用于其他非扶贫项目建设或是弥补公用经费支出或是弥补项目前期费用，这些行为会导致大量扶贫资金流失，严重影响扶贫资金效率。

在省直管县实行以前，扶贫资金的使用要经过中央、省、市、县四级分配，因而会存在分配权力高度集中的问题，导致下级通过谎报、虚报统计数据以争取扶贫资金的现象，此外，跑“部”前进的现象也屡见不鲜，各下级单位纷纷效仿。而在财政省直管县以后，保定市贫困县的资金管理情况有所好转，但总

的资金损耗及机会成本并没有减少。其主要原因在于，我国的资金管理机构较为臃肿，资金管理效率不高，且在实际工作中还存在着资金浪费、管理决策低等现象，这都增加了扶贫资金的使用成本，在基层扶贫机构中，由于当地财政收入偏低，机构也不得不先预留部分权作自用的储备资金，这导致真实投入到扶贫项目中的资金规模并不高。

三、主观原因

（一）贫困主体脱贫意愿及能力不足

贫困主体的个人脱贫意愿及能力是决定财政资金扶贫成效的重要因素，而在一些地区，“等靠要”的思想十分浓厚，不积极主动寻找工作，极度依赖于国家对贫困人群的财政补贴，并且想当然地把贫穷作为国家或政府无条件帮助救济其生活的理由，这对于扶贫资金的使用而言是一种变相的严重浪费。此外，还有一种思想广泛存在于保定市的山区贫困村，这些村子的村民与外界联络较少，有较充足的粮食供应，常年处于偏向“自给自足”的小农经济的状态，他们认为自己在这里可以生活即可，对于政府积极开展村容村貌整治、基础设施修建、医疗卫生建设等工作不理解，也不支持，这会使扶贫项目缺乏重要的人力要素，不利于扶贫资金使用效率的提高。

我国贫困人口素质是我国反贫困斗争中的一个“短板”，这主要表现在：贫困者文化素质不高、身体素质较差、管理能力不强。这就导致了在我国基层群众自治的制度下，特别是在一些极端贫困村中，难以选出有能力、有觉悟带领村民致富的村委干部，难以发动广大村民齐心协力共同致富，难以有效地利用政府下拨的扶贫资金落实扶贫项目，难以为集体产业联络稳定的对外渠道，从而使扶贫资金如“竹篮打水一场空”，如涞源县许多村子建设的果树产业在销售季因找不到销售渠道而全部搁置。

（二）各层级权力主体间的博弈消耗

社会主义市场经济体制的建立，使得利益主体呈现多元化的倾向。由于各层级权力主体间的利益诉求不同，预期效用也不一致，期间可能会背离扶贫政策的约束，对扶贫资金产生一定的博弈消耗，主要表现在：中央政府与地方政府间的博弈；地方政府与基层当权派间的博弈。上级政府为达成既定的扶贫目标，会遵从相应程序拨付一定扶贫资源给下级政府，由下级政府对扶贫资源进行再分配，在这种扶贫资源的层级传递中会存在信息不对称、监督不力、人手不足的现象，且下级政府尽管需要完成上级政府安排的脱贫任务，但其利益诉求又要求获得更多的扶贫资源，从而会对部分扶贫资金的使用发生偏差，阻碍扶贫资金精准使用的效力。虽然省直管县的设立一定程度上有利于解决上下级政府间的博弈消耗，但地方政府与基层当权派间的博弈问题始终没有解决。农村基层工作影响因素更为复杂。乡镇政府和村委会是连接上级政府和广大农村居民之间的纽带，管理者为了在扶贫中有更大的主动性，难免会更加倾向于向上级政府争取更多的财力、物力资源，从而导致资源分配中的不公平现象。同时，基层管理工作面对具体的扶贫工作时，经常会遇到各种疑难问题，为了满足更多村民的要求，往往会采取一些与政策不符的变通施政行为，或者由自身管理水平的有限性而导致扶贫项目选择的失误，其结果都有可能导致资源的损失浪费。

第五节　提高保定市财政扶贫资金投入成效的对策建议

一、重构多元化的扶贫资金投入结构

（一）有所为有所不为，精准政府定位

在新的扶贫形式下，政府的角色及其扶贫管理应重新调整。从政府的职能手段来看，政府主要发挥着服务、引导的作用，其过多干涉扶贫项目的策划、管理并不利于扶贫资金效率的发挥，因此，政府应在贫困地区的公共服务保障、科学教育培养、公共基础设施建设及扶贫活动法律监管等方面多投入力量，科学出台相关扶贫规划，努力为贫困地区及贫困者提供就业等经营平台，为各类扶贫活动和项目的开展提供一个良好的外部环境。再从目前的扶贫资金投入方式来看，仍是以政府为主导的资金投入，且直接性投入在保定市还占有较大的比重，其较为浓厚的救济性色彩并不利于贫困者的持续性脱贫，也不利于发挥有限扶贫资金的实际效用。政府应更加注重对这种以“输血式”的物资资助为主的扶贫模式进行适应性转变，应更注重选择有利于激发贫困地区及贫困者内生动力的扶贫模式。此外，在政府扶贫的目标范围选择上，对于一些可由市场有效解决的领域应适当放弃，而对于一些生活生产条件极为恶劣的贫困地区应更多地向给予医疗保障、生活补助倾斜，确保极端贫困人口的温饱问题的解决。最重要的一点是政府应采取更有效的管理措施并投入更多的人力来确保相关扶贫政策的有效落实，避免一个好的政策只能成为纸上文章。

（二）内生发力，推动农村扶贫机制市场化

市场机制有其自身的局限性，因而可能会进一步加剧贫富差距，但必须承认的是，市场机制是分配资源最有效的机制，它在合理分配扶贫资源方面具有重要作用。因此，在我国社会主义市场经济体制下，推动农村扶贫机制市场化是实现公平扶贫与效率扶贫的必要举措。而农村扶贫市场化机制的核心就在于通过转变以往单纯按照贫困人口数量及其贫困程度来分配资金的办法，依照市场机制的分配手段，在贫困人口贫困程度的基础上，有弹性地分配扶贫资金。一是要树立贫困者的市场主体意识，让贫困者成为扶贫工作的主要参与者，而不是被动受助者，让其意识到自身才是脱贫的根本性因素，而非政府的短期救济。二是要鼓励贫困者参与市场竞争，政府可为其提供一定的技术帮扶、渠道联络等支持，但关键在于要让贫困者自己走出去，鼓励引导其建立专业化的农业合作社，在实际业务操作中提升贫困者的参与能力、竞争能力、组织能力，从而实现扶贫资源效用的最大化发挥。三是要引导贫困者适应农村经济改革的趋势，提升贫困者的市场适应能力。因为大多贫困者长期处于经济市场化改革的边缘，并不具备一定的市场应变能力和抗风险能力，所以政府应改变贫困者的市场环境，积极引入一些市场化元素，可以让更多的贫困者来理解市场，利用市场化工具改变自身的贫困状况。目前保定市 9 个贫困县主要开展了村级互助资金、农户自立服务社、扶贫担保资金等金融扶贫的新机制，其中村级互助资金的试点村已达 169 个，资金总规模达到 3100 万元，对贫困户的资金问题的解决、自我发展意识的提高起到了很大的作用，因此，保定市的部分贫困地区的金融扶贫已有初步发展，应进一步推广到贫困程度更深的贫困村中。但更高效的市场化扶贫模式却进展很慢，近年来在担保平台建设上投入了大量启动资金，由省级财政 2015～2017 年每年投入 5000 万元，建立了四个担保机构，但实际业务进展并不顺利，目前仅涉及企业或合作社 65 个，农户 80 余户，实际资金成效并不明朗。可见，在市场化的外部环境建设方面，政府还应加大财政在资金和渠道上的支持力度。

（三）互助协作，构建农村扶贫联动帮扶机制

目前，保定市的农村扶贫帮扶机制的主体仍是政府及有关部门，银行、信用社、大型国有企业、民营企业也有部分参与，但大多还是一种被动参与的状态，积极性不高，且保定市的社会扶贫力量较弱，农村扶贫联动帮扶机制并没有有效建立起来。精准扶贫是一项系统性工作，单靠政府的一己之力并不能得到有效解

决。它需要充分调动社会各个阶层的力量，共同参与并相互协作，逐步形成全社会及各经济社会组织自主联动参与农村扶贫的帮扶机制。

第一，政府要继续推动支持定点扶贫、结队扶贫协作，继续重视包村工程的落实。应从双方的实际情况出发，以合作共赢为基础，探索一种可以实现扶贫与合作相结合、脱贫与赢利相结合的长效帮扶机制。例如，保定市可以加大职业技能培训，组织专业机构向其他地区输送贫困地区劳动力，或是联系构建稳定的售货渠道，向周边或发达地区输送初级农产品等优势资源。而发达地区向保定市的贫困地区提供资金、技术、信息上的帮助，发挥比较优势，实现优势互补。第二，加强对扶贫政策红利及实际落地成效的舆论宣传，并对扶贫企业的帮扶支持成效予以大力宣传，从而让这些企业在作出贡献的同时获得名和利好处，以引导更多的企业，特别是非公有制企业参与精准扶贫实践。第三，创新联动帮扶形式，农村扶贫开发是一项投资回报周期较长的经济活动，且基于贫困地区落后的交通、水利、电力等基础设施以及人力资源素质不高等因素，企业的投资成本会更高、风险会更大，因此应给予扶贫企业必要的税收优惠、财政激励等政策照顾，此外，应大力支持目前已较为成熟的 PPP 模式，积极将 PPP 模式引入贫困地区基础设施领域。PPP 的投入方式能够充分利用政府部门和私营企业的优势，在基础设施建设的初期共同参与，对建设项目进行可行性分析，从经济、市场环境、科学技术等多角度进行论证，避免在项目建设前期的时间浪费，缩减项目时间成本。同时，有利于减轻财政负担，保证基础设施的质量，减轻财政预算压力。

二、创新科学化的扶贫资金管理机制

（一）实现扶贫资金瞄准及追踪的动态化管理

扶贫资金利用效率最大化，是把每一分钱都要精准投放到最贫困的地区以及最有益于减贫的扶贫模式内。且在农村扶贫过程中，受助对象是动态变化的，即贫困地区的贫困者的收入水平、贫困人口的分布特征、扶贫对象的经济地位及个人能力是在不断变化的。因此，扶贫资金的使用应适应扶贫对象的动态特征，建立动态化扶贫资金瞄准及追踪管理机制，实现对扶贫资金使用进程的有效监管，实现扶贫资金投放的适时转变。

这一动态化管理机制需要注意以下几点。一是要建立动态化、科学化的农村扶贫标准，由上述分析可知，保定市的 9 个贫困县内部也存在着差距，因此扶贫标准的考核也要因“县”而异，要结合不同地区的收入水平、消费结构、消费能力、生活成本、公共服务水平等使扶贫标准更有适应性和针对性，从而为扶贫资金的动态化管理提供科学精准的资金受助目标。二是要建立以结果为导向的资金分配机制与便于资金分配和动态调整的评价指标。保定市目前的资金分配仍主要考虑地区的贫困程度，重投入轻产出，很少考虑扶贫的产出效果，而以结果为导向的资金分配机制相对而言更具公平性，且带有更强的激励作用，更易发挥扶贫资金的效率性。此外，政府应基于动态化的评价指标，实现科学地分配资金。三是要建立村级项目资金的动态管理。在保定市近些年的扶贫实践中，扶贫资金下放到村一级整合投入取得了比以往上级直接投入项目更好的效果，但在资金管理上也存在资金闲置、项目资金投入不科学等问题。因此加强对村一级资金的动态化管理机制建设是很有必要的，上级政府需要做到对资金使用权的加快下放，也要做到对资金实际使用的有效监管。四是要加大扶贫资金到户力度，“逐步增加到户资金规模”“产业项目要建立健全带动贫困户脱贫增收的利益联结机制”，这也是我国农村开发规划的应有之义。

（二）规范扶贫资金绩效的标准化考核

保定市依据财政专项资金管理办法建立了相应的扶贫资金绩效考核制度，我们应在此基础上进一步规范扶贫资金的绩效管理，明确农村扶贫资金绩效考核的目标，保证农村扶贫资金使用的安全性、扶贫资金管理的规范性和农村扶贫开发的有效性；并遵守扶贫资金绩效考核的原则：①客观公正、公开透明，实现考核标准的统一，尊重考核事实，接受考核主体、考核过程、考核结果公开，自觉接受社会监督；②奖惩结合，客观考评，即时反馈。此外，在扶贫资金绩效考核的内容上，要做到目标具体、重点突出、责任明确、指标合理，既要考核收入水平、贫困人口数量等显性指标，也要考核劳动者素质、医疗保障等隐性指标。

（三）加强扶贫资金的专项审计和法治化监督

以往经验表明，注重对扶贫开发的法治化监督，才能真正实现对扶贫资金使用的有效监督，并实现扶贫资金效率的充分发挥。在我国，尽管中央和地方已相继出台了一系列的涉及扶贫开发的规范性规定与文件，但问题在于没有法治化的扶贫管理办法，在扶贫资金的使用上也多是以行政性文件的形式出现，缺乏法律的长期监管约束，也就不能持续性保障贫困者的基本权益。社会主义市场经济同样也是法治型经济，我国应从国家层面出台相应的扶贫开发法规条例，设置反贫困法，对我国贫困的界定、扶贫项目的开展、扶贫资金的使用等方面进行法律规定，特别是在扶贫资金的使用上，法律的规范性、公正性有利于促进扶贫资金的合理使用。

此外，还应强化对扶贫资金使用的专项审计，审计部门要设置专项审计组，在年度工作计划中纳入扶贫资金项目审计，每年对扶贫资金开展审计调查。对于凡是存在转移、挪用、拖欠、挤占扶贫资金的，必须责成相关部门如数追回，并依法追究法律责任，而存在贪污私吞扶贫资金的，也应依法追究刑事责任。在审计上形成对扶贫资金使用部门的威慑力，保障扶贫资金的安全使用。

三、注重贫困地区的主体能力提升

（一）扶贫先扶志，多做思想工作

党中央强调，扶志就是扶思想、扶观念、扶信心，帮助贫困群众树立起摆脱困境的斗志和勇气。贫困群众是脱贫攻坚的主体力量，如果贫困群众自身无法形成勇于脱贫的志气，那么再多的扶贫资金投入也只能缓解一时，返贫现象也会频繁出现。因此，首先要对贫困群众宣传脱贫的必要以及目前为其提供的良好的脱贫环境和福利，激发其自身的脱贫意识和斗志。其次要鼓励勤劳致富，一方面要抵制“等靠要”的懒惰思想，另一方面要警惕一些地区“安贫乐道”“穷自在”的思想，要使贫困者认识到懒惰可耻，激发其主动劳动工作的志气。再次要通过一些正面典型案例来积极吸引贫困者参与到脱贫中来，特别是一些扶贫龙头企业、致富带头人和“第一书记”等易为基层群众所接受的典型代表，通过对他们的宣传带动更多的群众相信政府，相信政策，相信“脱真贫”。最后要鼓励贫困者自身参与学习、参与培训，使其通过自身综合素质的提高逐渐意识到贫困问题和反贫困问题，通过自身的学习来找寻脱贫路径，利用脱贫政策，从“被动脱贫”变为“主动脱贫”。

（二）扶贫必扶智，提升贫困者的人力资源素质

贫困者自身的人力资源素质主要包括职业技能水平、工作学习能力等方面。人力是第一生产力，人力资源素质的提升是实现脱贫、避免返贫的根本性举措，保定市在这方面的投入主要表现在：一方面落实“雨露计划”，针对贫困家庭的在校接受教育的子女进行生活补助；另一方面对农村贫困劳动力开展免费技能培训，2017 年对 3550 名贫困者进行了职业技能培训（表 1-7）。

但这与农村贫困人口提升就业、提高生活能力的需求相比，还远远不足。因此，就提升农村贫困地区的人力资源素质，应按照“缺什么，补什么；需要什么，培训什么”的原则：①加大贫困地区基础教育和职业教育的投入。教育扶贫是根本，扶“今天”更要扶“明天”，贫困地区孩子的教育素质的提高是阻断代际贫困

的根本之路。②加强农村实用技术的培训，培养新型务农人员。扩大目前的技术培训范围，采取基层大讲堂、公共网络讲堂等形式，将贫困地区的贫困者聚集起来共同学习，互相帮扶。③拓宽贫困群众的对外渠道。对于有头脑、肯劳动的贫困者，政府要积极为其提供渠道，帮助引进先进经验，鼓励其学习外界经验，对于参与种植、养殖等农村集体产业的，要提供常驻的技术帮扶指导，帮助贫困者走好劳动脱贫第一步。

（三）培养新型可为的农村基层干部队伍

因为贫困村地理位置偏僻、消息闭塞、缺少市场意识和技能等，贫困村民在参与市场竞争、维护自身权益中往往处于弱势地位，所以十分依赖于村一级的村委管理人员或是领头人的组织管理作用。应该充分带动村里的致富带头人、种养殖大户等参与到贫困村的建设。因为这些人一般都具有较强的市场观察力，有很好的人际关系和对外渠道，有一定的管理经营能力，有比普通村民更高的综合素质，由这些人来牵头建设，一方面由于其与村民关系熟络，易于配合工作；另一方面由于其业务能力强，可减少村民的盲目选择而导致的经营失败。此外，还要培养一批有基层管理能力的干部到贫困村中去，特别要注重选拔有当地经历的人，通过多种途径多种形式把这些干部和上述当地带头人吸纳到村支两委班子中，对贫困地区村民开展脱贫宣传教育，让大家意识到公共基础设施、教育科技培训的重要性，通过这些年轻有干劲的干部和当地带头人的互相配合带动贫困村的整体脱贫。其中还要注意的是，要明确村委干部中的权责分配，避免外来干部与当地带头人之间因利益矛盾而对脱贫工作产生内部阻碍。

第三章　河北省财政 R&D 支出绩效评价研究

第一节　概　　述

一、研究背景

自 2008 年金融危机以来，全球经济受到严重冲击，尽管世界各国积极采取各种措施进行了抵御，但是低迷的经济形势一直难以扭转。在寻求经济崛起的过程中，科技支出逐渐成为各国发展本国经济的重要依靠力量。众所周知，科技支出不仅可以支撑一个国家原产业的更新换代，而且益于推动新兴产业的萌芽和成长。当前各国在经济实力上的竞争已经逐步演变为科技支出上的竞争。R&D 支出是科技支出的核心，可以说 R&D 支出对国家新一轮的发展具有重要的引擎作用。当前，我国正处于经济发展的重要转型期，随着政府 R&D 支出规模日益增加，财政 R&D 支出绩效评价备受关注。许多发达国家早已形成了法制化和规范化的财政 R&D 支出绩效评估体系，而我国真正开始关注 R&D 绩效管理的时间较晚，在财政 R&D 支出绩效评价方面的研究尚待深入探索。随着我国政府对 R&D 支出绩效评估的日益重视，进一步探索和完善财政 R&D 支出绩效评价显得尤为重要。

财政 R&D 支出绩效评价是指对政府财政资金在 R&D 内部使用效率的评价。财政 R&D 支出绩效评价的原因主要有两个：一是基于提高财政支出效率的要求，这是因为财政资金是有限的，而 R&D 支出需求却是无限的，只有将有限资金用在关键环节或领域上，才能实现其使用上的最大效率；二是基于 R&D 活动中财政资金的重要作用，财政 R&D 支出在很大程度上影响科技的总体发展水平。因此，对财政 R&D 支出进行绩效评价研究具有重要的理论意义和现实意义。

二、国内研究现状

早在 20 世纪 50 年代前后，以罗伯特·索洛等为代表的新古典经济学流派就曾经典论证了科技作为一种内生变量对经济增长的贡献。有效率的科技支出会带来整个社会经济生产率的提高，因此，国内外学者一直探索着如何实现高效的科技支出。早在 20 世纪 70 年代前后，财政科技支出绩效评价作为整个政府绩效评估体系中的一部分在以美国和英国为代表的发达国家广泛运用。在新公共管理理论和西方发达国家绩效评估理论与实践的影响下，我国政府对财政科技支出绩效评价日益重视，历经 30 多年的探索研究，取得了许多可喜的成果。这些成果大多集中于财政科技支出与经济增长或者企业关系的研究，以及财政科技支出绩效评价体系和评价方法的研究。

（一）财政科技支出对经济增长的影响

从西方经济学角度讲，政府是参与社会经济活动的重要主体之一，政府的科技活动对整个社会的经济增长产生影响。政府科技支出对经济增长影响的研究成果主要是政府 R&D 支出具有促进经济增长的作用。关友毅对地方科研支出与经济增长的关系进行了协整回归，结果表明 R&D 支出能明显促进国内生产总值的增长[40]。严成樑和龚六堂对 R&D 支出规模和结构与国内生产总值的关系构建了回归模型，结果证明支出规模抑制国内生产总值增长，按活动类型划分的基础研究促进国内生产总值增长，按执行机构划分的高等院校促进国内生产总值增长[41]。孙东和周怡君对地方性政府 R&D 支出、创新能力与国内生产总值的关系构建了经济模型，结果证明政府 R&D 支出能够明显促进国内生产总值增长，但创新能力却并非如此[42]。

（二）财政科技支出对企业科技支出的影响

政府财政科技支出对企业的影响在学术界众说纷纭。截至目前，财政科技支出对企业作用到底如何的研究尚无定论。政府科技支出对企业支出或起促进作用，或起抑制作用，且研究成果中认为政府财政科技支出对企业科技支出有促进作用的研究居多，大部分学者认为政府科技支出对企业 R&D 支出有杠杆作用或诱导作用。杜文献和吴林海对财政科研支出与企业科研支出进行了线性回归，结果证明财政科研支出与企业科研支出正相关、财政 R&D 支出对企业的诱导效应大于挤出效应，总体上呈现诱导作用[43]。刘凤朝和孙玉涛对财政科技支出与社会科技支出构建了修正的投资模型，结果证明财政科技支出对大中型企业引导效应显著[44]。刘文惠对政府 R&D 补助与企业 R&D 支出进行了回归分析，结果证明我国政府 R&D 补助对企业 R&D 支出诱导效应显著，尤其鼓励了非国有企业 R&D 活动的开展[45]。孙维峰对省级财政科研支出与企业科研支出进行了面板数据分析，结果证明两者间关系复杂，前者对后者既存在诱导，又存在挤出，并且认为对企业的挤出效应随着财政科研支出强度的增加而增加[46]。陈建宝和禚铸瑶对我国财政资助大中型企业研发问题进行了模型分析，结果证明财政科研支出对大中型企业科研支出诱导作用明显，并且一定区间的资助率会实现最强的诱导效应。相对而言，财政科技支出对企业科技支出起抑制作用的研究成果较少，并且主要集中于政府科技支出对企业 R&D 支出挤出效应的研究[47]。郝言慧对财政 R&D 支出与企业 R&D 支出进行了分布滞后模型和多元线性回归分析，结果证明企业 R&D 支出受到财政 R&D 支出的挤出作用比诱导作用大得多，财政直接 R&D 支出的诱导作用较强，间接 R&D 资助的挤出效应较强[48]。

（三）财政科技支出绩效评价指标体系设计思路

有效的财政科技支出绩效评价指标体系具有理论性和现实可行的特点。在文献研究中，随着研究内容、研究方法和研究范围的不同，形成的财政科技支出绩效评价指标体系呈现不同的特点。王海霞认为绩效评估的核心是评估指标体系，指标体系在设计上应当考虑数据的现实可行性，要与国际状况接轨，评价结果要求系统可靠、实用可行，并设计了三级的科研支出绩效评价指标体系，其中第一级指标即支出与产出；第二级指标是对第一级指标的进一步分解，支出包括资金支出和人员支出，产出部分包括成果、效率和效益的产出特点；第三级指标是对第二级指标的分解，是一些可量化的绝对指标和相对指标[49]。张世慧等归类了政府科技项目，并从三个层面设计了政府科技支出绩效评价体系，其中第一层是目标层，作为总体评价的目标；第二层是要素层，包括计划执行情况、科技进步和创新、直接效益、间接效益和社会效益；第三层是指标层，是对要素层的进一步分解，包括特定权重与标准的定量指标和定性指标[50]。王刚和池翔认为财政科技支出绩效评价指标体系的构建应当在指标设计上具备一致性和可比性、指标选择上定性定量协调、指标数据搜寻上真实可靠、评价结果上准确适应、指标体系的应用上流动可调[51]。田时中等在绩效评价理论的指导下，以指标体系的现实可行性、量化定性指标和增强客观性为目标，设计了目标、准则和指标三个层面的绩效评价指标体系，试图形成一个企事业单位通用的体系[52]。

（四）财政科技支出绩效评价一般研究方法

关于财政科技支出绩效评价的方法主要有单一分析方法和多重分析方法。单一分析方法是指运用单个方法对研究对象进行有效分析的方法；多重分析方法是指运用两个或者两个以上的方法对研究对象进行有效分析的方法。

在众多单一分析方法中使用最多的是 DEA 法。DEA 法可以对评价对象进行空间上的横向评价，也可以对评价对象进行时间上的纵向评价。在实际运用 DEA

法的过程中，学者或采用面板数据，从时间、地区两个角度运用传统 DEA 法；或直接适时运用改进 DEA 法。

在运用传统 DEA 法的文献方面，马少强根据所收集的面板数据，采用 DEA 法对我国 31 个省（自治区、直辖市）在 2006～2008 年的财政科技支出产出进行了绩效评价，得出各省份的平均效率值差异较大的结果，对导致该结果的原因进行了分析，并提出了改进意见[53]。穆智蕊通过构建绩效指标体系，运用传统 DEA 法，对北京地区 R&D 支出效率进行了时间和地区两个角度的综合评价，并针对出现的问题提出有效的政策建议[54]。郭兵等运用 DEA 对上海在 1996～2009 年的政府科技支出进行了实证模型评价，得出在所研究的年份内，上海财政科技支出效率总体不高，支出与产出不匹配，并针对上海具体情况提出改进建议[55]。李媛媛运用传统 DEA，对辽宁省 1995～2009 年的财政科技支出进行了绩效评价研究，认为辽宁省的政府科技支出绩效总体不高，并根据分析结果提出了相应对策建议[56]。黄科舫等采用双层 DEA 对湖北省财政科技支出产出进行了绩效评价，文中的双层 DEA 是指对湖北省财政科技支出产出进行了地区间横向和时间上纵向的两种 DEA，通过两个角度的 DEA，最终得出湖北省财政科技支出绩效水平有待提高，并提出了对应的改进建议[57]。

在运用改进 DEA 法的文献方面，李尽法认为传统 DEA 法无法进一步细分决策单元的有效性程度，而超效率 DEA 法可以弥补这一缺点，从而更有效地提供提升科技支出水平的有效途径[58]。尹伟华和袁卫认为传统 DEA 法存在“黑箱操作”，运用链式结构的关联网络 DEA 法有助于对决策单元的复杂过程进行分解，形成各个子过程，进一步对每个子过程的效率进行评价有助于找出问题的症结，增加评价的透明性，最终依据我国区域 R&D 支出效率评价结果，提出可行性建议[59]。张霄等认为传统 DEA 法不足以排除外部环境因素的影响，而三阶段的 DEA 法有助于过滤掉环境特征因素的影响，同时为了解决随机因素的影响，最终采用三阶段 Bootstrapped DEA 法对我国 2010 年的 31 个省（自治区、直辖市）进行了省级财政科研支出效率研究，研究表明改进后的方法使财政科技支出平均效率值高于原始 DEA 效率值，研究结果更加贴近现实。在多重分析方法中使用较广泛的是与 DEA 综合使用的多重分析和与模糊分析综合使用的分析方法[60]。

在与 DEA 综合使用的多重分析方法上，樊华认为通过综合运用 DEA 和主成分分析（principal component analysis，PCA）的评价方法可以有效克服两者各自的不足，通过两种评价结果的二维图显示在坐标中，提高了省际高校的绩效评价结果的准确性[61]。仵凤清和唐朝生认为 DEA 法是一种相对效率的测量方法，存在失效可能造成的评价无效；探索性因子分析（exploratory factor analysis，EFA）法中因子符号的交替使用容易造成函数意义不明确问题，但是两个评价方法的结合运用，可避免这两种方法自身缺陷所造成的评价误差[62]。梁强在前人广泛运用DEA/EFA模型进行绩效评价的基础上延续前人方法，从全国范围内对各地区同时进行了DEA模型和EFA模型的横向比较，并将该综合模型组成二维坐标平面对全国各地区的绩效情况进行了综合评价[63]。钟华等通过文献分析结合DEA模型实证分析，从国际视角对中国的R&D支出的绩效情况作了横向比较，侧重于在DEA模型基础上对多时段的数据进行综合考察的绩效测评模型，把握的是较长时间内的R&D效率综合趋势，在R&D绩效测评指标体系方式上主张采取“一投多产”或“多投一产”，同时采用Tobit回归对R&D效率的外部影响因素进行研究分析[64]。

在与模糊分析综合使用的多重分析方法上，张军果等认为对科技项目后绩效评价体系中的绩效评价方法应选定为模糊数学评价法，但该方法使用前的权重设计使用了层次分析法，采用对投入产出比率的计算值为指标的评估分析方式[65]。范慧慧在对南京市科技支出进行绩效评价时所采用的评价方法是模糊层次综合评价法，其创新之处在于设计指标权重时运用层次分析法，进行绩效评价时运用模糊综合评价法，使定性指标和定量指标相得益彰，使评价结果更加趋于客观有效[66]。方涛从组合思想出发，通过模糊集理论与网络分析法（analytic network process，ANP）的结合，建立起模糊网络分析法来进行R&D项目的评估，有利于克服单纯网络分析法模型对不确定信息难以刻画的问题[67]。

第二节　财政R&D支出绩效评价理论分析

一、R&D支出概念与特点

对于R&D支出以及与之相关的绩效评价内涵的解释，不同学者有不同的理解。在已有文献的基础上，笔者对R&D支出概念、结构和特点进行了阐释，其中在进行R&D支出结构论述时，对财政R&D的支出结构进行了科学分析。

（一）R&D支出概念

R&D是科技活动中最具创造力的部分，有助于科学技术由理论知识向现实生产力的转变。对于R&D内涵的解释，不同组织在理解上有同也有异。在《弗拉斯卡蒂手册》中将R&D界定成在某个系统中从事的创新性活动，这种活动不仅有助于增长人类、社会和文化的知识，而且有助于人们利用这些知识进行进一步创新性实践活动。美国国家科学基金会将R&D界定成包括企业和政府在内的整个创新系统所从事的包括基础与应用研究以及项目、模具与流程的安排和进展在内的创新活动。联合国教科文组织将 R&D 界定成一种系统性和创新性的工作，这种工作不仅有利于丰富知识量，而且有利于利用这些知识从事应用型创新活动。我国科技统计沿用了联合国教科文组织关于 R&D 的界定，认为 R&D 活动具有创造性和新颖性，采用的是科学方法，最终形成新的学问或创造新的实际生产力。

从广义上讲，R&D 支出是指在一定时期一个国家或地区用于全社会研究与试验发展的全部资源支出，包括人力、资金、实物等方面的支出，其中资金支出是整个 R&D 支出构成中最重要的支出因素。一般情况下学者所研究的 R&D 支出是狭义上的 R&D 支出，狭义上的 R&D 支出是指一定时期内，一个国家或地区用于研究与试验发展内部的所有的资金性支出。

（二）R&D 支出结构

R&D 支出结构是指以一定的方式反映出的用于 R&D 活动的基本支出构成状况。从不同方向会呈现不同的 R&D 支出结构，R&D 支出结构按照支出主体的不同呈现的结构有政府 R&D 支出、企业 R&D 支出、国外 R&D 支出以及其他 R&D 支出。一般地，政府 R&D 支出和企业 R&D 支出往往是整个社会 R&D 资金来源的两大主体。在不同的发展时期，不同国家的支出主体结构有所差别，例如，在工业化初期时，以美国、英国和法国为主的发达国家是以政府 R&D 支出为主的 R&D 支出结构，日本是以企业 R&D 支出为主、政府 R&D 支出为辅的 R&D 支出结构；在工业化高级时期，大部分发达国家形成了政府和企业双主体的 R&D 支出结构，尤其是日本基本形成了以企业 R&D 支出为主体的 R&D 支出结构。R&D 支出结构按照活动类型的不同呈现的结构是基础研究支出、应用研究支出和试验发展研究支出，根据当前的国情和发展状况，我国的基础研究支出和应用研究支出是政府支出的侧重点，兼顾试验发展研究支出具有公共产品性质的部分。R&D 支出结构按照支出形式的不同呈现的结构是实物性 R&D 支出和货币性 R&D 支出，其中实物性支出是指 R&D 支出主体以非现金的形式援助或鼓励 R&D 活动的进行，包括固定资产、土地、机器设备、原材料等实物支出；货币性 R&D 支出是指 R&D 支出主体以资金的形式直接或间接支持 R&D 活动的进行，如私人资金、国外资金、财政资金、税收等。R&D 支出结构按照研究范围的不同呈现的结构是广义 R&D 支出和狭义 R&D 支出，顾名思义，广义 R&D 支出是指 R&D 支出主体以各种形式进行的 R&D 支出；狭义 R&D 支出是指 R&D 支出主体以资金的形式进行的 R&D 支出活动。

特别地，财政 R&D 支出结构是指一定时间内，政府财政资金在 R&D 活动中的支出分布状况，按照 R&D 支出性质和特点的不同，财政资金在 R&D 支出结构中的分布情况不一。从财政预算角度看，财政 R&D 支出结构呈现的是购买性 R&D 支出和转移性 R&D 支出两类。从支出主体角度看，财政 R&D 支出结构呈现的是中央政府 R&D 支出和地方政府 R&D 支出两类。从执行主体角度看，财政 R&D 支出结构呈现的是研究与开发机构 R&D 支出、高等院校 R&D 支出、企业 R&D 支出和其他 R&D 支出四类。从费用类别角度看，财政 R&D 支出结构呈现的是日常性 R&D 支出和资产性 R&D 支出，其中日常性 R&D 支出包括人员经费支出，资产性 R&D 支出包括机器和设备的支出。

（三）R&D 支出特点

从供给需求角度，R&D 支出特点与 R&D 活动的特点分不开，这是因为 R&D 支出作为资源供给渠道，是依据 R&D 活动的需求情况而定的。R&D 活动的需求包括公共 R&D 需求和个人 R&D 需求、重大研发项目需求和竞争性研发项目需求等，各式各样的 R&D 活动需求，导致 R&D 支出呈现出一定的特点。

1. R&D 支出多主体性

R&D 支出来源不仅是一个供给主体。一个国家在不同的历史发展阶段，依据不同 R&D 需求特点，会呈现不同的支出主体模式。国际上对 R&D 支出主体类型划分一般是以政府为主体的 R&D 支出模式、政府和私人双主体的 R&D 支出模式以及以私人为主体的 R&D 支出模式，当前我国的 R&D 支出模式是政府和私人双主体的 R&D 支出模式。以政府为主体的 R&D 支出模式的出现主要是基于经济社会不够成熟的阶段，私人独自完全承担 R&D 支出的能力不够，大部分的 R&D 支出需要政府的直接参与和支出；政府和私人双主体的 R&D 支出模式主要是基于经济社会发展较快的阶段，私人有了承担一部分 R&D 支出的能力，但是仍然需要与政府共同承担，才能满足整个经济社会的 R&D 支出需求；以私人为主体的 R&D 支出模式主要是基于经济社会发展比较成熟的阶段，私人有能力承担大部分的 R&D 支出，政府承担的主要是基础性和公共性 R&D 支出部分。

2. R&D 支出高风险性

R&D 支出并非简单确定 R&D 支出和可预计的产出，而是带有风险性。这种风险不仅体现在支出项目的性质上，而且体现在支出与产出的不对称性上。R&D 支出项目中有相当一部分属于纯公共产品或者准公共产品，较大份额的 R&D 支出很有可能出现“肉包子打狗”的结果，在很大程度上降低了私人开展 R&D 活动的热情；R&D 支出与产出的不对称性主要体现在很多的不可预计当中，例如，确定数量的 R&D 支出对应确定或不确定的 R&D 产出质量或水平，或者持续较大额度的 R&D 支出对应不确定的 R&D 产出质量或水平，再或者还有其他的情况。总之，R&D 支出与产出之间存在较大波动，因此 R&D 支出具有较大风险性。这种风险性可能会导致 R&D 支出领域存在这样或那样的缺陷或漏洞，使 R&D 支出领域失灵。我国当前的 R&D 活动领域正处于成长期，因此在 R&D 活动领域做得并不够成熟，政府在 R&D 支出中承担了较多高风险的 R&D 支出领域，随着经济社会的发展，政府在 R&D 支出领域中承担的责任越来越大。

3. R&D 支出优化资源配置性

有效的 R&D 支出会实现整个社会资源更高水平的资源配置。这是因为作为科技支出中的核心支出部分，有效的 R&D 支出会形成更高水平的实际生产力，进而推动社会资源相对价格的改变，带动资源向更高水平的生产力靠拢，最终实现整个社会形成更优的资源配置效果。

二、财政 R&D 支出绩效内涵

财政 R&D 支出是在 R&D 支出定义基础上更加具体的界定。从一般意义上讲，财政 R&D 支出是指一定时期一个国家或地区的政府通过直接或间接的方式参与 R&D 活动的各种资源支出，包括财政资金直接支出、财政政策支持、科技研发税收优惠、科技研发税收补贴等。资金支出是 R&D 支出中最重要的支出手段，因此，狭义的财政 R&D 支出通常是指政府直接用于 R&D 内部的财政资金支出。根据财政 R&D 支出属于财政支出的一部分，从另一种意义上讲，财政 R&D 支出构成政府财政预算支出的一部分内容。根据财政 R&D 支出在政府预算支出内，用于 R&D 内部的财政支出是一部分有限的财政资金，对财政 R&D 支出的绩效进行评价就成为测量使用效率和避免浪费的重要手段。

在以往文献中，学者对财政 R&D 支出绩效评价内涵的解释较少，大多集中在对财政科技支出绩效评价的解释。邹林全认为财政科技支出绩效评价是指采用科学的评价办法，基于绩效目标的要求，对政府财政科技支出进行的综合性评价，这种评价包含对支出结果效率、效果和效益三方面的评价，要求评价的科学完整、规范全面[68]。李保婵和唐唯晓认为财政科技支出绩效评价是运用一定的指标和方法，对经过相关部门的批准立项的并且由财政资金全部或部分支出的项目，运用一定的指标和方法对评价对象的效率、效益与效果进行综合评价。基于 R&D 是科技活动的核心，对于财政 R&D 支出绩效评价的理解可以从财政科技支出绩效评价的概念进行更深一步的界定[69]。

广义的财政 R&D 支出绩效评价是指在现有测量能力和标准情况下，运用科学规范的方法，对财政资源在 R&D 内部使用的情况进行有效评价。通常情况下，财政 R&D 支出绩效评价包括支出效率、支出效果和支出效益三方面的评价。这里需要注意的是，财政资源包括政府以直接和间接方式进行的各种资源支出。狭义的财政 R&D 支出绩效评价仅限于在现有测量能力和标准的情况下，运用科学有效的方法，对财政资金在 R&D 内部支出使用情况进行有效的绩效评价。本书所探讨研究的是狭义上的财政 R&D 支出绩效评价。

三、财政 R&D 支出绩效评价的理论基础

财政 R&D 支出绩效评价所依据的理论有很多，如公共产品理论、公共支出 3E 理论、新公共管理理论、成本收益理论、内生经济增长理论、财政资金经济增长理论、绩效评价理论等。基于本书研究内容和特点，本书认为财政 R&D 支出绩效评价应当在不违反各相关理论观点的基础上，着重遵循的理论是公共产品理论、公共支出 3E 理论和 DEA 评价理论。

（一）公共产品理论

公共经济学理论认为社会产品由私人产品、公共产品和混合产品构成。其中私人产品以经济个体为供给主体，作为经济社会的主要产物，是人们从事商业贸易活动的基本交易对象，具有受益排他性、消费竞争性和效用可分割性；而公共产品以政府为供给主体，作为私人产品的补充产物，是人们顺利从事商业贸易活动的前提或保障，具有受益非排他性、消费非竞争性和效用不可分割性；混合产品则是介于私人产品和公共产品的产物，混合产品的特点是部分特性可以由私人提供，另外一部分特性则需要政府提供，因此总体上表现为一种混合型产物。

公共产品理论在市场经济学理论的基础上形成，与市场经济学形成互补，是公共经济学的核心内容。公共产品理论的核心内容是解决市场失灵的问题。在经济社会的许多领域存在这样或那样的市场失灵现象，如不完全竞争、信息不充分和“搭便车”等，其中政府提供公共产品的作用主要基于两点：一个起担当“桥梁”作用；另一个起“辅助”作用。为了解决市场供给与需求的经常性不对称问题，所谓“桥梁”作用就是政府提供公共产品，在市场供给和需求之间架起一座桥梁，实现供给与需求的契合匹配，从而推动经济社会的有效运行；为了促进经济社会的完善性，所谓“辅助”作用就是政府提供公共产品，弥补或完善在市场经济中私人市场无法触及的领域或范围，从而实现市场经济的有效运行。

R&D 活动是推动市场经济实现飞跃式发展的发动机。根据 R&D 活动的性质及特点，可以判断 R&D 活动中许多项目具备不同程度的公共产品特性。对政府在 R&D 内部的支出尤其是资金支出绩效状况加以评价成为必然。

（二）公共支出 3E 理论

3E 理论源于英国。20 世纪以撒切尔夫人为首的政治领袖，针对公共机构的过度浪费、过度官僚和过度集权的现象进行了一系列的改革，随着绩效评估在政府部门的不断推行而产生了 3E 理论。3E 理论通常称为“3E”原则，它是三个英文单词的简称，具体特指经济性（economy）、效率性（efficiency）和效益性（effectiveness）。经济性、效率性和效益性并非同一时期被提出，其中最先在绩效评价中引起注意的是经济性和效率性，后来随着政府部门改革的加深，效益性开始被重视，因此开始由原来的效率优先逐渐形成了现在的 3E 理论。3E 理论适用于任何研究对象的绩效评价，尤其是政府财政支出方面的绩效评价。对于财政 R&D 支出绩效评价中的 3E 理论应该从政府公共支出角度对其有更深的理解。

经济性的提出是基于资源的稀缺性，通常是指在保证研究对象产出目标的前提下，采取科学有效的方式方法，尽量实现成本的最小化，一般侧重的是“价廉”。财政资金是国内生产总值的组成部分，往往用于 R&D 内部的支出是有限的，但 R&D 需求却是无限的，为保证有限财政资金的有效使用，对财政 R&D 支出进行绩效评价，成为保证财政 R&D 支出总量和支出结构经济合理的重要手段。

效率性的提出是基于资源配置的有效性，通常是指单位时间内完成的工作量或者单位成本下的最佳产量，是一个相对指标的概念，通常用产出与支出的比值来衡量，一般侧重的是“捷径”，即既定成本下的最佳产出或者特定成本下的最佳产出水平。财政 R&D 支出绩效评价的效率性主要体现在财政 R&D 产出的最大化或最优化，适用于能够货币化或量化的直接产出。

效益性的提出是基于目标的预期效果，通常又称为效果性，是指所产生的预期正面影响程度，以经济和效率为基础，是经济和效率的目标或结果，反映的是按照人的意愿所产生影响（一般指正面的促进意义上的影响）的程度，一般地，在不同领域会有不同的表示效益性的形式，宏观上的效益表现为“目标改善效果”，即对既定目标的实现程度或产生影响的程度；微观上的效益表现为“盈利效果”，即弥补成本后的剩余部分。一般用效益、质量或客户满意度来衡量效益性的状况。

经济性、效率性和效益性是财政 R&D 支出绩效评价的重要理论依据。在财政 R&D 支出绩效评价过程中，不仅在指标体系选择上要体现 3E 理论，在数据搜集和实际评价过程中也要体现 3E 理论。

（三）DEA 评价理论

DEA 的创建者是美国著名的运筹学家查尔斯（Charnes）和库伯（Cooper）。DEA 是一种集经济学、数学和管理学于一体的交叉学科，是对研究对象在研究系统中相对效率进行评价的方法。基于可以对多支出、多产出的同类型部门或单元（决策单元）进行相对有效性评价的特点，1978 年至今，DEA 被广泛应用于各个领域的绩效评价，尤其在教育、科技和财政支出的绩效评价中，更是诸评价方法中的“佼佼者”。

DEA 评价理论的基本原理是数学学科里线性规划中的前沿生产函数；DEA 评价理论的实际依据是经济学中的生产前沿面（生产前沿面是生产前沿函数向多支出、多产出的一种推广）。原始的 DEA 评价模型包括 CCR（Charnes，Cooper & Rhodes）模型和 BCC（Banker，Charnes & Cooper）模型两个。其中 CCR 模型测量的是规模报酬不变的情况下，评价单元的相对效率；BCC 模型测量的是规模报酬可变的情况下，评价单元的相对效率。评价单元 DEA 有效与否通常以评价效率值是否等于 1 来判断，效率值为 1 称为 DEA 有效，效率值小于 1 称为 DEA 无效。后期通过对 DEA 方法的不断改进，DEA 在绩效评价中涌现出了许多的“新方法”，如 FG（Fare & Grosskopf）模型、ST（Seiford & Thrall）模型、WY（Wei & Yan）模型、锥比率 CCWH（Charnes，Cooper，Wei & Huang）模型、超效率 DEA 模型等。但值得注意的是，这些方法都是在原始 DEA 方法之上的改进，改进后的模型并非像原始模型一样在大部分情况下都适用，而是存在一定的局限性。因此若单纯地去评价决策单元的有效性，运用原始的 DEA 模型会起到更好的效果。

第三节　河北省财政 R&D 支出现状分析

河北省作为一个经济大省，其财政 R&D 支出在全国具有较强的代表性。按照研究思路设计，笔者选择了河北省财政 R&D 支出的规模和结构作为分析依据。

一、河北省财政 R&D 支出规模分析

河北省是一个人口超过 7000 万人的经济大省，经济总量位居全国第 6，财

政收入位居第 10。为推动经济更快增长，河北省政府通过财政给予 R&D 领域很大支持，全省的科研能力不断提升。为了进一步确保河北省财政 R&D 支出的有效性，下面主要从河北省财政 R&D 支出的绝对规模、相对规模两个方面进行分析。

（一）河北省财政 R&D 支出绝对规模

作为财政支出的重要组成部分，河北省财政资金在 R&D 领域的总支出为科技领域的发展作出了重要贡献。2001～2013 年，河北省财政 R&D 支出年均增长额为 2.64 亿元，年均增长率为 15.23%。其中 2012 年河北省财政 R&D 支出增长额为 6.05 亿元，居各年份最高水平；2010 年河北省财政 R&D 支出增长额为–1.91 亿元，居各年份最低水平；2005 年河北省财政 R&D 支出增长率为 40.15%，居各年份最高水平，2010 年河北省财政 R&D 支出增长率为–6.52%，居各年份最低水平。由此可见，近年来，河北省财政 R&D 支出绝对规模总体呈增长趋势，在个别年份会有或大或小的波动。2013 年，河北省 R&D 内部支出总额为 281.86 亿元，比上年增加 36.09 亿元，增长率为 15%；其中财政 R&D 支出总额为 38.79 亿元，比上年增加 0.30 亿元，增长率为 0.78%，企业 R&D 支出总额为 237.26 亿元，比上年增加 34.56 亿元，增长率为 17.05%。可见 2013 年河北省财政 R&D 支出规模与 R&D 支出总规模并非实现同步增长，并且财政 R&D 支出增长率低于企业 R&D 支出增长率（表 3-1）。

表 3-1　河北省财政 R&D 支出绝对规模情况

年份	R&D 内部支出总额/亿元	财政 R&D 支出/亿元	企业 R&D 支出/亿元	财政 R&D 支出年增长额/亿元	企业 R&D 支出年增长额/亿元	财政 R&D 支出年增长率/%	企业 R&D 支出年增长率/%
2001	25.75	7.08	15.79				
2002	33.60	9.14	19.24	2.06	3.45	29.10	21.85
2003	38.05	9.55	22.67	0.41	3.43	4.49	17.83
2004	43.82	10.76	31.40	1.21	8.73	12.67	38.51
2005	59.32	15.08	42.14	4.32	10.74	40.15	34.20
2006	77.18	20.89	53.92	5.81	11.78	38.53	27.95
2007	90.76	23.46	63.29	2.57	9.37	12.30	17.38
2008	109.11	25.38	82.10	1.92	18.81	8.18	29.72
2009	134.84	29.30	101.31	3.92	19.21	15.45	23.40
2010	155.45	27.39	122.02	–1.91	20.71	–6.52	20.44

续表

年份	R&D 内部支出总额/亿元	财政 R&D 支出/亿元	企业 R&D 支出/亿元	财政 R&D 支出年增长额/亿元	企业 R&D 支出年增长额/亿元	财政 R&D 支出年增长率/%	企业 R&D 支出年增长率/%
2011	201.34	32.44	166.62	5.05	44.60	18.44	36.55
2012	245.77	38.49	202.70	6.05	36.08	18.65	21.65
2013	281.86	38.79	237.26	0.30	34.56	0.78	17.05
年均				2.64	18.46	15.23	25.33

资料来源：《河北科技年鉴》

（二）河北省财政 R&D 支出相对规模

衡量财政 R&D 支出相对规模的大小，有助于更加客观准确地认识河北省财政 R&D 支出变化情况，一般地，支出强度会更加客观地反映财政 R&D 支出状况，衡量财政 R&D 支出强度的指标包括财政 R&D 支出/R&D 内部支出总额、财政 R&D 支出/省级生产总值、财政 R&D 支出/省级财政收入等。2001～2013 年，河北省财政 R&D 支出占 R&D 内部支出总额的比值呈下降趋势，其中 2001～2005 年，财政 R&D 支出由占比 27.50%下降到 25.42%，呈波动下降趋势，但在 2006 年的占比再次达到 27%以上，接下来 2007～2013 年，财政 R&D 支出又呈现下降趋势，其中 2013 年财政 R&D 支出总额占河北省 R&D 内部支出总额的 13.76%，较 2001 年比重下降近 14 个百分点，较 2012 年比重下降近 2 个百分点；河北省财政 R&D 支出占省级生产总值的比值变化情况是先增加后减少的趋势，其中在 2006 年河北省财政 R&D 支出占省级生产总值的比重达到最高 0.18%，在 2013 年河北省财政 R&D 支出占省级生产总值的比重为 0.14%，基本与 2003 年的占比持平，连续 4 年都在低位徘徊；河北省财政 R&D 支出占省级财政收入的比重呈由稳转降的趋势，其中在 2001～2009 年，河北省财政 R&D 支出占省级财政收入的比重基本保持在 1.5%左右，但在 2010～2013 年，河北省财政 R&D 支出占省级财政收入的比重下降为 1.1%左右，与前者整整相差 0.4 个百分点，2006 年财政 R&D 支出占省级财政收入比重达最高值 1.71%，2013 年财政 R&D 支出占省级财政收入的比重为 1.07%，较 2012 年下降了 0.04 个百分点。通过对河北省财政 R&D 支出相对规模的分析可知，河北省财政 R&D 支出呈现出共同的特点：都是在 2006 年财政 R&D 支出强度达到研究年度段内的最佳支出水平。但是各支出强度指标的走势呈现出不同的特点，即有的呈现下降的趋势，有的呈现先增后降的趋势，还有的呈现先稳后降的趋势（表 3-2）。

表 3-2　河北省财政 R&D 支出相对规模情况

年份	财政 R&D 支出/亿元	R&D 内部支出总额/亿元	省级生产总值/亿元	省级财政收入/亿元	（财政 R&D 支出/R&D 内部支出总额）/%	（财政 R&D 支出/省级生产总值）/%	（财政 R&D 支出/省级财政收入）/%
2001	7.08	25.75	5 516.76	448.40	27.50	0.13	1.58
2002	9.14	33.60	6 018.28	544.86	27.20	0.15	1.68
2003	9.55	38.05	6 921.29	634.94	25.10	0.14	1.50
2004	10.76	43.82	8 477.63	778.33	24.55	0.13	1.38
2005	15.08	59.32	10 012.11	1 035.20	25.42	0.15	1.46
2006	20.89	77.18	11 467.60	1 223.46	27.07	0.18	1.71
2007	23.46	90.76	13 607.32	1 528.92	25.85	0.17	1.53
2008	25.38	109.11	16 011.97	1 824.00	23.26	0.16	1.39
2009	29.30	134.84	17 235.48	2 020.77	21.73	0.17	1.45
2010	27.39	155.45	20 394.26	2 409.00	17.62	0.13	1.14
2011	32.44	201.34	24 515.76	3 017.59	16.11	0.13	1.08
2012	38.49	245.77	26 575.00	3 479.30	15.66	0.14	1.11
2013	38.79	281.86	28 301.40	3 641.50	13.76	0.14	1.07

资料来源：《河北科技年鉴》《河北统计年鉴》

二、河北省财政 R&D 支出结构分析

财政 R&D 支出结构是指财政资金在 R&D 内部活动中的支出方向或项目的具体分布状况。通过对河北省财政 R&D 支出结构的分析，可以更加深入地了解当前河北省财政资金在 R&D 内部的重点支出方向或领域。一般地，需要按照一定的标准来分析财政 R&D 支出结构分布。

（一）河北省财政 R&D 活动类型下的结构

若按照 R&D 活动类型分析，河北省财政 R&D 支出在基础研究、应用研究和试验发展研究都有涉及，但是基于现实统计技术的有限性，在统计指标中并不显示财政在基础研究、应用研究和试验发展研究中的具体支出额度及比例，只显示在这三类活动中 R&D 支出总额度分布。但是基于政府在三类活动中的特点和政府职责，可知基础研究和应用研究是政府支出的重点领域，其重要地位要相对高于试验发展研究活动。总体上看 2009～2014 年，河北省基础研究的年均支出额度是 6.02 亿元，年均增长额是 0.42 亿元，年均增长率为 8.9%；应用研究的年均支出额度是 28.19 亿元，年均增长额是–0.01 亿元，年均增长率为–0.035%；试验发展研究的年均支出额是 188.04 亿元，年均增长额为 35.46 亿元，年均增长率为 22.27%。由此可见近几年河

北省的基础研究和应用研究的支出水平不高，强度较弱。2014 年河北省试验发展研究支出是基础研究和应用研究支出总额的 8.1 倍，相比之下，国家试验发展研究支出是基础研究和应用研究支出总额的 4.7 倍，我国“科技之都”上海的试验发展研究支出是基础研究和应用研究支出总额的 4.2 倍，可见不管是与我国整体水平相比较，还是与上海相比较，河北省试验发展研究支出与基础研究和应用研究支出总额的差距都大得多。2001～2013 年，河北省财政 R&D 支出年均占 R&D 支出总额的 22.37%，企业 R&D 支出年均占 R&D 支出总额的 71.21%，政府支出占企业支出的不到 1/3，企业所支出额度要远远大于政府。综上可知，在 R&D 活动中，河北省财政资金在具有较强公共产品特性的基础研究和应用研究领域的支出强度还有待提高（表 3-3）。

表 3-3　河北省财政 R&D 支出三种活动类型（单位：亿元）

活动类型	2009 年	2010 年	2011 年	2012 年	2013 年	2014 年
基础研究	3.98	5.28	6.33	6.51	7.91	6.10
应用研究	28.55	23.09	25.78	32.33	30.89	28.50
试验发展研究	102.32	127.08	169.22	206.93	243.06	279.60

资料来源：《河北科技年鉴》

（二）河北省财政 R&D 执行机构下的结构

R&D 内部支出按照执行机构的不同可划分为研究与开发机构 R&D 支出、高等院校 R&D 支出、企业 R&D 支出和其他 R&D 支出。其中研究与开发机构 R&D 支出 90%以上来自政府财政资金；高等院校 R&D 支出 50%以上来自政府财政资金；企业 R&D 支出中政府财政资金占极少部分，大部分来自私人资金。基于财政资金在 R&D 执行机构中的这一分布特点，本书在分析河北省财政 R&D 支出结构时，会适当着重分析研究与开发机构和高等院校的具体情况。2008～2013 年，河北省研究与开发机构 R&D 支出总体情况不明了，有小幅度的波动，但在 R&D 内部支出中的占比呈下降趋势，其中 2013 年研究与开发机构 R&D 支出为 25.99 亿元，较 2012 年下降 2.66 亿元，增长率为–9.28%；高等院校 R&D 支出总体增长趋势微弱，其在 R&D 内部支出中的占比却总体呈下降趋势，其中 2013 年高等院校 R&D 支出为 10.2 亿元，较 2012 年增加 0.63 亿元，增长率为 6.58%；企业中的高技术产业 R&D 支出总体增长趋势明显，但在 R&D 内部支出中的占比增长趋势较不明显，其中 2013 年高技术产业 R&D 支出为 21.67 亿元，较 2012 年增加 6.24 亿元，增长率为 40.44%；企业中工业企业 R&D 支出总体增长趋势明显，其在 R&D 内部支出中的占比呈增长趋势，其中 2013 年工业企业 R&D 支出为 232.74 亿元，较 2012 年增加 34.65 亿元，增长率为 17.49%。综上在 2008～2013 年，河北省

R&D 支出中研究与开发机构和高等院校的总体增长情况不佳，在 R&D 内部支出中的占比呈下降趋势；企业中较大份额的高技术产业和工业企业的 R&D 支出总体增长趋势明显，在 R&D 支出中的占比呈明显增长趋势；2013 年河北省研究与开发机构和高等院校的 R&D 支出增长情况不及企业中的高技术产业和工业企业的 R&D 支出情况好。这从侧面映射出河北省主要由财政资金支持的执行机构 R&D 支出增长情况不佳（表 3-4）。

表 3-4　河北省财政 R&D 支出四类执行机构（单位：亿元）

执行机构	2008 年	2009 年	2010 年	2011 年	2012 年	2013 年
研究与开发机构 R&D 支出	19.61	23.24	21.25	22.49	28.65	25.99
高等院校 R&D 支出	6.99	6.79	7.46	8.44	9.57	10.2
高技术产业 R&D 支出	6.12	7.77	9.08	11.82	15.43	21.67
工业企业 R&D 支出	76.61	87.68	107.89	158.62	198.09	232.74

资料来源：《河北科技年鉴》

（三）河北省财政 R&D 费用类别下的结构

R&D 内部支出按照费用类别的不同可以分为日常性支出和资产性支出，其中日常性支出通常包括人员经费、行政管理费、财务经费等，其特点是支出后不会产生后续资产；资产性支出通常包括仪器和设备支出、土建费等，其特点是支出后会产生后续资产。河北省 R&D 内部支出中费用类别不同，支出额度大小有所区别。2008～2013 年，河北省财政 R&D 支出中日常性支出占比一般维持在 80%以上，资产性支出占比通常维持在 20%以下。不同的执行部门，有不同的费用结构。2008～2013 年，研究与开发机构和高等院校的日常性支出占 R&D 内部支出的比例均在 75%以上，而资产性支出则占比相对较少；相比之下，企业日常性支出占 R&D 内部支出的比例维持在 25%左右，而资产性支出则占比相对较高。基于本书研究的是财政 R&D 支出情况，在分析时，主要分析河北省研究与开发机构和高等院校的情况。2009～2013 年，河北省研究与开发机构的日常性支出呈现较大的波动增长趋势，而资产性支出则呈波动趋势；2009～2013 年，河北省高等院校日常性支出呈逐年增长趋势，而资产性支出呈现基本稳定的支出状态。2013 年河北省研究与开发机构日常性支出为 21.36 亿元，较 2012 年下降 1.54 亿元，增长率为–6.72%，资产性支出为 4.63 亿元，较 2012 年下降 1.12 亿元，增长率为–19.48%；高等院校日常性支出为 8.28 亿元，较 2012 年增加 0.55 亿元，增长率为 7.12%；资产性支出为 1.92 亿元，较 2012 年增加 0.07 亿元，增长率为 3.78%。由此可见，在 2009～2013 年，河北省财政资金支出比重较高的部门日常性支出基本呈增长趋势，资产性支出呈稳中有微弱的起伏趋势，2010～2013 年呈下降趋势；2013 年河北省研究与开发机构和高等院校的日常性支出状况优于资产性支出状况（表 3-5）。

表 3-5　河北省财政 R&D 支出的费用类别及主要执行部门下的费用结构（单位：亿元）

结构		2009 年	2010 年	2011 年	2012 年	2013 年
日常性支出	总额	109.70	125.17	171.03	212.53	242.40
	研究与开发机构	20.02	12.69	16.46	22.90	21.36
	高等院校	5.30	5.57	6.53	7.73	8.28
资产性支出	总额	25.14	30.28	30.30	33.24	39.46
	研究与开发机构	3.22	8.57	6.03	5.75	4.63
	高等院校	1.48	1.88	1.91	1.85	1.92

资料来源：《河北科技年鉴》

第四节　河北省财政 R&D 支出绩效评价实证分析

通过对河北省近年来 R&D 支出规模的详细分析，可以对河北省的总体状况有总体的了解。为了提高河北省财政 R&D 支出的效率，有必要对河北省财政 R&D 支出展开必要的绩效评价实证分析。在分析过程中会涉及指标选取的原则、指标体系的构建、评价方法的选择、DEA 模型和因子分析模型的简要介绍。通过实证分析，可以更加客观地认识和判断河北省当前财政 R&D 支出效率。

一、财政 R&D 支出绩效评价指标选取原则

财政 R&D 支出绩效评价是财政支出绩效评价的组成部分，因此从原则上讲，财政 R&D 支出绩效评价指标选取的原则应当符合并服从财政支出绩效评价指标选取原则。但是，由于 R&D 自身的特点和特殊性，在对河北省财政 R&D 支出进行绩效评价时，有必要在服从财政支出绩效评价指标选取原则的基础上，根据具体情况，着重注意“六要”，即指标设计要科学、指标目标要相关、指标反映要系统、指标实施要可行、指标要保证时限、指标要保证导向。具体地，河北省财政 R&D 支出绩效评价指标选取应当遵循的主要原则如下。

一是科学性原则。它是指所选取的绩效指标既要符合国际科技领域的一般设计标准，又要根据我国 R&D 的现实状况进行适当调整，做到所选取指标与统计数据真实相符、口径一致。科学性贯穿绩效评价的始终，在绩效指标选取上做到科学性是进行下一步绩效评价的开始。

二是相关性原则。它是指所选取的绩效评价指标要与绩效评价目标相关。相关性原则是绩效评价的前提，只有在绩效评价指标与目标相一致的情况下，绩效评价的结果才有价值可言。财政 R&D 支出绩效评价的目的是要评价财政 R&D 资金支出所产生的直接效益和间接效益的实际效果，因此所选取的绩效评价指标要能够直接和间接反映所研究的目的。

三是系统性原则。它是指所选取绩效指标能够全面地、综合地反映财政 R&D 支出与相应产出的整体状况。绩效指标之间要相互补充、相互衔接，为实现绩效目标而服务。所设指标要充分反映财政资金在 R&D 支出中的特殊作用，既要有经济效益的体现，又要有社会效益的体现。

四是可行性原则。它是指绩效指标的选取应考虑是否符合实际情况，是否具有现实可行性。绩效指标的可行性要求绩效指标设计与实际科技管理水平相符，不能过于理想化，超过当前科技指标统计方式和标准的指标不是有效指标。此外，绩效指标的可行性还要求绩效指标数据搜集和数据分析的可行性，具有较强国家保密性的指标、繁多而复杂的指标、过高搜集成本的指标等都不具有现实可行性。

五是时限性原则。它是基于时间因素在指标间联系中产生影响，为剔除时间因素的影响所遵循的原则。如在科技、教育、农业等领域的绩效评价中，都会有指标间联系上的时间滞后性，尤其是支出指标与产出指标之间，其滞后性要强得多。为剔除时间因素对绩效评价的影响，通常的做法就是通过自变量指标选取年份早于因变量指标选取年份的手段来剔除时滞因素。

六是导向性原则。一般地，导向性是指私人部门的实际活动符合政府部门的意愿导向。实际上，在绩效评价中，导向性原则是一种战略要求，要求所设指标有助于测量指标目标一致性的程度。对财政 R&D 支出进行效率测算的其中一个目的就是进一步评判财政支出在鼓励和引导社会资金流向 R&D 领域的状况，评价财政支出社会效益的优劣。

二、财政 R&D 支出绩效评价指标体系构建

依据 R&D 活动划分依据的不同，财政 R&D 支出绩效评价指标体系有不同的构建方式。本书研究的是财政 R&D 支出绩效，因此，指标体系中的支出指标是确定的，即财政 R&D 支出指标；指标体系构建的主要难点在于财政 R&D 产出指标的确定。对于产出指标的确定，本书沿用前人的做法，从活动类型的角度确定。根据 R&D 活动类型的不同，R&D 活动可分为三类：试验发展研究、应用研究和基础研究，其中基础研究和应用研究可统称为科学研究活动。科学研究活动的支出金额大、风险高，以政府财政为主要资金来源；这两类活动的产出具有或大或

小的不确定性，产出内容具有较强的公共产品特点，不具有较强的现实生产力，产出形式主要是科技论文、科技著作和专利。试验发展研究是在科学研究活动的基础上形成的，其支出金额大、风险低，政府资金是主要的资金来源之一；其产出一般依照支出情况而定，公共产品性较弱，具有较强的现实生产力，产出形式主要有技术市场成交额、大中型工业产品产值、高技术产品产值。以上产出是财政 R&D 直接产出指标的筛选基础，除此之外，根据财政 R&D 支出的特点和相关理论，需要从合适的角度选取财政 R&D 支出的间接指标，即社会效益指标。据此，本书在借鉴政府财政科技支出指标体系设计文献成果的基础上，设计了二级指标体系。其中一级指标包括 2 个指标，分别是支出指标和产出指标；一级指标下包括 6 个二级指标，其中支出指标是财政 R&D 支出，产出指标包括高技术产业新产品产值、技术市场成交额、发表科技论文、专利申请数和社会资金支出，这个设计共同构成了本书要研究的绩效评价指标体系（表 3-6）。

表 3-6　河北省财政 R&D 支出产出绩效评价指标体系

一级指标	二级指标	变量	计量单位
产出	高技术产业新产品产值	Y_1	亿元
	技术市场成交额	Y_2	亿元
	发表科技论文	Y_3	万篇
	专利申请数	Y_4	万件
	社会资金支出	Y_5	亿元
支出	财政 R&D 支出	X	亿元

关于指标的内涵作如下说明。

高技术产业新产品产值和技术市场成交额指标属于试验发展研究产出性质，反映财政支持引导高技术产业发展的状况和财政活跃科技市场经济发展状况。它们能够依据市场交易价值，从关键的环节上判断财政资金支持 R&D 活动的实际成果，真实体现出 R&D 活动对经济增长的实际贡献。

发表科技论文和专利申请数指标属于基础研究或应用研究产出性质。科技论文和专利申请还不能与科技对经济增长的贡献联系起来，还需要通过转化为实际的技术进步提高企业生产经营的效率，并且有些科技论文和专利最终也许仅仅是一些科技概念，并不能真正实现从概念到应用的转化。因此，这两个指标可以作为前两个指标的辅助性指标。

社会资金支出指标体现财政资金引导民间资金进入 R&D 活动领域的状况。社会机构和企业从事的 R&D 活动，客观上属于带有竞争性的准公共产品。政府的财政资金投入是一种鼓励性投入，而不能替代企业技术研发者自身的投入。用这个指标反映政府财政在 R&D 领域所发挥的作用，应该成为判断财政资金使用效果的一个重要标志。

三、财政 R&D 支出绩效评价方法选择

评价方法的选择是进行财政 R&D 支出绩效评价的关键。近年来，学者研究财政科技支出绩效的评价方法主要集中于主观分析模式、客观分析模式及综合分析模式三种。顾名思义，主观分析模式侧重于人的主观逻辑思维；客观分析模式侧重于模型自身的客观分析；综合分析模式侧重于采用多种评价方法分析研究对象。2010～2014 年，研究财政科技支出绩效评价的主观分析模式主要有多指标综合分析法、Borda 排序法、模糊网络分析法；客观分析模式主要有 DEA、三阶段 Bootstrapped DEA、Super-SBM 的三阶段 DEA、关联网络 DEA、超效率 DEA、灰色关联法、主成分分析、熵值法；综合分析模式主要有 DEA 与 EFA、DEA 与 Malmquist 指数、DEA 与文献分析、主成分分析与聚类分析。对于财政科技支出绩效评价的方法，学者采用最多的是 DEA 模型以及围绕 DEA 的综合分析模式。

在借鉴前人研究方法的基础上，根据所研究的内容，在此选择采用 DEA 与因子分析的综合分析模式，对河北省财政 R&D 支出展开绩效评价研究。DEA 模型是统筹、经济和管理的交叉领域，以线性规划原理为依托，对研究对象进行多投入、多产出指标的相对效率评价，认为位于生产前沿面（经济学中生产函数向多产出情况的推广）上的决策单元为 DEA 有效（综合效率值等于 1），否则为 DEA 无效（综合效率值小于 1）。DEA 模型成为学者一致钟爱的绩效评价方法，这主要是因为其本身所具备的优点：第一，DEA 模型本身适合研究多支出产出指标；第二，依托实际指标数据进行相对效率评价，分析客观且无需设定生产前沿面的参数化函数或权重；第三，可以形成评价结果所对应的相对效率改进意见。与此同时，本书选择因子分析作为绩效评价的辅助模型。因子分析适合多指标数据的处理，可以利用降维原理从多项原始指标中提取具有代表性的综合指标，并客观计算综合指标得分，进而实现对研究对象综合能力的排名，其不仅有利于与 DEA 模型形成分析上的印证关系，而且可以弥补 DEA 模型无法对决策单元的支出产出综合能力进行排名的缺陷。

构建 DEA 模型需解决两个突出问题：一是支出指标与产出指标间是否符合 DEA 的同向性假设原则；二是如何剔除支出指标与产出指标之间的时滞效应。其中同向性假设原则是构建 DEA 模型的前提条件，要求支出指标与产出指标之间呈正向相关性，因此在构建 DEA 模型前需要对财政 R&D 支出指标与产出指标进行相关性检验；为降低财政 R&D 支出指标与产出指标间存在的时滞效应的影响，需要对支出指标与产出指标在时间上进行调整。构建因子分析需要对指标间的相

关性进行检验，主要有相关系数统计性检验和 KMO（Kaiser-Meyer-Olkin）检验，只有在这两个检验通过的情况下才适合做因子分析，否则所设指标不适合做因子分析。

四、财政 R&D 支出绩效评价 DEA 模型分析

通过 SPSS 软件对河北省财政 R&D 支出与各产出指标间的相关性进行 Pearson 检验，得出财政 R&D 支出与高技术产业新产品产值、技术市场成交额、发表科技论文、专利申请数和社会资金支出间相关系数依次为 0.874、0.921、0.955、0.901 和 0.949，表明支出与各产出指标均呈显著正相关，符合同向性假设原则，适合构建 DEA 模型。在处理时滞效应问题上，本书沿用学者的处理方法，选择 1 年为产出相对于支出的滞后期，即以 2000～2012 年数据为支出数据，以 2001～2013 年数据为产出数据。在解决以上两个问题后，本书通过 DEAP2.0 软件对指标数据进行支出效率最大化的 VRS（variable returns to scale，规模收益可变）模型分析，分析结果见表 3-7。

表 3-7 河北省财政 R&D 支出 DEA 评价结果

年份	决策单元			
	综合效率	技术效率	规模效率	规模报酬
2001	0.943	1.000	0.943	递增
2002	1.000	1.000	1.000	不变
2003	0.881	0.960	0.918	递减
2004	0.920	1.000	0.920	递减
2005	1.000	1.000	1.000	不变
2006	0.989	1.000	0.989	递减
2007	0.754	0.886	0.851	递减
2008	0.692	0.700	0.989	递减
2009	0.762	0.973	0.783	递减
2010	0.755	0.838	0.901	递减
2011	1.000	1.000	1.000	不变
2012	1.000	1.000	1.000	不变
2013	1.000	1.000	1.000	不变
均值	0.900	0.951	0.946	

资料来源：《河北科技年鉴》

（一）DEA 有效与否的判定

DEA 有效性判断源于微观经济学相关理论。其中综合效率表现为技术效率和

规模效率的乘积，综合效率有效的前提是技术和规模均有效。技术有效即技术效率值为 1，其是否有效源于上述提到的生产前沿面，判断标准是支出指标与产出指标的内在关系是否在生产前沿面上；若决策单元的特定支出对应的最大可能性产出或者决策单元的特定产出对应的最小支出在生产前沿面上，则为技术有效；若不在则为技术无效。规模有效即规模效率值为 1，其是否有效源于经济学中的“规模报酬递减规律”，具体表现为生产前沿面的一阶导数是否为零；当一阶导数为零时规模有效，否则为规模无效。规模报酬可以分为递增和递减两种形式，其中递增规模报酬是指支出的比例要远远小于产出的比例；递减规模报酬是指支出的比例要远远大于产出的比例。以此为依据可以看出，2001～2013 年，只有 2002 年、2005 年、2011 年、2012 年和 2013 年是 DEA 有效的，其他年份均为 DEA 无效（表 3-7）。

（二）DEA 无效年份的分析

DEA 无效的决策单元包括纯技术无效或规模无效。对于纯技术有效但规模无效的情况，技术是有效的，造成 DEA 无效的原因在于规模无效，需要根据规模报酬递增或递减情况，对规模进行扩大或缩小的调整；对于纯技术无效但规模有效的情况，规模是有效的，技术是无效的，造成 DEA 无效的原因在于技术无效，需要根据模型结果，对决策单元进行结构上的修正；对于纯技术无效且规模无效的情况，技术和规模都是无效的，造成 DEA 无效的原因在于技术和规模无效，不仅需要根据模型结果对决策单元进行结构上的修正，而且需要根据规模报酬递增或递减情况，对规模进行扩大或缩小的调整。据此可知，模型结果 DEA 无效年份约占所有年份的 61.5%，其中 2001 年、2004 年和 2006 年是纯技术有效但规模无效，即技术效率值为 1 但规模效率值不为 1。造成这些年份无效的原因是规模无效，需要根据规模报酬情况进行调整。2001 年规模报酬递增，若该年份在原财政 R&D 支出规模基础上成倍增加支出比例，产出增加的比例将远高于支出增加的比例；2004 年和 2006 年规模报酬递减，若这两个年份在原有财政 R&D 支出规模上成倍缩减财政 R&D 支出比例，支出效率要高于当前状况。2006 年较 2001 年和 2004 年比较特殊，这是因为，尽管 2006 年纯技术有效且规模无效，但其不位于生产前沿面上，因此需要在结构上实现调整。2003 年、2007 年、2008 年、2009 年和 2010 年是纯技术无效且规模无效，即技术效率值不为 1 且规模效率值不为 1，这些年份 R&D 资源的使用能力和资源配置能力较弱，造成这些年份无效的原因是技术（如管理技术）无效和规模无效，需要根据不同决策单元的具体情况进行恰当的结构调整（表 3-7）。

技术和规模同时无效的年份或存在财政 R&D 支出的冗余，或存在 R&D 产出的不足，也或者两者兼有。冗余是指财政 R&D 支出相对过度，存在浪费的可能，本书用冗余度表示，冗余度是冗余量与原始支出值的比值；不足是指财政 R&D 各产出指标的相对不足，存在产出短缺的可能，本书用不足度表示，不足度是不足量与目标值的比值。从财政 R&D 支出角度看，存在冗余支出最严重的年份是 2008 年，财政 R&D 支出存在近 30%的冗余度，其次是 2010 年，财政 R&D 支出存在约 16%的冗余度，财政 R&D 支出冗余度最小的年份是 2006 年，为 0.03%的冗余度；从财政 R&D 产出角度看，发表科技论文指标不存在产出不足的现象，其余财政 R&D 产出指标经常性地出现产出不足，其中产出不足情况最为严重的指标是高技术产业新产品产值指标和社会资金支出指标。通过数据分析，高技术产业新产品产值不足情况最严重的年份是 2007 年，为将近 25%的不足度，其次是 2006 年，为将近 22.5%的不足度；高技术产业新产品产值不足度最小的年份是 2008 年，为 0%的产值不足度；技术市场成交额不足情况最严重的年份是 2009 年，约为 27%的成交额不足度，其次是 2010 年，约为 18%的成交额不足度；技术市场成交额不足度最小的年份是 2006 年和 2008 年，均为 0%的成交额不足度；专利申请数产出不足最严重的年份是 2007 年，为近 32%的申请量不足度，其次是 2009 年，为近 28%的申请量不足度；专利申请数产出不足度最小的年份是 2003 年，为 0%的申请量不足度；社会资金支出不足最严重的年份是 2007 年，约为 34%的资金不足度，其次是 2009 年，约为 29%的资金不足度，社会资金支出不足度最小的年份是 2008 年，约为 3.4%的资金不足度。

（三）DEA 无效年份的修正

对于纯技术无效且规模无效的决策单元，需要对其进行修正。修正是指对决策单元进行径向和松弛上的修正。其中，径向修正是指支出（或产出）指标的目标值（纯技术效率值与支出或产出指标原值的乘积）与支出（或产出）指标的原值的差额，其正负和大小分别表示对支出指标原值修正的方向与程度；松弛修正是指对径向修正后的支出（或产出）指标进行个别指标的调整，支出指标的松弛修正一般表现为负值，表示支出冗余量；产出指标的松弛修正一般表现为正值，表示产出不足量，通过松弛修正，最终实现对决策单元的结构调整。径向和松弛的修正，可以使决策单元达到相对有效的目标值。具体修正情况如表 3-8 所示。2003 年支出指标径向上存在冗余，需要降低支出 0.363 亿元；同时部分产出指标存在产出缺口，其中高技术产业新产品产值指标需要增加 0.981 亿元，技术市场成交额指标需要增加 0.293 亿元，社会资金支出指标需要增加 2.287 亿元。2006 年支出指标径向上存在冗余，需要降低支出 0.005 亿元；同时部分产出指标存在缺口，其中高技术产业新产品产值指标需要增加 9.206 亿元，专利申请数指标需要增加 0.247 万件，社会资金支出指标需要增加 20.343 亿元。2007 年支出指标径向上存在冗余，需要降低支出 2.387 亿元；同时部分产出指标存在缺口，其中高技术产业新产品产值指标需要增加 13.284 亿元，技术市场成交额指标需要增加 1.324 亿元，专利申请数指标需要增加 0.370 万件，社会资金支出指标需要增加 34.863 亿元。2008 年支出指标径向上存在冗余，需要降低支出 7.041 亿元；同时部分产出指标存在缺口，其中专利申请数指标需要增加 0.179 万件，社会资金支出指标需要增加 2.981 亿元。2009 年支出指标径向上存在冗余，需要降低支出 0.683 亿元；同时部分产出指标存在缺口，其中高技术产业新产品产值指标需要增加 14.849 亿元，技术市场成交额需要增加 6.475 亿元，专利申请数指标需要增加 0.439 万件，社会资金支出指标需要增加 43.213 亿元。2010 年支出指标径向上存在冗余，需要降低支出 4.751 亿元；同时部分产出指标存在缺口，其中高技术产业新产品产值指标需要增加 4.641 亿元，技术市场成交额指标需要增加 4.235 亿元，专利申请数指标需要增加 0.338 万件，社会资金支出指标需要增加 19.434 亿元。

表 3-8　河北省财政 R&D 支出 DEA 评价指标修正情况

修正项		2003 年	2006 年	2007 年	2008 年	2009 年	2010 年
径向修正（支出需减少量）	财政 R&D 支出/亿元	0.363	0.005	2.387	7.041	0.683	4.751
松弛修正（产出需增加量）	高技术产业新产品产值/亿元	0.981	9.206	13.284	0	14.849	4.641
	技术市场成交额/亿元	0.293	0	1.324	0	6.475	4.235
	专利申请数/万件	0	0.247	0.370	0.179	0.439	0.338
	社会资金支出/亿元	2.287	20.343	34.863	2.981	43.213	19.434

资料来源：《河北科技年鉴》

（四）财政 R&D 支出绩效评价因子分析

因子分析评价所用指标体系与 DEA 模型所用指标体系一致。运用 SPSS 软件做各指标间的相关性检验、KMO 检验和 Bartlett's 球状检验，运行结果显示各指标间的相关性较强，均维持在 0.8 左右；KMO 检验结果值为 0.685；Bartlett's 球状检验结果为 0.000＜0.005。因此所选指标数据适合做因子分析。因子分析运行结果及排名如表 3-9 所示，其中，综合排名是对河北省各个年份综合得分的排序。由表 3-9 可知，因子分析所得河北省财政 R&D 支出产出综合能力较高的年份是 2009～2013 年，综合得分为正且呈逐年提高的趋势；河北省财政 R&D 支出产出综合能力不高的年份是 2001～2008 年，综合得分为负，但呈逐年向好的趋势。与

2007 年前后相比，2002 年前后的支出规模较低，因此政府财政 R&D 产出水平也较低；然而 2009 年财政 R&D 支出增长率与 2008 年财政 R&D 支出增长率相当，但财政 R&D 产出综合能力相对要高得多。总体来看，河北省财政 R&D 支出产出的因子分析结果较好，综合排名顺着各个年份依次升高，可见河北省政府 R&D 支出效益逐年提高，顺应经济发展的形势。

表 3-9　河北省财政 R&D 支出因子分析评价结果

年份	综合得分	综合排名
2001	–1.170	13
2002	–1.041	12
2003	–0.901	11
2004	–0.826	10
2005	–0.666	9
2006	–0.381	8
2007	–0.144	7
2008	–0.041	6
2009	0.279	5
2010	0.486	4
2011	0.890	3
2012	1.480	2
2013	2.036	1
均值	0	

资料来源：《河北科技年鉴》

（五）财政 R&D 支出绩效评价综合模型分析

为了提高河北省财政 R&D 支出绩效评价的有效性，需要对 2001～2013 年的河北省财政 R&D 支出产出进行 DEA 与因子分析的综合分析。为此构建了 DEA 模型与因子分析的综合分析图。设计思路是将 DEA 模型的综合效率结果和因子分析的综合得分结果放在二维坐标系中，并将坐标系划分为四个板块：一是 DEA 有效且支出产出综合能力强；二是 DEA 无效但支出产出综合能力强；三是 DEA 有效但支出产出综合能力不强；四是 DEA 无效且支出产出综合能力不强。并设定 DEA 有效是 DEA 模型中综合效率为 1 的年份；支出产出综合能力强是因子分析结果中高于均值的年份。具体结果如图 3-1 所示。2001 年、2003 年、2004 年、2006～2008 年的 DEA 值和因子分析值均较低，属于 DEA 无效且支出产出综合能力不强的板块，这些年份河北省财政 R&D 支出的总体效率不高。2002 年和 2005 年的 DEA 值较高而因子分析值较低，属于 DEA 有效但支出产出综合能力不强的板块，这些年份河北省财政 R&D 支出效率高但综合生产能力不强。2009 年、2010 年的 DEA 值较低而因子分析值较高，属于 DEA 无效但支出产出综合能力较强的板块，这些年份河北省财政 R&D 支出效率不高但综合生产能力较强。2011～2013 年的 DEA 值较高且因子分析值较高，属于 DEA 有效且支出产出综合能力较强板块，这些年份河北省财政 R&D 支出总体效率最高。

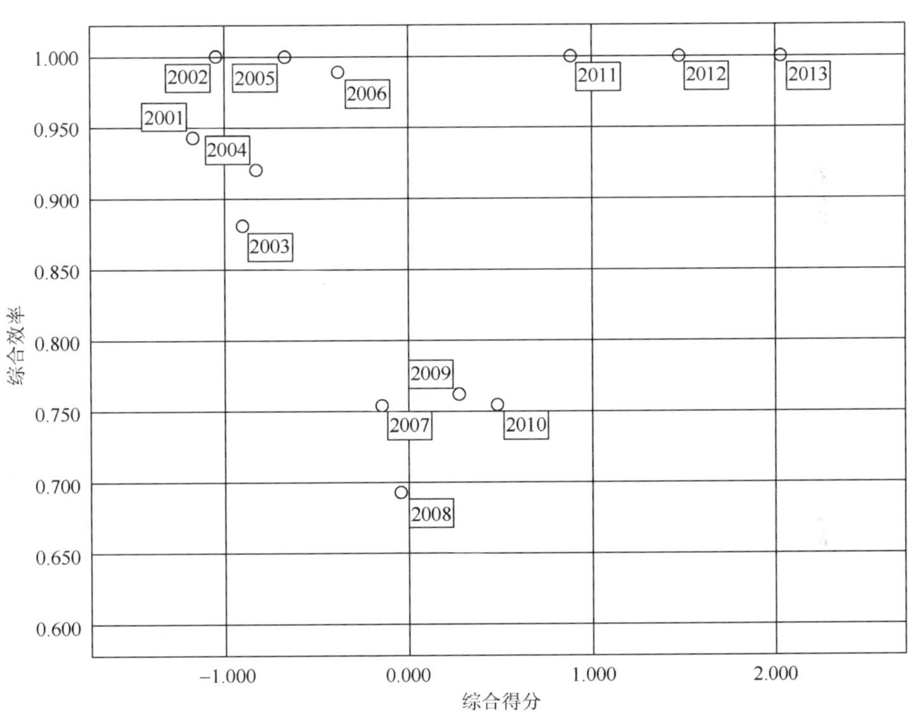

图 3-1　河北省财政 R&D 支出综合评价图

第五节　完善河北省财政 R&D 支出的政策建议

通过上述分析，可做出基本判断："十一五" 期间，河北省财政 R&D 支出效率总体不高，尤其高技术产业新产品产值和社会资金支出的效率最不理想；"十二五" 前三年效率状况得到扭转，财政 R&D 支出得到高效利用，若保持这种好势头，将有利于河北省利用技术创新加快推进经济转型。以下是本书提出的可行性建议，希望为进一步提高河北省财政 R&D 支出效率做出努力。

一、明确河北省财政 R&D 支出作用与职责

政府具有政治和社会管理双重主体身份，在重大科技发展领域、公共和基础项目的参与上具有明显的优势，不能忽视政府在 R&D 支出中的主导作用。社会主义市场经济环境下，财政 R&D 支出成为公共支出中的一个重要组成部分。提高河北省财政 R&D 支出绩效必须先明确政府 R&D 支出职责。第一，政府财政应明确在公共产品性质的 R&D 中的作用与职责。R&D 活动具有较强的公共产品特征，政府财政支出涉足最多的应是基础研究、应用研究以及具有明显公共产品性质的试验发展研究领域，政府应当以直接拨款的财政支出形式参与基础研究和应用研究；政府应以丰富的财政支出形式参与具有明显公共产品性质的试验发展研究，如直接拨款、税式支出、政府采购和政策性金融支持等。而对于不具有公共产品性质的 R&D 部分，如成果转化与技术推广、科技服务等，通常不是政府财政涉及的领域，这类 R&D 活动通常在试验发展研究中出现较多，政府需要交由私人部门组织和提供，政府的职责是尽可能维护并完善更加合理的 R&D 环境，并给予私人正确的政策引导。第二，政府财政应明确在失灵的 R&D 活动中的作用和职责。基于 R&D 活动的高支出额和高风险、非排他和非竞争特点，R&D 领域存在着较严重的市场失灵现象。基于时间的紧迫和功能的有限，要想营造高效又合理的 R&D 环境，不能单靠市场自身的配置调节来实现，还要借助政府财政的支持和引导，政府财政 R&D 支出应当侧重基础性和公共性的 R&D 支出项目。第三，政府财政应当明确在 R&D 活动中的导向作用和职责。政府应当在无人涉足但又需求不断的 R&D 支出中发挥“领头羊”作用，主动支持和支出、积极进入并开展，以“主人翁”的身份进入私人无力或不愿涉足的 R&D 领域，以“守护者”的身份进行 R&D 活动的维护，以此更好地发挥财政 R&D 支出的引导和杠杆作用。第四，政府财政应当明确不同 R&D 活动阶段的作用和职责。过度的政府干预在弥补市场失灵的同时可能会导致新的政府失灵；因此政府在科研活动不同发展阶段必须明确应当起的作用和承担的职责。一般地，在科研活动初始阶段以财政 R&D 支出为主，在 R&D 活动后期或产品试制和投入生产等阶段以社会 R&D 支出为主。

二、改善河北省财政 R&D 支出规模和结构

一个地区的财政 R&D 支出状况，在很大程度上反映着这个地区的科技实力。当前河北省财政 R&D 支出总量逐年上涨，但支出强度不理想，支出结构有待优化。针对这一问题，河北省要在明确政府财政 R&D 支出作用和职责的基础上，改善财政 R&D 支出规模与结构。第一，严格执行本职工作。河北省要认真贯彻

执行国家关于财政科研支出的要求，设计“阶梯形”R&D 年均支出规模标准，并严格贯彻落实，确保财政 R&D 在“阳光下”执行。第二，进一步扩大支出规模。河北省要切实扩大财政 R&D 支出绝对规模和相对规模，确保财政 R&D 支出年均增长率高于财政收入年均增长率，高于省级生产总值年均增长率，高于 R&D 支出年均增长率。总之在政府 R&D 支出职责范围内，实现绝对规模和相对规模的双增长与稳增长。第三，进一步扩大支出结构。除了进行直接的财政 R&D 支出，河北省政府要多方面开展政策担保或税收优惠，引导更多的社会资金流向 R&D 领域，带动省内多行业和多产业开展 R&D 活动的热情，共同增强 R&D 支出力度；财政 R&D 支出要侧重基础研究和应用研究，在共性科技研究上实现突破；财政 R&D 支出要加大研究与开发机构、高等院校的支出规模及力度，尤其是日常性支出中的人员经费的支出。最后需要强调，河北省政府需要在改善财政 R&D 支出规模和结构的同时，保证财政 R&D 支出的高效性，增强 R&D 项目事后追踪和绩效评价的意识，避免省内经济转型时期出现大规模的财政 R&D 支出浪费使用现象。

三、完善政府财政 R&D 支出绩效评价体系

政府财政 R&D 支出绩效评价体系是绩效评价中的重要组成部分，科学的绩效评价体系才能实现客观有效的评价结果，更好地为决策者服务。但是财政 R&D 支出绩效评价体系并非是一个完全静态的、固定的体系，而会随着发展时期、地域、环境的不同有所差别。所以说，财政 R&D 支出绩效评价体系实际上是一个动态的、不断变化着的体系。这里的变化并非完全的、彻底的改变，而是一种在原有指标体系基础上的调整，因此有些共性的指标、标准和权重会保留下来，这种共性的存在，使得同等级别或性质的评价对象有了可比性。综上可知，第一，注意指标体系设计上的差别性。在财政 R&D 支出绩效评价体系设计上，要根据评价对象性质的不同，在指标体系设计上体现差别，例如，与企业相比，在对政府财政 R&D 支出进行绩效评价时，需要注意政府不只是在经济效益上有支出责任，更在社会效益上有支出责任，因此评价指标体系上要设计出代表社会效益的指标；同样是政府支出的 R&D 项目，但是由于项目性质或重要性的不同，在绩效评价指标体系的设计上要体现不同，重大科研项目的绩效指标体系要注意时间因素影响，分阶段地评价，注意定量和定性指标的结合，避免过于注重定量指标。第二，注重指标体系的可比性。财政 R&D 支出绩效评价指标体系要可参考，具有相同性质或级别一致的评价对象间具有适用性。对此河北省政府有必要在指标体系设计和调整范围上做出一般性规定，避免过于离谱的、不符合实际的指标体系。第三，注意指标体系有据可循。财政 R&D 支出绩效评价体系中所涉及的指标数据要可搜集，与年鉴统计中的指标口径一致。数据不公开或者不同阶段的指

标口径不一的情况，都会大大降低指标体系的有效性；为此，河北省政府有必要对各时期的指标数据进行规范和整理，对缺失或不全的指标数据进行补充和完善。

四、优化河北省财政 R&D 产出结构配置

财政资金属于社会生产总值的一部分，是政府可支配的有限资源。财政 R&D 支出属于财政资金的一部分，是有限的资源。基于 R&D 需求的无限性，如何将有限的财政 R&D 资金合理分配到 R&D 结构中以实现财政 R&D 支出的最佳配置，是开展财政 R&D 支出绩效评价研究的重要问题之一。通过本书的实证分析可知，河北省在近几年内的财政 R&D 支出效率并不乐观，除了在发表科技论文方面没有出现明显的产出不足，许多年份存在着财政 R&D 支出冗余、财政 R&D 产出不足的情况。为了解决这些问题，河北省政府应当寻求科学的方法，确保财政 R&D 支出保持一个合理的结构配置。第一，河北省要学习发达省区市的高技术产业先进发展模型，提高本省高技术产业的发展水平，把握高技术产业的发展机会，积极引进先进管理理念和方法，不断提高高技术产业的生产能力。第二，河北省要对技术市场成交情况进行科学的记录和规范，放宽对技术市场成交情况的限制，加大对违法活动的监督和检查，确保技术市场运行的质量。第三，河北省要在积极增加科技论文数量的同时，保证科技论文的发表质量，做到论文数量、质量两手抓。为此，省级论文要向国家和国际水平看齐，以《工程索引》(*Engineering Index*，EI)、《科学引文索引》(*Science Citation Index*，SCI)、《科技会议录索引》(*Index to Scientific & Technical Proceedings*，ISTP）的论文质量为标准，不断提高科技论文发表水平，从根本上增强本省科技在学术领域的发展能力。第四，河北省要在专利技术申请上降低申请门槛，严格申请监督。降低申请门槛有助于提高省内各行业申请专利技术的积极性，同时在专利技术申请过程中，加强对专利技术质量的检查，避免专利技术申请门槛降低引发专利技术泛滥的状况，确保有质量的专利技术。第五，河北省要以财政 R&D 支出为杠杆，有效撬动社会 R&D 支出，财政 R&D 支出的目的不仅在于 R&D 活动的强外溢性、高风险性和公共产品性，还有一个更重要的目的是实现对社会 R&D 支出的带动和引导。社会 R&D 支出额度的大小从一定程度上反映出财政 R&D 支出的导向作用强度，因此政府要宣传和鼓励私人开展 R&D 活动，不断增强个人或企业开展 R&D 活动的信心和能力。

五、增强财政 R&D 优势产出成果转化能力

河北省地处华北地区，内环首都北京和直辖市天津，随着京津冀一体化步伐的不断推进，京津冀政府间的 R&D 活动也将逐渐迎来进一步的共赢局面。根据

当前河北省财政在 R&D 活动中不断努力的情况和产出特点，有必要尽快增强 R&D 优势产出的成果转化能力。R&D 活动中相当大一部分是具有理论价值的产出，要想使河北省 R&D 活动中的突出项目成为优势，并真正意义上实现科技推动经济有效增长，河北省需要将具有学术价值的产出最大限度地转化为最有现实价值和实际意义的生产力，推动本省经济的有效增长。要想实现这一目标，第一，当务之急，河北省要推动 R&D 成果的转化和应用，将 R&D 产出中的突出产出最大限度地转化为本地区的发展优势，将潜在的优势转化为本省经济转型的助力，这当中衡量突出产出的标准包括此产出带来的经济效益、人民生活水平和幸福感的提升程度、环境的改善程度等；第二，河北省政府要通过制度创新带动技术创新，加快建立起依托优势技术资源组成的技术研发组织体系，构建紧密型的、多元化的产学研合作机制；第三，借助于推进京津冀一体化的有利契机，可以考虑高校之间、校企之间、企业之间、政企之间，以及政、校、企三者之间多种形式的联合体，协同发展，利益共享。在此过程中，要突出市场导向，因为科技成果只有进入市场才能真正成为生产力；要服务于实践，因为只有符合实践的科技产出才是有效的产出。

总而言之，财政在科技支出方面的绩效评价指标体系、绩效评价方法并非千篇一律的，而是随着研究对象和研究范围的不同而有所差异。在绩效评价的实践过程中，要使评价指标体系和评价方法随研究内容的性质及特点来确定。

第四章　北京和张家口两地政府举办冬奥会合作机制研究

第一节　概　　述

一、研究背景

一个区域的发展在达到一定阶段后，合作、协同，进而实现一体化就成为摆在该区域各个发展主体面前最现实的选择，也是该区域各个主体实现各自利益最大化且更长久的必然选择。对于区域内政府的运行而言，传统模式下的政府运行具有各自为政的特点，面对一体化发展的现实，传统政府运行方式遭遇到越来越大的困境，合作自然成为一个区域内行政主体为谋求发展最大化成效而做出的必然选择。作为我国发展极为重要的京津冀区域，在相当长的一个时期内，由于存在着严重的区域行政壁垒，再加之本地区经济发展的外向度不高等方面因素的影响，区域协同发展的进程远远滞后于我国中东部区域，特别是与长株潭三角区、珠江三角洲地区相比，无论是增长速度还是合作深度都有着巨大的差距，更与京津冀在我国所处区位极不相称。如何破解京津冀区域的发展问题，是新一届中央领导集体极为重视的课题，其最重要的标志是习近平同志在 2014 年 2 月以“优势互补互利共赢 扎实推进 努力实现京津冀一体化发展”为主题所作的重要讲话。他特别强调，“实现京津冀协同发展，是面向未来打造新的首都经济圈、推进区域发展体制机制创新的需要，是探索完善城市群布局和形态、为优化开发区域发展提供示范和样板的需要，是探索生态文明建设有效路径、促进人口经济资源环境相协调的需要，是实现京津冀优势互补、促进环渤海经济区发展、带动北方腹地发展的需要，是一个重大国家战略，要坚持优势互补、互利共赢、扎实推进，加快走出一条科学持续的协同发展路子来”[70]。中央财经领导小组在 2015 年 3 月对京津冀协同发展问题进行了专题研究，会议通过了《京津冀协同发展规划纲要》，由此京津冀区域协同发展升格为我国今后一个时期的国家发展战略，京津冀各个省级政府间的分工与协作、资源共享与优势互补成为这个区域发展的共同目标。同时，北京携手张家口申办 2022 年冬奥会，这是我国第一次由跨区域且两个行政层级不同的城市联合申办国际奥运赛事。在国际奥林匹克委员会（以下简称国际奥委会）于 2015 年 7 月 31 日对第 24 届冬奥会候选城市的投票中，北京获得 2022 年冬奥会的举办权，北京与张家口围绕举办一届“精彩、非凡、卓越”冬奥会的目标，两个城市政府之间的合作将会在经济社会发展各个领域多层次、全覆盖地展开。同时，这也为我们提出了一个新的课题，即跨区域且行政层级不同的两个城市政府间如何更好地开展分工合作，才能成功地筹办 2022 年冬奥会，才能推动两个城市在京津冀区域的合作与发展中实现共赢。国内外区域合作发展的大量实践证明，区域一体化政府间的良性协作，对于推进深度合作、促进协调发展、实现互利双赢有着十分明显的作用。

二、研究意义

区域一体化和区域协同发展的最为核心的特点，即要求域内政府要打破传统政域划分对于地区一体化发展可能带来的各种制约，按照结合各方需求设定的统一目标，根据自己的发展特点、未来定位、区域职能等因素，科学设定和合理划分自身在区域中的分工，促进原有行政区域内各类要素实现效能的最大化和配置的最优化。从宏观视角来看，区域协作发展的过程的实质就是对该区内各种要素资源的优化配置过程。但是在现实情况下，往往行政区划、政治地位、发展功利等，成为阻碍资源配置和有效流动的客观因素与行政障碍。从微观视角来看，地方政府追求自身发展利益并实现其最大化，是地方政府在本区域范围内发展中的一种本能选择，为实现这一目标，区域内各行政主体会不断调整发展定位，追求占有区域资源配置和要素吸引的最大化。因此，推动区域协作发展，最根本的措施就是从制度层面入手，改革和创新合作方式与路径，最大化统筹考虑区域各方的均衡利益，并尽可能减少区域内各行政主体对资源的不合理占有。

从国内外区域协同或一体化发展的实践看，政府和市场是决定区域协作成效最关键的两个因素。区域内政府出于自身发展利益、政绩考量，在协作中不自觉地发挥了推动与阻碍的两面性作用；市场作为协作发展最客观的基础，有着趋利性的动力机制，极易向优势方进行流动。区域协作及一体化发展的目的就是协调处理好政府与市场在区域发展中的不同动因，实现政府职能与市场运行相适应，进而形成推进区域共同发展的强大合力。因此，跨区域政府合作机制的研究，对于有效解决政府在区域一体化发展中有效合作的问题，具有非常重要而现实的意义。北京携手张家口申办冬奥会的实践操作，贯穿着区域合作的理论与实践，科学论证北京与张家口在京津冀区域协作中健全跨省区政府间合作机制的重要性，发现与总结北京和张家口在区域合作中存在的问题，分析其形成的原因，探索符合北京和张家口政府间合作与发展实际的有效机制，对于推进该区域协同发展，以及筹办 2022 年冬奥会都有着极强的现实意义。

三、地方政府间合作关系研究的理论依据

随着经济社会的发展，推动政府间高效合作已经成为一个国家各层级政府的共同认识及追求的目标，这也使如何开展政府间合作成为当前公共管理科学研究的重点和热点。

（一）横向合作关系理论

府际关系研究从纳入公共管理科学之初就成为国内研究的一个重要内容。政府间的关系即府际关系，包含了中央政府与地方政府之间的纵向垂直关系以及地方各级政府之间的横向水平关系。地方政府之间的横向水平关系是政府关系中最重要的一个方面，主要指无隶属关系的同一级政府，或者行政层级不同的政府在合作上的关系。这种横向水平关系，既体现为地方政府间平行的横向水平关系，即同级地方政府间的关系；也体现为地方政府之间斜交的横向水平关系，即不同级的不同地区的地方政府间的关系。通常我国理论界在研究中，将政府间的横向合作从竞争与合作这两个角度进行综合分析。

在计划经济时期，我国各级地方政府严格被国家指令性计划分隔，各层级政府间纵向联系密切，国家计划在各层级政府间起着决定作用，横向联系的意义和作用极为有限。随着我国改革开放的实施，以及随之加快的经济发展模式转型，地方政府对经济发展的追求和对市场要素流动的需求，使不同区域不同层级政府间的横向联系更加密切，可以说是市场化的脚步倒逼着理论界对政府间横向水平关系进行深入的研究与探索。关于竞争理论，在西方学界，Tiebout 对于地方政府之间的竞争问题比较早地进行了研究，并且提出了“用脚投票”（voting with feet）理论。他认为，居民用脚投票所带来的退出机制普遍存在，并对辖区内政府的公共管理及服务产生压力，从而促使地方政府不断改善公共产品的提供效率和公共服务的质量[71]。德国学者 Breton 在对竞争性政府概念进行阐述时，围绕政府之间对所需求的非市场资源、服务的竞争，对联邦制政府之间、部门之间和政府外行为主体间的竞争关系进行了分析，明确地提出了“竞争性政府”（competitive government）的概念。而政府间的相互竞争，虽然能够有效地推动经济与社会的发展，但同时随之带来了过度和无序的竞争，使地方政府在追求自身发展的同时极有可能与竞争对手步入“囚徒博弈困境”，从而加大了经济社会发展的成本。因此，如何避免步入“囚徒博弈困境”，进而导致选择可能“双输”的不确定性结局，就成为促使地方政府间探索合作的初始动能[72]。当前，在全球经济一体化发展的大趋势下，不同地区或同一地区的不同国家间通过互补合作、优势利用及借势发展已是大趋势。

随着我国经济发展，国际、国内两个维度的经济合作、政府合作越来越广泛，我国学者通过对国外成果的借鉴，发表了相当多的对于政府合作的理论研究成果，其中主要包括：区域发展相互依赖理论、组织间网络机制、府际管理、区域利益分享和补偿机制、战略型伙伴关系等。可以预见，在经济和社会发展的同时，政府间合作成为常态并得到深化，改革完善政府合作的方式与机制成为发展的必然要求，而国内对政府横向合作理论研究的完善与成熟，为推进改革和从实践层面完善我国地方政府合作机制打造了坚实的理论基础。本章研究的是如何围绕同一目标，推动不同行政区域、不同层级的地方政府间合作，进而助推整个大区域的协同发展。

（二）区域协同发展理论

区域是按一定标准划分的连续的有限空间范围，是具有自然、经济或社会特征的某一个方面或几个方面同质性的地域单元。通过区域政府的有效合作推进区域协同发展，进而实现区域范围内整体经济社会的协调可持续发展，是地方政府合作的最主要指向。黎鹏认为“区域经济协同发展是指区域内各地域单元（子区域）和经济组分之间协同与共生，自成一体形成高效和高度有序化的整合，实现区域内各地域单元和经济组分‘一体化’运作的区域经济发展方式”[73]。协同学原理是区域协同发展最主要也是最重要的理论依据。协同学是德国赫尔曼·哈肯于20世纪70年代开创的交叉学科。“synergetics”是古希腊语，意思是“合作的科学”（science of cooperation），表示在一个系统发生相变时，会因大量子系统的协同一致引起宏观结构的质变，从而产生新的结构和功能[74]。协同学理论告诉我们，当一个系统内的各个子系统与要素实现协同时，原来的无序状态向有序运行转化，并形成整体功能；同理，如果无法实现协同就不可能形成有序的合力，整体功能自然也就无法实现。因此，面对我国这样地域广阔、发展水平不均衡、行政层级多的现状，实现均衡发展，最大效能地发挥一个区域各种要素的功能，就应该走协同发展的道路，协调各方、统一推进，把竞争和内耗降到最低，最终推动整个区域的发展。

（三）“囚徒博弈困境”理论

无论国内外，很早就对博弈论有了研究，《孙子兵法》如果从博弈论的角度看，就不仅是研究军事的著作，还很深刻地体现了博弈论的观点。博弈论中在学术界最著名的就是“囚徒博弈困境”模型，是美国著名智库——兰德公司提出的关于博弈论的著名案例。该案例中双方在没有沟通的情况下，以及在对事件的整体信息掌握不完整的背景下，都会自认为做出了有利于自己的行动，但结果却恰恰相反，两败俱伤。博弈论对地区发展而言，同一地区内的地方政府，对彼此经济状况和对方需求都比较了解，并且能够建立适当的渠道进行充分的交流，如果涉及各方都能从整个区域的发展考虑，统筹考虑自身及对方利益，并且遵守统一制定的规则，那么双方均可以最大化地实现自身利益。反之，坠入博弈困局的各方都可能付出最不经济的发展成本。因此，正确应用“囚徒博弈困境”科学原理于地方政府合作之中，那么地方政府大可不必像“囚徒博弈困境”中的两人一样孤立隔离，只要通过有效沟通及合作，就可以解决彼此的困境，进而实现发展效能的最大化。而在现实中，根据常识，地方政府及官员通常不会处于非理性的状态来考虑区域发展，那么按此推断，地方政府完全知道，建立在合作基础上的良性竞争对双方都是更有好处的。

（四）战略型伙伴关系理论

20 世纪 90 年代以来，各国政府再造方案中重要的共同趋势之一就是地方政府间伙伴关系的建立。经济合作与发展组织 1990 年的一份报告中，对伙伴关系一词进行了如下定义：伙伴关系是正式的合作体系，是建立在受法律约定或非正式的理解上的组织，它们存在相互合作的工作关系，在组织内一定数量机构间的计划被相互采用。在一定时间内，合作伙伴介入政策与进度的制度，分担并分享责任、资源和利益。对战略型伙伴关系，杨安华认为，战略型伙伴关系是地方政府基于资源共享、优势互补、超越行政区域界限，共享利益、分担责任而建立的。与一般政府间的合作不同，它是一种更为正式、长期、稳固的合作关系。可以看出，伙伴关系的关键在于利益共享并共同承担责任[75]。

北京和张家口两地携手申办和举办冬奥会，使两地在共同的目标下，决定了双方都必须发挥各自的优势，形成整体力量，才能取得成功。国务院领导同志指出，要把冬奥会有机地融入京津冀区域协同发展规划中，让区域发展来支撑冬奥会，同时用冬奥会来加速区域发展，更多更好地增进京张地区群众的福祉[76]。由此可见，党中央、国务院把冬奥会置于促进京津冀协同发展抓手的重要地位上，这种合作已经超越了公共管理学意义上的地方政府合作关系，是层次更高的战略型伙伴关系。

第二节　北京和张家口申办冬奥会的政府间合作实践

京津冀协同发展战略，为北京和张家口两地的合作在政策层面提供了依据。特别是北京和张家口携手申办冬奥会，将北京和张家口两个跨区域、不同行政层级、不同发展水平的城市紧紧绑在了一起，加快了两地政府所面临的社会、环境、人才等问题向公共服务区域化、均衡化和无界化的方向发展。而区域公共问题因为具有渗透和辐射的特点，所以公共问题所产生的影响范围通常会超出行政区划的界限，如果单纯以行政区划作为界定标准，那么地方政府的单边治理对于跨区域合作产生的公共问题就难以有效地进行应对。因此，推进北京和张家口以携手筹办冬奥会为平台的政府间合作，必须全面加强两地政府在社会管理、公共服务、基础设施建设等方面推动一体化发展。

一、北京携手张家口申办冬奥会的提出

北京携手张家口申办第 24 届冬奥会，最大的背景是推进京津冀协同发展这一国家战略。习近平总书记在 2013 年 10 月 31 日主持召开了中央政治局会议，做出了北京携手张家口申办 2022 年冬奥会的决定。中国奥林匹克委员会（以下简称中国奥委会）于 2013 年 11 月 3 日正式致函国际奥委会，北京携手张家口申办 2022 年第 24 届冬奥会，北京承担冰上项目和开闭幕式，张家口市承担除高山滑雪、雪车、雪橇以外的全部雪上项目。与北京同时提出申办 2022 年冬奥会的城市共有六个，其他五个城市分别是阿拉木图（哈萨克斯坦）、利沃夫（乌克兰）、斯德哥尔摩（瑞典）、奥斯陆（挪威）、克拉科夫与雅斯那（波兰和斯洛伐克合办）。

二、北京和张家口政府合作的优势

北京和张家口两地携手申办和举办冬奥会并不是偶然中提出的，一方面，是基于党中央、国务院站在京津冀协同发展、展示国家国际影响力的高度提出的，另一方面，是基于北京和张家口在空间、资源等方面具有的独特优势。具体来讲，北京和张家口携手申办冬奥会的基础主要有以下三个方面。

（一）国家层面

根据北京冬季奥林匹克申办委员会（以下简称北京冬奥申委）内部资料与官方网站，以及相关新闻媒体等各个方面的资料，党中央、国务院主要是基于三个方面的考量提出申办第 24 届冬奥会。一是着眼于实现“两个一百年”奋斗目标。我国提出，要在 2020 年全面建成小康社会。同时，2021 年是中国共产党成立 100 周年，2022 年要召开中国共产党第二十次全国代表大会，2022 年在我国历史上将会是一个非常关键的节点。在这样的历史节点，举办一次世界性体育盛会，

对于中华民族实现伟大中国梦，进一步增强全民族的凝聚力，具有十分重大的意义。二是着眼于京津冀协同发展。申办 2022 年冬奥会和京津冀协同发展，被确定为国家战略的重要组成部分。北京携手张家口申办冬奥会的强大动力，以及申办成功带来的区域人口、产业、要素合理流动等潜在影响，将助推京津冀区域迅速崛起，使之成为长三角、珠三角之后第三个国家层面的新的经济增长极。三是着眼于展示中国负责任大国形象。从世界各国举办奥运会的历史看，从国家实力到气候条件既能够承办夏奥会又能够举办冬奥会的国家只有法国、美国、德国、俄罗斯、意大利、日本、加拿大等 7 个，而且在现代奥运会历史上没有一个国家的城市能够同时举办夏、冬两季奥运会。北京携手张家口成功申办 2022 年冬奥会，使北京成为奥运会历史上第一个同时举办夏、冬两季奥运会的城市。笔者认为，党中央、国务院站在一个关键历史节点，提出申办和举办冬奥会的目的，就是要向国际社会展示中国经济发展的成绩，展示负责任大国的形象，更好地参与到世界体育活动，为国际奥林匹克运动作出新的贡献。

（二）张家口层面

相比夏奥会，举办冬奥会对自然条件、场馆的要求更高，特别是雪上项目，对天气条件要求更加严格。我国哈尔滨曾经两次提出过申办冬奥会，但是一次在申办第一阶段就没有能够进入候选城市，另一次甚至没有进入第一阶段。相对于哈尔滨等适宜开展冬季运动的地区，北京携手张家口申办冬奥会，除地缘因素外，在雪上项目方面，张家口区域也具有独特的优势。一是自然条件较好。张家口雪上赛区位于张家口市崇礼区，赛区所在区域海拔为 1400～2100 米，冬季均温为–12 摄氏度，每年滑雪期近 150 天，雪季（积雪期）达 155 天，平均雪深 21 厘米，平均最大雪深 49 厘米，极大值达到 72 厘米。无论是雪量和雪质都可以满足滑雪赛事需求，按照国际雪联单项组织专家的考察结论，崇礼区域完全符合举办国际等级滑雪赛事的要求。二是雪场设施完善。张家口已有 20 年滑雪运动的历史，高质量雪场集聚度高，并已建成比较完备的体育服务设施。目前，张家口拥有 5 家雪上设施齐全、服务设施完善的滑雪场，建成的各类型雪道达到 110 条，总长度接近 90 千米，拥有奥地利多贝玛亚等各类型索道 22 条、魔毯 6 条，每小时运力近 5 万人次。同时，滑雪场建设了与运营能力相适应的完备的输水及造雪系统，8 条高级雪道得到了国际雪联的专项认证，是远东杯和国际雪联积分赛的举办赛场，并成为日本、韩国等国家雪上运动员冬训目的地。到 2022 年，张家口赛区将成为拥有 8 个滑雪场、辐射面积近 600 平方千米，赛事场馆高度聚集的雪上运动区。三是生态环境优美。目前，张家口全市有林面积 1990 万亩，森林覆盖率 36%，特别是 2022 年冬奥会雪上项目所在的崇礼区域，森林覆盖率达到 50.22%。

同时，根据河北省环境监测中心公布的监测数据，张家口赛区雪上项目所在的崇礼区 2014 年 PM2.5 浓度均值仅为每立方米 27 微克，赛事区域保持在每立方米 10 微克以下，2014 年和 2015 年在河北全省 143 个监测县区中均排名第一。四是紧临北京。张家口紧邻北京，区位及交通优势突出。雪上项目所在的崇礼区域距离北京直线距离仅 130 千米，张家口已建成京包等 5 条铁路，京藏、京新等 6 条高速公路，G109、G110 等 11 条国道。同时，按照京津冀发展交通规划，京张高铁、张崇支线及延崇高速等与北京直接连通的快速通道已开工建设，2022 年冬奥会举办时，50 分钟即可由北京赛区抵达张家口赛区。

（三）北京层面

在申办阶段，笔者对北京申办 2022 年冬奥会的优势做了简单的研究，认为有三个方面的优势。一是综合实力显著。北京作为首都，在政治、文化、经济、人才等方面具有无可比拟的优势。二是接待能力完全满足冬奥会的需求。北京是世界级的大都市，特别是配合 2008 年夏奥会所进行的各项建设，使北京市的公共服务设施能够完全符合冬奥会赛事的严格要求。三是北京拥有配套极为完善的体育场馆和丰富的办赛经验，尤其是在成功举办 2008 年北京奥运会后，在人才储备、赛事组织等方面具有非常突出的优势。同时，北京 2008 年夏奥会还留下了丰富的奥运遗产，经过改造即可直接用于冰上项目。

三、北京与张家口政府合作的目标及原则

（一）合作目标

《京津冀协同发展规划纲要》中提出，“以举办冬奥会为契机，利用北京、张家口地区丰富的体育设施、历史遗迹、文化资源和独特的自然风光，打造京张体育文化旅游带”。这些定位和随之推动实施的各项举措，将促使京津冀地区成为中国经济增长的新引擎和人口资源环境可持续发展的示范区。具体到 2022 年冬奥会的目标：一是传播和践行奥林匹克理念和价值观。2022 年冬奥会将致力于整合多元利益，在亚洲传播奥林匹克理念和价值观，让冬季运动融入大众生活，开拓中国广阔的冬季运动市场。二是点燃中国冬季运动全面发展的火炬。2022 年冬奥会的筹办和举办，能够直接带动北方地区 3 亿人参与冬季运动，大幅度提高青少年对于冬季运动的参与度和普及度。同时，中国运动员通过备战 2022 年冬奥会，能够有效提升其竞技水平，促进中国体育项目实现冬夏均衡、冰雪均衡发展。三是推动赛事所在区域的可持续发展。借助 2022 年冬奥会的筹办及冬奥会本身非凡的

影响力，加速推动京张体育文化旅游带的建设，推动北京和张家口地区冰雪运动的深度普及，促使京津冀地区成为中国经济增长的新引擎和人口资源环境可持续发展的示范区。

（二）总体原则

北京携手张家口申办2022年第24届冬奥会，这是我国第一次由两个跨行政区域的城市申办奥运赛事，并分别承办冰、雪项目。在申办阶段，面对国际奥委会、国际雪联单项组织从不同角度针对申办资格、赛事组织、场地条件等方面确定的标准，同时最大限度地展示北京和张家口申办的优势，必须形成“申奥一盘棋”的整体合力，确保高标准、高质量、高效率，做好相关申办工作，尽最大努力争取入围候选城市并最终获得举办权。为此，北京冬奥申委组建了一室八部及两个运营中心，提出并建立了“六统一”的工作机制和原则，即统一组织领导、统一协调联络、统一新闻宣传、统一规划设计、统一市场开发、统一财务管理。实践证明，“六统一”的有力执行奠定了我国最终成功申办冬奥会的坚实基础。根据北京2022年冬奥会申办工作内部文件，将“六统一”原则做一简单的阐述。一是统一组织领导。北京冬奥申委作为统一的领导机构，申办过程中的重要决策、重要活动、重大事项及需要统筹协调解决的专题事项，均须按照决策层级，经过北京冬奥申委全体委员会议、主席办公会议、北京冬奥申委专题会议或秘书长办公会议统一研究决策。下设各部门、各运行中心接受北京冬奥申委统一领导，所属人员均为北京冬奥申委工作人员，接受北京冬奥申委纪律约束。二是统一协调联络。以北京冬奥申委名义做好国内各级机构的协调联络工作，由北京冬奥申委办公室统一归口办理；以北京冬奥申委名义与国际奥委会、各届奥运会组委会和申办城市的协调联络，与各国家（地区）奥委会的协调联络，与国际技术团队、公关公司的协调联络，与外国驻华使团、我国驻外使团以及有关国际组织的协调联络，与港、澳、台地区的协调联络工作，由对外联络部统一归口办理；以北京冬奥申委名义与申办涉及的国际各体育组织的协调联络工作，由体育部统一归口办理；张家口运行中心、延庆运行中心可以运行中心名义与所在省（市）内各单位进行协调联络，跨省（市）的协调联络工作须经北京冬奥申委办公室统一办理，一切涉外协调联络工作须经北京冬奥申委对外联络部或体育部统一办理。三是统一新闻宣传。北京冬奥申委新闻宣传部是北京冬奥申委信息公开和新闻发布的归口管理部门。凡与申办冬奥会有关的信息公开和新闻发布事项，各部门、各运行中心应报新闻宣传部，由新闻宣传部核报北京冬奥申委主管领导批准，统一对外发布；媒体采访报道工作统一由新闻宣传部协调；北京冬奥申委对各类宣传文化活动、物品、形象标志等实行统一归口管理。四是统一规划设计。北京城区、张家口、延庆三个赛区的竞赛场馆和非竞赛场馆由工程规划设计部统一编制规划，统一招标设计；涉及北京城区、张家口、延庆三个赛区场馆设施规划建设的环境影响评价由环境保护部统一作出部署。五是统一市场开发。北京冬奥申委实行单一的市场开发计划，未经北京冬奥申委授权，其他任何机构和个人不得启动与冬奥会相关的市场开发行为，也不得以申办名义，开展接受捐赠、赞助和商业推广、促销活动，所有市场开发活动均由财务及市场开发部统一实施。六是统一财务管理。北京冬奥申委实行统一的财务管理制度，对申办经费实施统一账户、统一预算、统一支出、统一会计核算和监督。由各部门、各运行中心根据职责分别提出预算计划，财务及市场开发部统一汇总，报北京冬奥申委主席办公会议批准，形成北京冬奥申委总体预算和各项工作的预算。

四、北京和张家口两地政府合作的形式与特点

（一）合作形式

（1）政府主导型。主要体现在政府和政策层面，即加强政策扶持，签订合作协定，不断搭建高层次合作平台。北京市政府与张家口市政府于 2012 年 10 月 31 日在北京签订了共建战略性新兴产业体系的合作协议。2014 年 7 月 31 日北京市政府与河北省政府签署了《共同打造曹妃甸协同发展示范区框架协议》《共建北京新机场临空经济合作区协议》《共同推进中关村与河北科技园区合作协议》《共同加快张承地区生态环境建设协议》《交通一体化合作备忘录》《共同加快推进市场一体化进程协议》《共同推进物流业协同发展合作协议》等七项一揽子合作协议。2014 年 10 月 22 日，北京环卫集团与河北省张家口市签订了环卫领域合作协议。2015 年 2 月 1 日，北京市卫生和计划生育委员会、河北省卫生和计划生育委员会、张家口市政府共同签署了《京冀张医疗卫生协同发展框架协议》。这些政府间合作协议的签署，不仅是两地政府合作意向的明确展现和合作机制的有效探索，也从政策层面为政府之间、政府部门之间的合作提供了政策指引和参与路径。

（2）企业主体型。伴随北京与张家口之间合作政府、途径的不断明晰和拓展，企业作为市场主体从要素流向、趋利本能和政府引导等多个途径参与到区域协作，高起点、多层次、宽领域的科技协作与合作不断推进。龙头企业注重与河北清华发展研究院、中关村等各大科研院所合作，建立产学研基地，提高企业科技创新能力；中小企业注重通过优惠政策，吸引北京地区优秀科技人才携带科技成果和资金到张家口创办科技企业，转化优秀科技成果，实现企业和科研单位的互利双赢。张家口本土企业积极与驻京院校、科研院所开展技术协作，直接在北京建立研发中心。

（3）特色产业型。借助冬奥会平台，张家口围绕“奥运+”，围绕自身产业优势，依托北京与张家口全方面合作的平台，借脑引智，发展壮大县域特色、优势、主导产业。北京延庆与张家口签署了《马铃薯产业战略合作协议》。北京首都农业集团与张家口合作，依托“首都农产品保障体系——京津冀区域农产品供应网络一体化项目”，首农食品经营中心入驻新合作农产品物流园，整合京津冀区域优势资源，共同打造食品安全保障体系。张家口宣化区围绕玉米产业技术传播与中国农业大学、河北北方学院合作建站。怀来县分别与中国农业大学、天津市农业科学院等院校长期合作，对县域经济、特色产业发展等进行技术指导和决策咨询。沽源县发挥海拔高、夏季气温适宜的特点，与中国农业科学院作物科学研究所科技合作共建夏繁基地。诸如此类的实例还有很多。

（二）合作特点

一是政府合作意识逐渐增强，合作机制受到省级政府的高度重视。在相当长的时期内政府间合作成为三地省级政府的共同目标，也就为北京和张家口实现跨行政区域的合作提供了极为有利的条件。当然，推进区域协同发展取决于多种因素，从发展进程看，关键取决于区域内政府的合理分工，以及在分工基础上的有效性协作；从经济发展的角度来看，关键在于地区间经济的发展水平，以及由发展水平所决定的经济发展差距缩小化趋势；从发展阶段来看，各参与政府之间的发展程度，在很大比重上决定着协同发展所面临的难度。随着京津冀三地经济社会的发展，北京等作为特大型城市所产生的城市性问题，必将外溢并成为超越行政区划的区域性公共问题，受单一政府自身能力和财力的限制，这些问题不可能通过某一个地方政府就能够加以解决，只有与区域内其他地方政府合作才有可能解决。京津冀区域三地政府对于开展各种领域的合作、促进协同发展的意识越来越强，特别在北京携手张家口申办冬奥会之后，冬奥会成为河北及张家口在落实京津冀协同发展战略过程中摆在首位的任务，国家对 2022 年冬奥会的全面支持，使得张家口的发展在该区域格外受重视，北京、河北两个省级政府同样对张家口的发展寄予厚望，希望通过冬奥会有效推进张家口区域的发展，在 2022 年到来之际向世界进一步展示我国改革开放成就、和平发展主张。

二是合作从单一领域向多领域拓展，合作内容与层次不断提升。北京和张家口两地政府间的合作以 1994 年北京市与张家口市建立对口支援关系为起点，在经济、科技、人才、教育、文化、卫生等领域进行了较为广泛的合作。为了使两地的合作更上一层楼，2008 年 11 月 12 日北京市政府与张家口市政府围绕旅游开发、农产品基地建设、产业结构升级中的转移和承接等签署了框架性协议。2012 年 10 月

31 日，北京市与张家口市签订了共建战略性新兴产业体系的合作协议，两市围绕云计算、集成电路、高端设备制造、新兴能源等产业链在两地的合理布局，建设相应产业园区，通过加快产业结构转型进而推动发展方式转变，以实现环渤海区域经济协调发展。可以看出，北京和张家口两地的合作已从单一的扶贫领域，逐步转向高新技术、生态环保、基础设施等多领域、高层次的合作，这对推动京津冀区域经济发展以及为全国创造可借鉴、可复制的区域发展模式都具有十分重要的作用。

三是通过共同举办世界顶级盛会，加强政府合作。纵观国内区域协同发展的进程，区域协作基本上是政府间通过签订战略协议，推进产业、文化、基础设施等经济社会方面的发展。而在京津冀协同发展过程中，党中央、国务院为区域协同发展提出了新的思路，即通过北京携手张家口申办和举办冬奥会，加强政府间的合作。在北京和张家口申办过程中，成立了统一的申办机构，在北京 2022 年申办报告中，对北京与张家口两地的交通、市政、通信、场馆建设等方面都提出了统一的规划，如京张高铁及崇礼支线、延崇高速等重点基础设施都已纳入到冬奥会的重点工程。随着北京和张家口携手筹办冬奥会的推进，未来几年，京张两地及京津冀区域的合作将更加紧密。

五、北京和张家口政府合作的初步成果

北京和张家口携手申办冬奥会是国家推进京津冀协同发展战略的重要举措，并将推动北京和张家口两地合作更加深入和融合，张家口将是最大的受益者。就目前的情况来看，在冬奥会的影响下，已经有了初步成果。

一是推动了交通设施实现相连相通。着眼建设首都 1 小时通勤圈和畅通京津到西北的大通道，加快构建区域性、立体化的交通网络。铁路方面，目前，张家口衔接北京的铁路有京包线、丰沙线、大秦线 3 条铁路，在建和规划的有 6 条，张唐铁路建成通车，京包铁路和康延支线 S2 线西延至怀来县，张大铁路已开工，张呼客运进展顺利，京张铁路、崇礼铁路支线 2016 年开工建设，张大城际铁路、蓝张铁路获得国家发展和改革委员会（以下简称国家发改委）批复。公路方面，张家口与北京衔接的高速公路有京藏、京新 2 条，绕京高速公路有张石（已通车）、张承（已通车）、张涿（已通车）、二秦（在建）、京蔚（待建）5 条，国道有 G335 线、G110 线、G109 线、G112 线 4 条，省道有 310 线、蒋京线、怀幽线、228 线、307 线 5 条，乡道有拦水线、达水线、乐闫线、后旧线、千古线 5 条。目前，环首都地区环线（G95）张家口段已建成通车，太行山高速公路项目北京至蔚县段前期工作正在积极推进，北京至怀来、涿鹿、下花园开通了三条公交线路，张家口有 30 条 ETC（electronic toll collection，电子不停车收费）专用车道对接北京，京津冀交通一卡通工作 2016 年 3 月底完成。航空方面，张家口宁远机场开通石家

庄、上海、深圳、沈阳四条航线，2016 年谋划推进张北、崇礼通用机场建设。京张两地交通一体化、同城化建设正在加速推进。

二是加快了产业发展之间的互补互促。两地立足功能定位，取长补短、合作共建，张家口突出绿色、高端、智能，重点发展大生态、大旅游、大数据、大健康和新能源、新技术、高端制造“四大、两新、一高”主导产业。“十二五”期间，张家口与北京签约合作项目 752 项，合同引资 2337.4 亿元，累计到位资金 1497.8 亿元。其中一产项目 213 项，二产项目 262 项，三产项目 277 项。对接合作项目横跨三次产业，遍布能源、工业、农业、现代服务、旅游等各主要行业。特别是奥运为张家口产业发展注入了强劲动力，申奥成功不到一个月，主动前来张家口洽谈合作的大公司就有 10 多家，仅 2015 年，两地就签约合作项目 127 项，合同引资达 338.1 亿元，两地产业加速互促互融、共同发展。在农牧业上，已建成供京蔬菜基地 70 万亩，每年销往北京蔬菜 250 万吨以上，全市 100 多家蔬菜合作社与北京物美、华联、超市发等 50 多家超市建立了合作关系，建设了 120 多个社区直销点，占到北京市场份额的 40%以上。合作实施了北京丰收葡萄酒庄园、雪川马铃薯深加工、张北中粮百万头生猪养殖、万全农产品物流园等农业产业化项目 40 多个，覆盖了畜牧、蔬菜、马铃薯、葡萄、市场物流、生态旅游等多个领域，张家口成为北京重要的蔬菜、畜牧产品供应基地。在装备制造业上，合作实施了北汽福田重机及特种车、北京北重汽轮电机搬迁、京仪数控机床、迪蒙卡特数控机床、骞海鼓风机“军民结合”、高寿命双相耐磨钢、阻尼减振产品等项目。例如，北汽福田张家口泵车生产基地项目，占地 500 亩，总投资 35 亿元，2017 年搬迁到位，到 2020 年可实现销售收入 176 亿元，利润 14.2 亿元。在高新技术产业上，合作实施了国家风光储输示范工程、中国空间技术研究院怀来航天产业基地、国家公共安全与应急产业创新（怀安）基地、中关村-张北云计算基地等项目，张家口正在成为北京高新技术产业的发展战略要地。例如，张北阿里云基地项目，总投资 180 亿元，占地 630 亩，建设规模 30 万台服务器，到 2020 年，张家口数据中心规模可达到 150 万台服务器，支撑“9+N”朵云应用服务平台建设，基地入驻企业达 200 家以上，相关产业规模突破 1000 亿元，建成“京津冀大数据走廊”。在冬奥产业上，引进了北京密苑、北京好利来、北京瑞意等 10 多家企业，谋划实施了崇礼冰雪文化产业园、冰雪文化谷、奥体中心等一大批项目。国家体育总局冬季运动管理中心将在崇礼建设国家滑雪训练基地，建设奥运会滑雪项目 8 个分项、71 个小项的所有标准场地，作为备战冬奥会运动员训练基地和 2022 年奥运会前国际单项比赛与国际交流的主要场地。另外，与科学技术部、新奥集团、河北省工业和信息化厅合作建设崇礼“零碳奥运专区”、能源生态城、新朝阳泛能微网示范项目，与中国绿色碳汇基金会合作在崇礼建设碳汇交易林项目，与中国科学院微生物研究所合作在崇礼建设生命硅谷科技园区项目，奥运产业蓬勃发展。在旅游产业上，两地全面加强旅游市场对接和京张体育文化旅游产业带建设，签订了《北京—张家口奥运旅游协同发展对接备忘录》，召开了京张体育文化旅游产业带研讨会，举办了北京—张家口冰雪产品新闻发布会暨冬季旅游资源推广等活动，与北京互设旅游标识牌，面向北京市场联合推出了草原游、冰雪游、红色游、山地游、农家游等精品线路和旅游产品，叫响了“大好河山张家口”品牌，崇礼滑雪、草原天路出现爆棚现象，张家口成为北京人群的主要休闲旅游避暑胜地。2013 年以来，京张旅游列车开通 1800 余次，发送游客 190 万人；2015 年，接待北京游客 1185 万人次，占游客总量的 30.8%。近年来，吸引北京旅游投资 500 多亿元，如北京瑞商投资 200 多亿元在崇礼建设了太舞滑雪小镇，北京金通坤房地产投资 100 亿元建设奥林匹克冰雪文化谷旅游项目。

三是实现了生态环境的联防联建。张家口立足水源涵养功能区的定位和冬奥会需求，着力建设首都的绿色生态屏障、清洁水源供应区和空气过滤器。在林业生态工程上，两地持续合作实施了京冀生态水源保护林、京冀森林保护合作、坝上地区退化林分改造等项目，特别是 2013 年申奥以来，高水平实施了迎宾廊道和赛场核心区周边 10.5 万亩造林绿化，张家口市森林覆盖率在 2015 年末达到 37.05%，较 2010 年增加了 5.4 个百分点。在保障供水上，官厅水库 90%水量、密云水库 50%水量来源于张家口，从 2004 年开始，张家口六座水库和清水河实施了向北京市官厅、密云水库集中输水工作，累计向北京集中输水 2.99 亿立方米，两地建立起了统一的数据资源库和跨区域水环境应急及监测机制，官厅水库和密云水库水质分别达到Ⅳ类和Ⅲ类以上标准。在大气污染防治上，两地信息共享、区域联防，张家口以“零容忍”的态度防治大气污染，重点对煤烟污染和企业排放问题进行整治，2013 年以来，在主城区和主要县区实施了燃煤发电机组超低排放改造及燃煤锅炉淘汰与改造，提前两年完成河北省“6643”任务下达目标，大气环境质量从进入监测城市后年年保持京津冀区域的最好水平。

四是促进了公共服务之间的共建共享。在科技服务上，清华大学、北京理工大学、北京科技大学、北京航空航天大学、中国农业科学院、中国农业大学等科研机构和高等院校在张家口设置了农机装备工程技术研究中心、耐磨与防腐工程技术研究中心、风电装备工程技术研究中心等一批研发机构。张家口东山产业园与北京市科学技术委员会、中国科学院、天津大学合作，共建张家口科技企业孵化器总部基地，重点培育新能源、新材料、电子信息、奥运产业、智能制造和文化创意六大产业，组建了清华大学国际材料信息中心和张家口先进装备制造产业技术创新联盟。张家口创新创业孵化中心和张承地区食品安全体系建设示范项目两个项目列入京冀科技协同创新第一批合作项目。河北五维航电科技有限公司与钢铁研究院合作的百万机组超临界汽轮机阀芯部件项目，实现了阀芯部件的国产化研制，填补了国内空白。在医疗卫生服务上，北京市卫生和计划生育委员会、河北省卫生和计划生育委员会、张家口市人民政府共同签订了《关于医疗卫生事业协同发展合作框架协议》，张家口多家医院与首都医疗机构开展“点对点”合作，在技术合作、基地建设、科室托管、人员进修、远程会诊、绿色通道转诊、带教讲学等方面取得积极进展，挂牌成立了北京天坛医院（张家口）脑科中心、北京中医院张家口合作医院、北京积水潭医院张家口合作医院、北京宣武医院沙岭子癫痫诊疗中心、北京中医院下花园协作医院；河北北方学院附属第一医院与北京协和医院建立了多学科业务合作关系，专家定期出诊讲学；北京积水潭医院与崇礼县医院，围绕奥运医疗保障开展全方位技术合作，准备援建一所高水平的运动创伤医院；北京同仁医院与张家口市第四医院、北京安贞医院与张家口建国医院、首都医科大学附属北京口腔医院与张家口口腔医院、北京胸科医院与张家口肺科医院、北京地坛医院与张家口传染病医院等合作深入推进，宣化区医院与北京和平里医院达成合作意向，张家口疾病预防控制中心被列入北京疾病预防控制中心科研和人员演练训练基地。在教育服务上，宣化科技职业学院与北京通用航空产业基地、北京世纪一品教育在航空服务、电子商务等 7 个专业进行合作；张家口市职教中心与当时的北京市环境与艺术学校、北京劲松职业高中、北京市外事学校联合办学，成为北京高铁公司高铁乘务员培训基地、北京地铁安检员培训基地、北京市公安局安保人才培养培训基地、北京英语口语证书考试（Beijing Oral English Certificate，BOEC）考点；张家口机械工业学校成为中国空间技术研究院（航天五院）、首钢等企业培训基地；张家口市一中与北京理工大学、宣化一中与北京大学、张家口市东方中学与北京体育大学、张家口市沙城中学与北京师范大学联合办学深入推进，张家口二中成为北京电影学院、中国美术学院生源基地。在环卫一体化服务上，北京环卫集团与张家口市签订了合作协议，双方将联合组建京张环境公司，打造京张环卫一体化示范区，张家口 6 个市辖区涉及 2022 年冬奥会的环境卫生工作，全部采取政府购买公共服务的方式交由北京环卫集团负责，还将共同组建京环大地环境装备制造有限公司，主要从事环卫车辆和环卫设备的生产制造业务。

当前，北京和张家口两地合作取得了一定成效，随着冬奥会各项工作的加速推进，北京和张家口两地合作更加广泛而深入，必将对落实首都城市战略定位、促进张家口绿色崛起、推动京津冀协同发展起到更加积极的作用。

第三节　国内外大都市圈区域合作的经验借鉴和启示

大都市区是城市化发展到较高阶段的新形式，其形成和发展是现代城市化进程的重要标志，也是21世纪世界城市化发展的主导趋势。随着我国经济社会的发展、城市化进程的加快，以及各个区域协同发展深入推进，改革和创新大都市的行政管理体制，减少大都市的公共问题外溢并加强其与周边城市合作，是促进我国区域协同发展，特别是促进京津冀区域协同发展的现实要求。北京和张家口两地携手申办和举办冬奥会是促进京津冀三地、北京和张家口两地合作的有力抓手，也是推进政府间合作的新形式和新途径。美国、英国、加拿大等发达国家，有成功的大都市区域治理经验，我国长三角和珠三角城市圈的成功，也积累了丰富的区域政府间合作的经验。笔者认为，充分借鉴国内外区域治理的成功经验，根据北京和张家口两地携手举办冬奥会的实际，积极探索京津冀协同发展的治理模式，可为破解我国大都市区域治理困境提供有益的理论依据和发展路径。

一、西方国家大都市区治理的简要情况

大都市区作为一种景观地理现象较早出现在西方发达国家，发达国家的城市化已经历了相当长的时间过程，其大都市已经普遍发展为大都市区。西方国家通过上百年的发展，根据本国家的实际情况对大都市区的发展与改革均采取了不同的解决思路和战略，都取得了十分显著的成绩。美国在大都市区政府治理过程中采取的是典型的多中心治理模式，英国在大都市区治理过程中采取了集中统一模式，而加拿大则通过建立单极体制对大都市区进行合并与重组。对西方国家较为成功经验的研究与借鉴，对于京津冀协同发展以及北京和张家口携手举办冬奥会背景下的北京和张家口两地合作有着十分重要的现实意义。

（1）基于多中心的美国大都市区治理模式。美国自建国伊始，自由主义、民权思想和地方自治作为重要传统植根于经济社会发展各个领域，三权分立的国家治理模式以及对民权的尊重无人能够动摇，实施单极制那种大而统一的管理模式在美国有着巨大的难度。因此，实施多中心模式就成为美国在大都市区治理问题上的必然选择。例如，纽约大都市区，分散化、多中心是其典型特征，在大纽约区域并未设立一个能够占据主导地位的政府机构来统辖区域所有公共事务，无论是纽约市，还是其周边纽约州其他各县、特区、学区，相互之间在治理关系中的地位是独立平等的，对于纽约大都市区域内公共性事务的治理依靠相互之间的协商加以解决。在美国，与纽约大都市区类似，其他大都市区内同样有着为数众多、独立平等的地方政府，根据美国人口普查局统计数据，纽约、洛杉矶等大都市区内地方政府的数量平均超过了100个，大都市区居民中每10万人中存在的政府数量达到了18个，虽然这种不相隶属的地方行政体制有利于调动地方积极性，但同时也使得依靠单一的地方政府来解决区域治理问题的努力无法实现，这就迫使大都市区内地方政府进行合作以解决区域内公共服务供给问题。研究表明，大都市

区中40%的中心城市和22%的郊区自治体都参与了共同设施建设。垃圾掩埋场是共同设施协定中最常见的合作项目，而污水处理厂、机场、医院也经常以此种方式进行建设和管理[77]。可见，分散化、多中心治理模式体现了美国地方自治的特点。该模式以地方政府单位主体地位保障为前提，强调地方政府在区域治理中自主地开展多样化的契约合作，而这种政府间多样化的合作形式，如购买服务、契约协作等，有效整合了区域内的公共资源，提高了资源的使用效率，增强了政府公共服务能力，为实现大都市区的善治奠定了基础。实际上，合约方式把市场法则引入政府行政管理领域，受到社会各界的普遍欢迎。因此，在美国的政治文化生态面前，在尊重地方自治基础上的多中心治理模式就成为了美国大都市区治理的主要路径。

（2）基于单极体制下的加拿大大都市区治理模式。加拿大尽管与美国初始人口来源、政治体制形成有很多相近的因素，但是由于各自建国方式的不同以及政治制度建设形式的差异，随着经济社会发展，加拿大大都市区的形成和发展与美国有着诸多差异。加拿大因其自身地理条件等因素，大都市区主要以国内的大型城市为中心而形成城市集聚区，最主要的是大温哥华地区、经济中心多伦多、曾经的经济首都蒙特利尔，以及以卡尔加里、埃德蒙顿和马尼托巴省首府温尼伯等大城市为中心的城市集聚带，其中卡尔加里、埃德蒙顿由于共处卡尔加里-埃德蒙顿走廊，被作为一个大都市区进行治理。20世纪50年代后，根据城市发展的需要，加拿大政府从结构性改革入手对大城市周边的区域地方政府进行改造，推进大都市集聚带治理。这一改造过程的最重要举措，就是以单极体制为核心，通过对大都市周边的小型城市进行整合，在大都市区建立一个能够履行完整行政职能的统一的政府，即在大都市区建立一个单中心的区域政府，以减少大都市区原有不同层级政府不必要的相互协同成本。单极政府是在大都市区内责权利统一的机构，政府责任与权利有着明确的界定，对于大都市区内的区域性事务由大都市政府承担，地方政府不再考虑协调事宜而专注于城市本身的公共服务职能。这样就从大都市政府与地方政府之间的职能上进行了明确划定，各司其职、互相协作、互为补充，有效规避了职能的重叠实施和公共服务重复投入。这些通过城市合并和职能重构所实施的举措，对地区财政带来了十分显著的效果。1998～1999年度，大都市改造后的财政结余111.8万美元。

（3）基于集中统一下的英国大都市区二级治理模式。英国在政治体制上是君主立宪制，鉴于英联邦发展历史和英国国家形成的原因，英国在国家结构上是单一制国家，相对于地方行政机构，英国中央政府的权力优于地方政府，而在管理方式和过程中则根据需求授予地方政府。英国在世界史发展进程中的地位决定了大伦敦区在相当早的时间就成为大型的都市区，同时，随着英国经济社会及政治体制改革，中央政府对大伦敦区的管理方式和治理模式实施了很多次改革，积累了丰富的经验和教训，其中成功的案例就有“雾都”治理。笔者研究水平有限，鉴于掌握的资料，简单地介绍一下大伦敦市区政府治理的特点。在结构方面，政府体制层级少，与加拿大类似的是，大伦敦区域内政府在体制上是两个层级，不是纵向管理而是扁平式互补与协作。而对于伦敦大都市区的治理体制，伦敦自治市（包括伦敦城）实行议行合一制，即代议权和行政权合一。自治市议会负责自治市的治理，具体执行由自治市议会的各种委员会操作。这种体制，一方面能确保地方自治权的实现，另一方面能提高地方公共事务治理的连续性和统一性。对于大伦敦政府二级管理模式的职能设置方面，大都市区政府下辖的自治市通过法律途径进行明确划分，伦敦市政府即大都市区政府承担本区域内的发展规划和区域治理，下级自治市政府则按照整体规划和发展战略，对区域内民众提供相应公共服务。

综合上述美国、英国、加拿大三个西方发达国家大都市区域治理过程中的成功经验部分，他山之石可以攻玉，结合国内大都市发展的实际，借鉴应用西方国家在大都市区治理的成功经验，必将能够为破解我国大都市区域治理、解决北京等大都市发展问题提供许多有益的借鉴。

二、国内城市圈政府间合作的基本情况

从政府间合作的特点看，中国的地方政府合作关系属于“政府主导型”，当前，我国地方政府的合作可以分为以下三种方式。①组织搭建：地方政府间合作中组织机构的创设和组织程序的建构，如长三角的“沪苏浙经济合作与发展座谈会”。②功能互补：产业优化、经贸合作和基础设施的统筹管理，地方政府间合作的视角较多地关注区域内产业布局、产业结构优化、发展外向型经济等有关合作经济战略性发展问题。③对口支援：发达地区在资金、技术、人才等方面支援欠发达地区。目前，珠三角是国内较为成熟和成功的区域合作典范，有较为成熟的合作机制，特别是在合作过程中非常注重区域的统一规划和顶层设计。在顶层设计方面的实例，广东省作为改革发展的先行区，对于区域发展有着较早的统筹考虑，如对珠三角的环境承载力问题，在 2004 年就通过省人大立法的形式制定和实施了保护规划。同样，作为改革试点，国务院在 2008 年 12 月批准实施了《珠江三角洲地区改革发展规划纲要（2008—2020）》，规划规定珠三角区域要破除体制障碍，按照政府推动、市场主导等原则创新区域内合作的体制机制。更为重要的是，国务院在《珠江三角洲地区改革发展规划纲要（2008—2020）》中明确了珠三角区域一体化时间表，即到 2012 年基本实现基础设施一体化和初步实现经济一体化，到 2020 年实现区域经济一体化和基本公共服务均等化。为落实国务院要求，广东省

于2009年9月开始编制《珠江三角洲产业布局一体化规划（2009—2020年）》，以此推动珠三角区域城市明确定位、产业协同和有序发展，打造层级清晰、布局合理、相互协同的区域发展格局，进而从更深层面推进珠三角区域的协同发展。位于改革先行试点的珠三角区域，经过30多年发展，通过对内部各城市经济的优化定位，以及对空间结构实行的调整，整个区域的经济实现了质的飞跃，仅从人均国内生产总值一项数据就可以看出（图4-1和图4-2）。

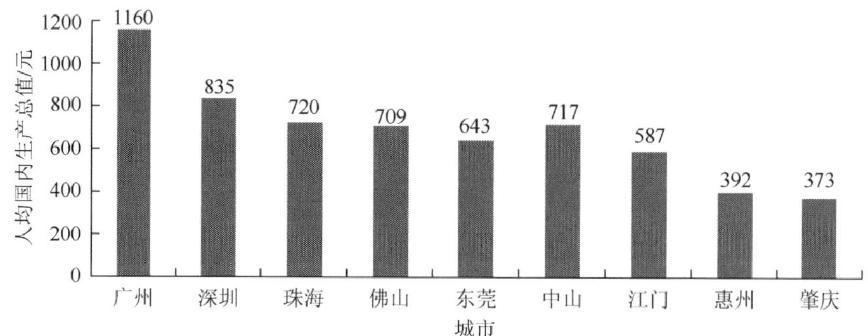

图4-1　珠三角区域主要城市人均国内生产总值（1980年）

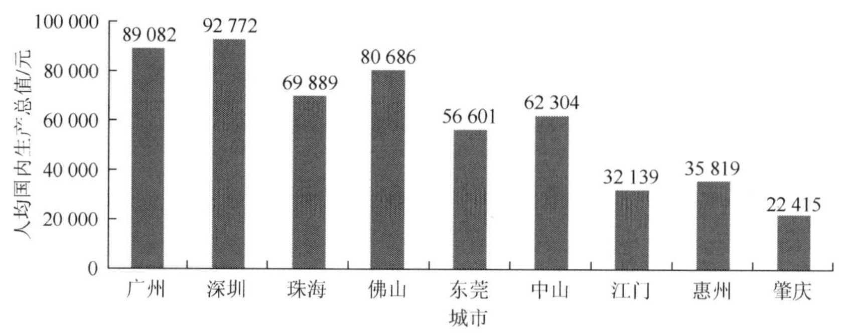

图4-2　珠三角区域主要城市人均国内生总值（2009年）

资料来源：《广州统计年鉴》（1981～2010年）

经济合作在地方政府合作领域占据主要地位，经济发展和利益的追求是政府发展最原始的动能，同时也是政府合作的最主要动力，因此政府间的合作通常都是从经济发展层面予以开展和启动的。随着经济社会信息化的发展，地方政府间的合作领域不断扩展和创新，在合作中各方也取得了良好的效益，从长三角发展来看，能够清晰地反映出区域政府如何通过经济发展合作牵引拓宽合作的范围及内涵。

从政府间合作的成果看，随着区域合作的深入、合作领域的拓展，经济社会发展也收获了突出的成果。根据2014年的统计数据，长三角区域上海、南京、宁波等16个处于中心区域的城市国内生产总值达到10万亿元，年均递增速度达到9%，长三角区域以占全国面积2.1%的比重，实现了占我国国内生产总值近1/4的经济体量，贡献了25%以上的工业增加值。同时，在珠三角区域，在经济发展过程中由于互补作用、协同发展效应的发挥，区域内部发展优势更加凸显，特别是充分发挥了临海、临港作用，珠三角内各个政府在发展外向型经济和对港经济方面合作不断增强，根据商务部统计，以珠三角为主力，中国内地与香港两地贸易量在2015年达到了3443亿美元。

三、对北京和张家口两地合作的启示

从上述分析总结国内外大都市圈的发展状况可知，地方政府间的良性合作都取得了较为良好的成果，这些成果和范例对于京津冀协同发展，以及处于北京携手张家口筹办冬奥会大环境中的京张两地，特别是对北京和张家口两地如何率先突破京津冀协同发展的诸多制约瓶颈问题，具有很强的示范与引领意义。

1. 制定统一的发展规划

如果认真分析发达国家环首都区域的经济社会发展状况，不难看出，这些发达国家在首都周边都形成了以首都区域为核心，带动周边区域协同发展，并在其国内形成有着强大竞争能力的环首都经济圈。正如前面分析过的西方国家都市区中提到的英国伦敦大都市区，以大伦敦区域为核心，以利物浦为副中心形成了涵盖若干个城市及城镇的首都都市圈，这个区域已经成为全英经济中心和贸易核心。这些西方国家首都都市圈的发展，最核心的是它们极为重视从整体规划出发来统筹首都区域的发展，尤其是首都与周边区域政府的协同合作。

我国在计划经济时期，不是十分重视区域协同发展，包括以首都为核心的京津冀区域，无论是区域产业、相互协作，还是辐射带动都没有制定过相应的规划，而是更多地从北京是首都这一简单定位出发，更重视周边区域对首都的服务性职能。正如北京与张家口在区域中的关系，在中苏关系紧张时期，张家口对于北京更重要的是“保卫”，区域内有集团军规模的驻军，要求是守卫好北京的“北大门”，因此张家口在改革开放后很长一段时间不允许对外开放；其后一段时间，张家口与北京之间的合作更主要体现在“保障”，张家口发挥更多的是提供农产品、饮用水、电力及维护首都护城河等区域职能，而对于区域经济向更高端发展的优质要求却向北京汇聚，发展不平衡的现象日益突出；在京津冀区域协同发展提出前，张家口与北京的合作更主要体现在“保护”，以“三北防护林”、京津风沙源治理等工程为代表，张家口在履行保障职能的前提下，又增加了保护首都周边生态环境的功能，而上述这些远离经济发展的职能，使张家口的发展长时间滞后，而类似的问题在河北环首都的承德、保定等城市也有体现，北京作为首都都市圈核心，没有能够有效发挥应有的带动、协同、共享等作用。

面对京津冀协同大背景下的2022年冬奥会，习近平总书记提出要举办一届精彩、非凡、卓越的冬奥会，这对张家口来讲既是一个巨大挑战，也是一个机遇，需要借助冬奥会提升自身基础设施、城市管理、产业发展、人才等各个方面的水平。将这一命题放在北京与张家口政府合作层面来讲，需要北京和张家口双方同向转变思路，着眼于为区域协同发展服务，尽快编制北京、张家口协同发展的具体导引性规划，在基本区域功能定位的基础上，细化北京与河北、张家口对于产业互补、规划统筹、利益补偿、法律机制等各个方面的设计，强化区域内相关投资、产业、财政等政策机制的协调，使政策机制更有效地发挥其放大集成的效应。

2. 建立大区域协调机制

京津冀经济圈既不同于市场化程度高、地理条件和人文环境趋同的长三角，也不同于在同一省域的珠三角。特别是对于北京和张家口来说，它们是两个不同行政区划、不同行政层级的城市。北京作为首都和直辖市，党委的负责人通常都是政治局委员，并有极大可能进入党和国家的最核心领导层，因此，在我国现行体制下，河北省作为普通的省级政府，话语权有着先天的弱势；至于张家口，作为河北省下辖的地级市，直接与北京在合作过程实现对等的权利更加困难。前面提到的西方国家大都市区治理模式中的加拿大大都市区，通过合并城市建立拥有统一完整行政权力的单中心政府，从体制层面破解了政府间协调沟通的行政障碍。北京携手张家口筹办冬奥会已经组建了国家层面的领导小组和高规格的冬奥会组织委员会，作为两地筹办冬奥会的领导机构。但是，笔者认为这一机构还不足以推进北京和张家口更多领域的合作，应该在此基础上，再成立一个实质性的、更高规格的大区域协调机构，作为推进北京和张家口具体项目、工作的领导机构，并成立区域合作协调委员会，这样有利于增强河北及张家口的话语权，充分发挥北京和张家口的优势，推进北京和张家口共赢，逐步提升张家口整个城市的发展水平，为成功举办冬奥会做好保障和基础工作。

3. 适当设立特别行政区

党中央、国务院的意图不仅是要举办一次成功的冬奥会，而且是通过冬奥会，推进京津冀协同发展，带动北京周边欠发达地区的发展。北京和张家口携手举办冬奥会，将北京和张家口紧紧绑在一起，使张家口在京津冀协同发展过程中，增强一定话语权，其毫无疑问也会获得中央、北京和河北省更多的支持。

第四节　推进北京和张家口携手筹办冬奥会的对策建议

冬奥会是一项国际顶级赛事，是一项复杂、系统的工程，涉及成千上万项的筹办工作。每一环工作都需要统筹协调推进。因此，筹办冬奥会必须要处理好资金投入、机构组建、管理成本控制、赛事本身与经济发展等诸多方面的关系，这必然涉及两个政府之间的相关合作机制的探索与建立等重大问题。

一、资金投入责任的确定

无论世界任何一个国家或城市，举办一届成功的大型奥运赛事离不开大量的资金投入。20 世纪 70 年代以来，虽然国际奥委会对办奥机制、运营管理、利益分配等不断进行改革，但是除洛杉矶夏奥会和亚特兰大夏奥会外，其他国家的城市举办的奥运赛事都投入了巨大的资金建设奥运场馆、相关基础设施，以及进行赛事运营和设施维护，这些投入在赛事筹办期间甚至赛后成为主办城市政府财政的沉重负担。希腊雅典奥运会组织方在场馆建设、赛会运营等相关方面的预算支出超过 120 亿美元，庞大的预算支出让希腊政府陷入严重的财政危机，而这种危机的影响到现在还未结束。由于筹办奥运会投入日益庞大，国际奥林匹克运动的发展遭遇到许多困难，尤其是俄罗斯索契冬奥会相关投入超过 500 亿美元，巨大的投入和财政担保承诺的压力，迫使很多城市在申办奥运会面前望而却步，如申办 2022 年冬奥会的奥斯陆、慕尼黑等城市都是因为财政问题，民众担心背负沉重债务，影响民生，而得不到国内民众支持，相继退出申办。为了促进奥运会的发展，国际奥委会出台了《奥林匹克 2020 议程》，限制比赛规模，节俭、市场化办赛，并给予承办城市资金支持。北京携手张家口举办冬奥会，党中央、国务院及北京 2022 年冬奥会和冬残奥会组织委员会明确提出了节俭办赛的理念。习近平总书记指出要举办一届精彩、非凡、卓越的冬奥会。依据节俭和可持续发展的办赛理念，利用社会力量和社会资金做好 2022 年冬奥会的筹办工作，对于今后其他赛事的筹办工作具有极其重要的指导和现实意义。

2022 年冬奥会新建场馆大部分位于张家口赛区，根据北京冬奥申委的申办报告，需要利用社会资本建设；水电气讯、综合交通等配套基础设施建设，投资规模巨大，更需要引入社会资本。因此，充分利用社会资源，用市场机制筹措更多的资金，对办好冬奥会是一项重要任务，也是一个重大紧迫的课题。通过分析研究，笔者认为，北京和张家口携手承办冬奥会在资金筹集上，应把握四个原则：一是以市场为主、政府为辅，充分发挥市场机制和市场力量在资源配置中的决定性作用；二是分类施策、多管齐下，采用多元化融资模式；三是打破垄断、降低门槛，放开部分行业和领域的市场准入；四是创新突破、先行先试，出台一些实验性、示范性的政策措施。从项目投融资渠道看，可分为政府财政拨款、社会资金（包括 PPP 模式、社会资本捐赠等）、资本市场融资（如资产或收入证券化、上市融资、筹集风险资金等）等方面。结合张家口承担的任务，笔者初步梳理出了以下几种市场化运作模式：一是 PPP 模式。对于供排水、供热、供气、垃圾处理等具有明确收费基础的经营类项目，可采用特许经营方式；对于医疗、培训、交通、人才教育培训等准经营类项目，可采用股权合作方式；对于政府出资建设的残疾人冬季训练基地和康复托养中心、冰雪博物馆等非经营类项目，可采取租赁、重组、转让等方式。二是捆绑模式。将冬季两项中心、北欧中心与奥运村及赛区适当范围的土地开发权捆绑，调动社会资本参与积极性；将机场改扩建、公交客运配套设施建设和无障碍设施建设等公共设施与项目所在区域的商业开发捆绑，吸引社会参与。三是融资租赁模式。对于应急救援直升机、大型医疗器械等可移动设备，可采取直接租赁的方式；对于已经建成的基础管网或已经购置的机器设备等，可采取售后回租的方式。四是基金模式，通过机构私募方式，募集冬奥基础设施产业投资基金，主要投向河北张家口区域。同时，针对项目的不同情况，上述融资模式可通过结构化安排混合使用。另外，还可以探索资产证券化、股权融资、上市、债券等多元化融资方式，最大限度地优化融资结构，最大限度地吸引社会参与。

从张家口本身来讲，笔者认为，因为该市经济落后，历史欠账较多，特别是基础设施建设严重滞后，与北京和国内先进地区，以及与索契、平昌等冬奥会举办城市相比落差悬殊，所以特别需要社会力量和社会资金，最大限度地利用社会融资平台，以及一切可以利用的手段和渠道，筹集资金进行大规模建设，才能缩小或拉平差距。同时，张家口作为欠发达地区，的确存在融资空间不大的问题，需要北京冬奥组委和北京在工作中予以高度重视与大力支持。例如，对个别赛后利用率不高、招投标困难的比赛场馆，可考虑政府按一定比例出资；在规划阶段就控制好周边土地的出让，在引入投资者时，可将场馆周边具有房地产开发价值的土地，与项目打捆开发建设，并对投资者提出开发建设上的标准和时序要求等，既可以避免房地产商的大量无序涌入，又可以为地方政府投资建设场馆等设施解决资金问题。

二、组织机制效率的保障

大型国际赛事涉及纵向和横向的单位多、内外上下协调任务重，建立一套科学合理、责任清晰、协调有序、高效快速的组织机构是筹办和举办好大型国际赛事的基础与前提。以 2010 年广东筹办亚洲运动会（以下简称亚运会）为例，广东省为加强对“三会”（亚运会、亚洲残疾人运动会、世界大学生运动会）工作的领导和协调，成立了“三会”筹办工作领导小组，省长任组长，主管副省长任副组长兼办公室主任，省政府主管副秘书长任办公室常务副主任，协调解决“三会”筹办过程中的重大问题；广州亚洲运动会组织委员会（以下简称广州亚组委）的机构和人员基本由广州市市直部门及相关区政府组成，同时实施属地保障政策，将人才、资源集中配置到市属区县，明确了属地责任，提高了属地保障能力，保证了工作效率。同时，为了保障场馆建设和赛事运行，广州亚组委成立了场馆团队，是具体负责场馆赛事运作的综合性组织。广州亚组委共组建了 99 个场馆运行团队，包括 48 个竞赛场馆团队、17 个独立训练场馆团队、11 个非竞赛场馆团队和 23 个专项工作团队。其运行模式是以单个场馆为基本组织单元的“块块”管理模式，对上接受赛事各级运行指挥机构指挥，对下协调内部各业务口按赛事时间刻度同步运作，对外协调场馆外围保障团队提供支持和保障服务。从大型综合性体育赛事筹办规律和广州亚运会的经验来看，随着不同阶段工作任务重心的变化，赛事筹办工作体制也须发生相应变化。筹办工作初期一般以政府职能部门为主体来开展工作，随着赛事进程全面推进，场馆成为各项筹备工作的最终落脚点，广州亚组委承担的各项职能要下沉到场馆，各类人、财、物等资源都要配置到场馆，各项运行方案和指挥机制也要落实到场馆。

2022 年冬奥会的筹办工作，党中央极为重视，习近平总书记 2015 年 8 月 20 日主持召开了政治局常务委员会，决定成立由张高丽同志担任组长，刘延东和郭金龙同志为副组长的第 24 届冬奥会工作领导小组，并组建由郭金龙同志担任主席的北京 2022 年冬奥会组委会，2015 年 12 月 15 日北京冬奥会组委会成立大会召开，标志着 2022 年冬奥会筹备工作正式拉开帷幕。北京、张家口携手举办冬奥会，是在两个不同行政级别、不同区划的城市间的合作，与国内广州亚运会和南京青年奥林匹克运动会（以下简称青奥会）一个省内区域、一个城市举办相比有其自身的特殊性。因此，在组建筹办机构时，要明确任务，理清职责，特别是理清河北省与北京、张家口等各方面和各层级的职责边界，明确需要河北省和地方政府特别是省一级所承担的任务和权限，确保筹办阶段各项工作顺利推进。同时，在组织人员及人才方面，北京巨大的人才资源，要给予张家口全力的支持，才能有效确保筹办工作标准统一、不走弯路。

三、管理运行成本的控制

在市场经济条件下，任何一种商业行为都必须考虑成本的控制。举办奥运赛事，虽然是一个国家或地方政府的一项公共行为，但随着奥运的发展，其商业行为也更加突出，因此，在资金管理上必须强化对管理运行的控制，优化成本投入，使政府财政资金投入和市场融资的资金得到最有效的配置。奥运会的运营从某种角度讲就是企业的运营，因此，对于成本的控制需要围绕成本会计方法，预定限额开支和成本费用，以期实现乃至超过预期的成本限额。从政府公共行为的角度来讲，成本控制主要是指在实施某一项公共行为中，必须严格控制成本，降低风险，将政府公共财政投入的资金最大化地利用。举办大型体育赛事可能对一个城市的硬件和软件建设均有明显的刺激作用，也意味着大型体育赛事的主办地要在短时间内投入巨额资金以完成赛事的各项筹备工作。组织举办奥运会等大型体育赛事的相关费用高昂，使控制成本越来越成为政府关心的问题，有的甚至放弃举办。最为典型的是考虑到政府财政状况遭遇的困境，意大利政府对罗马申请 2020 年奥运会没有提供政府资金担保，招致罗马放弃申办 2020 年奥运会。此前，加拿大蒙特利尔市政府为举办奥运会欠下财政债务，市政府从赛后一直还到 2006 年才完全结清。因此，作为一种公共资源的投资利用，也必须要考虑成本，尽可能地减少投入，降低承办赛事的风险，避免背负沉重的政府债务。通常对于奥运会这样的大型赛事而言，组织举办赛事的支出主要是直接成本与间接成本，直接成本包括申办支出、相关场馆建设、赛事组织等硬性成本，间接成本主要是为举办赛事进行的有关公共服务基础设施等外部建设所带来的成本。因此，无论是北京赛区还是张家口赛区在组织筹办冬奥会的过程中，必须对赛事成本控制给予高度重视，组织专业团队对赛事的成本和收益进行分析与估算。同时，要树立节俭办赛的理念，在筹办过程和赛事举办中，一定高度树立节俭办赛的理念，不论是赛事组织还是场馆建设，无论哪个环节都要按照预算实施，不得随意改动。在此基础上，还应当建立严格的财务监督审计制度，对每一项资金的使用都要严格审计，全程跟踪。另外，要将体育赛事融入整个城市发展规划中，让居民自觉地融入冬奥会的举办中，进而引导民众树立低碳生活的观念意识。

四、体育与经济共赢的规划设计

当前，举办奥运会、世界杯等大型国际赛事成为各个国家推进经济社会发展的重要途径之一。美国这样的发达国家也不例外，尽管已经举办过四届奥运会，但是正是出于推动发展的需要，2015 年 1 月 8 日，美国奥林匹克委员会又确认波士顿将代表美国申办 2024 年夏奥会。中国作为发展中国家，随着经济的迅猛发展，借助举办国际大型赛事促进经济转型发展、提高国际知名度、发展体育事业的需求也在不断地增长。国内已有不少城市通过举办国际赛事，将体育与经济发展规划相统筹，取得了重要经济成果。北京 2008 年奥运会的成功举办，对于加快中国经济走向强大、强盛，促使北京成为充满活力的国际大都市起到了非常显著的作用，向国际社会展示了中国的良好形象。江苏南京借助举办青奥会的契机，确定了亚洲体育中心城市、世界体育名城的发展目标，谋划建设了江北新区并正式上报国务院，被批准为第 13 个国家级新区。广州以亚运村为核心，在广州南部发展起一个新城区，有效推动了广州“南拓”的发展战略。哈尔滨借力世界大学生冬季运动会和冰雪品牌，成功打造了亚布力中国企业家论坛，使之成为中国历时最为长久、规模最为庞大的民间经济论坛。由此不难看出，组织举办大型的国际和国内体育赛事，对于一个国家、一个城市经济文化、基础设施以及城市其他项目等多个方面的发展，都能够发挥十分重要的助推作用。但是，如何借助大型体育赛事推进经济发展，笔者认为，最关键、最重要的是能否将体育赛事与当地经济发展规划相统筹、相融合，这也是北京和张家口携手举办冬奥会需要解决的问题之一。

因此，对于河北省及张家口而言，应该抓住冬奥会和京津冀协同发展这两大机遇，使奥运经济融入京津冀协同发展，以区域协同发展支撑冬奥会，大力发展奥运经济，统筹区域协调发展。建议尽早启动京张体育文化旅游带规划编制，加快张家口可再生能源应用综合创新示范区、国家生态文明先行示范区和区域工业绿色转型发展试点推进步伐，谋划设立张家口保税区等，争取国家在土地指标、税收优惠、重大项目布局、人才引进等方面的政策支持，最大限度地用好奥运红利。特别是张家口，是 2022 年冬奥会的赛区之一，应以北京和张家口携手举办 2022 年冬奥会为引擎，以“奥运精神、奥运意识、奥运标准”为引领，大力发展奥运经济，根据冬奥会的需求，继续完善《张家口市城市总体规划》和《张家口冬奥配套设施规划》，将经济社会发展与举办冬奥会统筹起来，加强对各类资源的整合、控制，有计划、分层次进行适度开发，加快实现基础设施建设取得重大突破、城市建设取得重大突破、区域合作取得重大突破，既要为举办一届成功的冬奥会提供支撑，又要使这种支撑有利于长远发展，促进张家口尤其是崇礼区的可持续快速发展。

第五节　展　　望

京津冀协同发展战略影响和带动着周边三个省级政府和若干个城市共同发展的成效，是中国特色的特殊城市群形态。纵观世界各国经济社会发展情况，环首都周边的经济圈都处于举足轻重的地位。巴黎都市圈是法国乃至欧洲最重要的经济和政治活动中心，以占法国 2.2%的国土面积，聚集了法国 20%以上的人口、法国 30%的国内生产总值和法国 25%以上的外贸额；伦敦都市圈是英国的政治中心和核心经济区，同时还是许多国际组织的总部所在地，在英国 18.4%的面积上集聚了英国 60%的人口和英国近 80%的经济总量。2015 年，京津冀三地地区生产总值达 69 312.9 亿元，以占中国 2%的面积，贡献了中国 10.2%的经济总量，已经成为我国一个新的且非常具有发展活力的都市群。但是，京津冀区域与发达国家首都周边经济圈相比还有很大差距。当前，京津冀协同发展上升为国家战略层面，京津冀区域发展迎来了最佳的机遇期，北京携手张家口举办冬奥会更为这一区域协同发展带来了强大的推动力和实体化的切入点。可以断定，未来几年的时间必将是京津冀区域协同发展的黄金期，整个区域的经济社会将实现跨越发展，进而带动首都周边贫困地区脱贫致富，特别是将欠发达的张家口区域融入北京一小时经济圈，成为世界级的冰雪运动基地、冰雪产业基地。正如著名经济学家、北京大学经济学院教授曹和平提到的，“到 21 世纪中叶，京津冀一体化将重现当年洛杉矶的崛起，这是一个世纪性的超级大国事件”。京津冀协同发展、北京和张家口政府合作以及举办 2022 年冬奥会，为京津冀区域发展注入了新的动力，也为国内区域政府间的合作研究提供了广阔的研究平台。本书只是笔者的阶段性研究，由于笔者的理论水平有限，本书内容尚有许多短板和不足。今后，笔者会进一步加强这方面的学习研究，不断提高自身的理论知识储备，加强调查研究，在现有的研究基础上进行更深入、更全面的探索，以期获得进一步的研究成果。

第五章　保定市政府购买公共服务的实践探索与评价

第一节　概　　述

一、研究背景

2013 年 7 月，国务院总理李克强主持召开国务院常务会议，研究推进政府向社会力量购买公共服务工作。会议要求放开市场准入，释放改革红利，将适合市场化方式提供的公共服务事项，交由具备条件、信誉良好的社会组织、机构和企业等承担。凡社会能办好的，尽可能交给社会力量承担。会议还对政府购买公共服务的实施办法、购买方式、资金管理、监督评价等方面提出了一系列具体要求。可见，政府向社会力量购买服务已经成为中央非常重视和大力推动的一项工作。我国社会主义市场经济的发展、经济政治管理体制改革的深化，让政府不断思考重新构建政府与市场、社会的关系问题，并以此为指导进行了一系列的改革。政府向社会力量购买公共服务也是改革中的重要一环。一方面，政府为了精简职能、提高效率，建立了政府采购制度，从市场上购买物品和服务，推动了政府的市场化改革，并大力推动行政审批事项的取消和下放。另一方面，从财政的角度来看，政府财政资金的使用绩效一直都受到质疑，如何以有限的财力提供更有效的公共服务，引入市场购买机制，更多地借助社会的力量，建构财政资金使用上的竞争机制和市场机制，也是财政领域关注的问题。向社会力量购买公共服务，是这些挑战之下做出的新选择和新尝试。

近年来，各地政府在购买公共服务方面做出了各种尝试。河北省更是首开先河地制定了一系列管理办法和规定，通过制定购买目录、审核社会组织购买资质、制定监督管理办法、绩效评价等一系列措施，为政府向社会组织购买公共服务的顺利推进建立了一套机制和制度保障。河北省保定市目前也正在积极进行政府购买公共服务的新尝试。为更好地把握改革中的基本方向及关键问题，本书以保定市为研究对象，就其制度保障、运行机制、实施效果及存在的问题做深入分析，借以探讨进一步的完善思路和改进对策。

二、研究意义

在当前社会条件下，随着经济的飞速发展，经济建设已经取得了令世界瞩目的巨大成就。但是随之而来的各种社会矛盾和社会问题也在不断累积，甚至有可能在未来某个时间集中爆发，这是我们必须要面对和解决的重大问题。转变政府职能改革也到了深水区，对于如何精简政府机构和政府职能、提高政府效能、提高财政资金的使用效益，中央、地方各级政府都在探索可行之路。而向社会购买公共服务是解决这些问题的一个重要方式。

政府购买公共服务，有其自身存在的必要性。首先，政府购买公共服务是缓解政府财政支出压力、改善公共服务质量的重要途径。随着经济社会的发展，公众对公共服务的需求日益多元化，政府独自提供所有的公共服务的难度越来越大。政府仅依靠现有的机构和人员，很难全面了解社会对公共服务的实际需求，也难以全面提供有针对性的服务。而向社会力量购买公共服务的方式可以解决包括养老服务、社区公共服务、就业服务、其他专业服务等在内的各种民生问题，是提升公共服务质量、节省财政资金、缓解政府压力的重要方式。本书着重研究政府购买公共服务中存在的问题，对购买的主体、范围、制度等进行分析，期望以之为政府购买公共服务行为的规范、对象的明确、责任的清晰划分、流程的进一步完善提供参考，对保定市政府购买公共服务具有较强的实践指导意义。其次，政府购买公共服务是政府职能转变、市场化改革的重要途径，也是最后重新认识政府与市场关系的结果。它以公共服务的市场化、社会化为导向，以社会力量更深程度了解市场、了解社会需求的实际为基础，以满足多元化的公共服务需求、提高政府效能为目的，有助于从根本上解决政府与市场的关系问题，全面树立社会主义市场经济的主体地位，提升政府管理效能，提高公共服务水平。政府购买公共服务改革能够使政府从具体的公共服务生产工作中脱离出来，从公共服务的唯一提供者转变为公共服务提供的规划者、资金保障者、合作者、激励者与监督者，促使政府进一步向精简、高效的有限政府转变。最后，政府购买公共服务对培育和发展社会力量具有重要意义。购买公共服务虽然是由政府主导的，但是承接和具体提供公共服务的其他社会主体也必须投入大量人力、物力。通过承接政府购买向社会提供公共服务，私营部门、社会组织和机构能够找到更大的生存与发展空间，对和谐社会的构建、市场竞争的形成、社会矛盾的缓解都具有重要价值。本书把承接政府购买的社会主体也作为研究的重要方面，既拓展了研究视角，也有助于全面理解政府购买公共服务的意义所在。

三、研究现状评述

推行政府购买公共服务是公共管理领域的一项新事物。近年来，专业人士围绕以下问题进行了有益的研究。

一是政府对购买服务的观念认识不到位问题。政府购买公共服务代表的是一种公共服务的新型供给方式，买方和卖方之间是平等自愿的关系。但是，一些政府对这些问题的认识不充分，对己有利的事情不愿交出去。正如徐卫芳在《政府购买公共服务路径选择》中提出的，购买服务须引入评价机制，地方政府要变“政府配餐”为“百姓点菜”，让群众提出想法和建议，不能使购买服务流于形式[78]。此外，在政府购买公共服务的过程中，有些部门担心改革会损坏自身的利益，造成权力资源减少，故把应该推向市场的事项变换方式仍由政府承担，进而出现服务“真空”或监管失职。对于这一现象，政府需要对其职责进行细致梳理，对哪些属于公共服务，哪些公共服务应通过购买方式解决，做出明晰的界定。

二是政府购买公共服务运行机制不完善问题。首先，购买服务的范围不明确。周庆华和何菲对河北省现有的政府购买社会服务制度进行了分析研究，发表了《河北顶层设计政府购买社会工作服务制度》，指出目前河北省政府购买公共服务尽管涉及领域较广，但在教育、文化等主导性公共领域购买的服务较少。各地对项目选择的原则、标准、条件都不统一，政府购买什么类型的服务项目、购买多少、怎么购买等都还存在着一定的随意性，缺乏完善的项目选择机制[79]。其次，购买服务的招投标机制有待规范。邱益中在《政府购买公共服务要有制度规范》中指出，公开、公正的招投标信息发布制度，严格的投标方资格审查制度，以及招投标的方式、程序和评估规则都需要进一步完善[80]。最后，有效的资金保障机制亟待建立。马得清在《河北省出台实施办法——政府购买公共服务严禁转包及超预算》中指出河北省政府购买公共服务资金管理的缺陷，部分政府购买公共服务的项目资金没有列入财政预算，政府各部门之间缺乏统一协调的意见和行动，对资金安排造成困难是阻碍我国政府购买公共服务发展的一大问题[81]。

三是政府购买公共服务领域竞争乏力问题。我国政府购买公共服务的组织发展的现状并不乐观，现有独立社会组织发展缓慢，规模偏小，能力偏弱，自身实力不足，对即将到来的政府购买缺乏信心，甚至无法承接所有政府购买公共服务的内容。社会组织发育不成熟与承接能力不足，成为制约政府购买公共服务的重要因素。

四是政府购买公共服务的监管制度不健全问题。虽然购买的公共服务是由社会组织提供的，但是政府作为出资者，责任依然存在，既要对服务项目的实施过程进行监管，也要对完成的服务项目进行绩效评价。针对政府购买公共服务的监管制度和绩效评估机制的问题，邱益中认为，目前实践中缺乏一个专门机构对公共服务的质量和效果进行科学系统的监管与评估。由于公共服务项目具有非量化性、绩效滞后等特点，虽然购买服务合同内容涵盖了一些主要的、基本的方面，如合同对双方权责的规定，但往往表述不够明确，缺少具体的量化指标和规范的工作流程[80]。

第二节　主要概念及其理论基础

政府购买公共服务已经在世界范围内很多国家和地区实行。在美国称为购买服务合同或合同外包。在我国香港则与社会福利服务资助含义类似；在我国内地，按照政府的有关文件，则称为政府购买公共服务。所谓政府购买公共服务，指的是政府在社会福利的预算中拿出经费，向各类提供社会公共服务的社会服务机构，直接拨款资助服务或公开招标购买社会服务。该概念主要与公共服务、公共服务需求与供给以及政府采购相关联。

一、基本概念

（一）公共服务

“公共服务”的定义已在中国得到了广泛的运用，但是什么才是公共服务，大家却有着不同的看法。公共服务是与私人服务相对应的一个概念。其根本区别在于，这种服务满足的对象是公共性的还是私人性的。它一般包括广义和狭义两个层面的含义。因为国家本身就具有公共性，政府使用公共资源从事的所有工作都可以视为公共服务，这是广义范围内的公共服务。换句话说，按照广义的公共服务的理解，政府的全部职能就是提供公共服务。很显然，按照这种广义的定义，政府购买公共服务将无法做出具有实质性意义的理论和操作。所以在具体的研究和实践中，一般将公共服务界定在一定范围内，即狭义的公共服务。

通常认为现代社会中的公共服务是指政府运用公众权力和公共资源向公民所提供的各项生活性与福利性服务，不包括生产性公共服务和国防建设、国家外交等。认为公共服务是指具有公共性或准公共性，用于支撑经济社会正常运转，直接满足全体或部分公民生活和发展的共同基本需求的服务项目及其提供服务的过程。公共服务既包括科、教、文、卫等无形的产品，也包括铁路、公路、机场等有形的产品。

（二）公共服务需求与供给

英国经济学家约翰·穆勒曾提出公共物品可以私人生产和经营，通过公共支出和私人承包相结合的方式提供公共物品[82]。20 世纪 60 年代，埃莉诺·奥斯特罗姆提出区分公共服务“提供”和“生产”的问题，认为提供是征税和支出决策，决定适当类型的服务及其供给水平，并安排生产和监督；生产是把投入转化成产出[83]。同时，作为提供公共服务的政府组织并不一定生产该项服务，可以从生产者那里购买服务。按照美国学者萨瓦斯的观点，公共服务的生产者直接或间接地向消费者提供服务，而服务提供者则指派生产者向消费者提供服务，指派消费者向生产者购买服务或由消费者选择服务的生产者[84]。提供者不等于生产者，两者可以为一，也可以分离。某种公共物品到底由谁生产，即提供者和生产者是否分离，主要取决于成本核算。公共物品提供和生产相对分离理论意味着公共物品供给多元化。公共物品供给多元化，表明社会公共服务的提供和生产可以相对分离，企业、社会组织或个人等“生产服务”由政府购买，是政府履行服务职能的更加有效的方式，可以更好地促进社会公共事业发展。

（三）政府采购

政府采购是指各级政府机关、事业单位在法律允许范围内，使用财政性资金获得货物、工程和服务的行为。政府采购作为政府一项综合行为，包括购买这一活动的过程，也包括由政府制定采购的相关政策、规定、程序等。其中，政府将社会和公众需求的公共服务项目转交给合适的社会力量来完成，并按期支付相应费用的行为也属于政府采购的内容之一。因此，政府购买公共服务包含在政府采购的大概念之中。

政府采购的主体是政府，是一个国家内最大的单一消费者，购买力非常大。据统计，20 世纪 80 年代，欧共体各国政府采购的金额占其国内生产总值的 14%左右（不包括公共事业部门的采购）；美国政府在 20 世纪 90 年代初每年用于货物和服务的采购就占其国内生产总值的 26%～27%，每年有 2000 多亿美元的政府预算用于政府采购。正因为如此，政府采购对社会经济有着非常大的影响，采购规模的扩大或缩小、采购结构的变化对社会经济发展状况、产业结构以及公众生活环境都有着十分明显的影响。政府采购的功能主要体现在以下五个方面：第一，节约财政支出，提高采购资金的使用效益。实践证明，政府采购制度是一种集中与分散相结合的公开透明的采购制度。从国际经验来看，实行政府采购一般资金节约率为 10%以上。第二，强化宏观调控。发挥政府在国民经济发展中的宏观调控作用，推进保护国内产业、保护环境、扶持不发达地区和中小企业等政策的实施需要制定《中华人民共和国政府采购法》。第三，活跃市场经济。政府采购使政府正常运转需要的货物、需建的工程和服务，由政府自产、自建、自管转为全方位面向市场开放，极大地活跃了市场经济；公开招标、竞争性谈判等方式，促使企业按市场经济的规律运行，不断提高产品质量，提高服务质量，提高产品竞争力等，也促使市场经济活跃。政府宏观调控，加大投资，促进内需，大多通过政府采购渠道来进行。大量的政府采购行为使市场经济更加活跃。第四，推进反腐倡廉。行政腐败是制约我国政治经济体制改革的重大问题，大量的案例表明，政府购买过程中的钱权交易是滋生行政腐败的主要形式，因此，在实现政府采购市场体制化与公开化的基础上，通过政府采购政策，可以杜绝政府采购主体的行为规范，有效地、及时地铲除行政腐败的幼苗。第五，保护民族产业。在政府采购市场中适度保护民族产业是发展中国家在对外开放过程中的必要措施。按照国际惯例，我们完全可以凭借国家安全、经济欠发达等理由，制定一些保护民族产业的政府采购政策及相关的国内配套政策，在国际贸易中，这是保护本国政府采购市场、保护民族产业的一个合理、合法的手段。

二、政府购买公共服务的理论基础

（一）公共服务供给效率理论

政府购买公共服务，实质上是将政府视为一个市场主体，将承接公共服务的社会力量视为另一个市场主体，并且在两者之间引入市场机制。同时，为了保证更深层次的市场竞争也被引入，公共服务的承购者有多种选择，之间也会形成竞争关系。可以说，在新公共管理理论指导下，政府购买公共服务是提高工作效率最好的尝试之一。在研究和构建政府购买公共服务机制时，也应该以新公共管理理论为指导，把更多的注意力集中到政府效率及财政性资金的使用绩效上去。

公共服务的严重短缺是我国经济社会持续发展的严重障碍。近年来，各地政府都设想通过扩大财政支出来解决其问题，但因存在忽视居民需求、管理粗放等问题，公共服务的严重短缺问题没有获得根本解决。事实上，造成公共服务严重短缺主要有两个层面原因：一是投入不足；二是供给无效率。可见，目前我国公共服务严重短缺问题已不再仅是投入问题，更重要的是效率问题。因此，在财政投入总量相对不足的现实约束下，改善等量投入的产出效果，对于解决目前公共服务严重短缺问题具有重要作用。

公共服务的供给理论为政府向社会力量购买公共服务提供了理论基础，新公共管理理论指明了公共服务供给改革的方向，契约论是对政府向社会力量购买公共服务进行有效管理的最好指导，而系统论则为政府整体运行框架中的购买公共服务运转提供了有益指导。它们共同构成了本书的理论基础。有关讨论集中于提出公共服务供给的帕累托效率条件，即公共服务的供给量应达到哪一点才能使效率最高。然而，帕累托最优状态的实现需要一系列严格的假设条件，而在现实中这些条件是极难满足的。由此可见，最优并不是常态，对最优的偏离才是社会经济中的现实。

（二）合作治理理论

“治理”不是一个新鲜的词语，从词源上考究，英语中“governance”源于拉丁文和古希腊语，在当时是引导、控制和管制的意思，一直与“government”交叉使用，同时也经常被用于表示政治与管理活动。公共治理理论形成于 20 世纪 70 年代世界经济危机和西方福利国家管理危机时期，其内涵与治理的基本概念联系密切。“治理危机”一词首次使用是在《1989 年世界发展报告》中，由世界银行提出，后来使用得越来越多。这一概念被引入政治学等相关学科，并纷纷赋予它新的内涵。公共行政学引入治理概念并注入公共行政的相关内容后形成了公共治理理论，标志着公共行政学已经进入到一个崭新的阶段。

公共治理理论改变了人们在利用公共行政学研究政府管理问题时，对公共部门管理的认识。在公共治理理论的语境下，与传统的公共行政学相比，“公共”的含义已不再仅限于政府部门了。公共治理的主要内容有以下几个方面：第一，有多个中心的治理主体。为了说明参与社会治理的主体已不再仅局限于政府部门这一个主体，奥斯特罗姆夫妇等创立了“多中心理论”，其含义是包括世界的、国家的、地方的各种社会组织在内的多个合作主体对社会进行共同治理。突出的特点就是“小政府，大社会”的治理模式。在这里政府的作用范围明显缩小，作用力不断弱化，以往的“全能型政府”逐渐转变为指导者和合作者。在社会治理体系中，国家、市场、社会的边界进行了一些调整，三者对应着不同的对象或者治理的客体，各自发挥着不可替代的作用。第二，治理客体不断扩展。公共治理的客体越来越大，所含内容越来越多。公共治理的对象会随着经济、社会发展速度的加快变得越来越广阔，它不仅包括政府权力统治活动、公共事务管理与服务、政府部门自身治理、社会组织的管理等，全球的公共事务及公共问题也包含其中。第三，公共治理机制和手段不断革新。公共治理在革新治理主体和客体的同时，还有力推动了运行和管理机制的创新。在这种新范式下，如何使组织进行最高效率的运行以及如何引入社会组织的竞争来改善组织运行的效率是公共治理理论最关心、最强调的问题。同时，在明确区分政府部门、市场组织、社会组织等主体多元化的不同责任的基础上，运用各自主体之间权力依赖及合作关系，建立一个自主自治的网络体系，发挥各自的优势，强化政府应该有的责任。

公共治理理论的主要内容可以简单地概括为治理的行为来自政府但不一定仅来自政府；做好服务工作不一定靠的是政府的权力和权威，还有多个治理主体，治理行为的多个主体间可能会形成一种权力依赖关系，政府及其他治理主体最终会形成一个自主的治理网络来一同治理。所以，在政府提供公共服务时，按照公共治理的有关理论，政府可以把有些公共服务项目外包给其他的社会组织，让其一同来提供，形成多个中心、多个主体，而不是仅由政府一个中心来提供。这是公共服务领域中的改革，是适应社会经济发展潮流的一次改革，也是有着坚实的理论基础的改革。

（三）财政资金支出绩效评价理论

财政资金支出绩效评价是支出管理的重要环节，财政资金支出绩效评价理论随着公共财政理论的发展而不断补充完善，其主要理论依据有成本收益论、财政资金支出增长论、新公共管理。

财政支出绩效评价不仅是对财政支出使用情况进行评价和监督，其根本意义更是以财政支出效果为最终目标，考核政府的职能实现程度，也就是考核政府提供的公共产品和公共服务的数量与质量。其核心是强调公共支出管理中的目标与结果及其结果有效性的关系，形成一种新的、面向结果的管理理念和管理方式，以提高政府管理效率、资金使用效益和公共服务水平。

实施绩效管理，实际上就是要把绩效评价再往前推进一步，即将评价的结果反馈、应用，从而提高政府的管理效率，特别是预算管理的效率。绩效评价方面已有不少的理论探索和分析，但探索和再提炼的空间仍然很大。其重点在于：一是要加强研究评价的体制、制度，以及绩效评价的方法、指标体系，包括这些方法和指标的依据；二是要推进分类评价、分类方法的探索；三是要从对项目本身的评价进一步深入提高到对财政政策的评价；四是要学习、借鉴国外公共财政绩效评价的经验和方法。国外关于绩效评价的成熟经验，值得我们学习借鉴。

预算绩效管理是一个新的领域，需要我们不断探索，尤其是探索如何将绩效管理理论运用到实践中的问题。

第三节　保定市政府购买公共服务的实践与成效

推广政府购买公共服务是新时期转变政府职能、创新社会治理、改进政府提供公共服务方式的根本要求。《中共中央关于全面深化改革若干重大问题的决定》明确要求加大政府购买公共服务的力度。各地政府在购买公共服务方面做各种有益尝试。河北省更是首开先河地制定了一系列管理办法和规定，通过制定购买目录、审核社会组织购买资质、制定监督管理办法、绩效评价等一系列措施，为政府向社会组织购买服务的顺利推进建立了一套机制和保障制度。河北省保定市目前也正在积极进行政府购买公共服务的新尝试，取得了很大的进展。

一、保定市政府购买公共服务的基本制度

（一）购买主体及供应方条件

政府向社会组织购买公共服务的主体主要包括三类：一是使用国家行政编制，经费由财政承担的机关单位；二是纳入行政编制管理，经费由财政承担的群团组织；三是依法行使行政管理职能或公益服务职能，经费由财政全额保障的事业单位。

政府管理制度对向政府供应所购买服务的社会组织进行了详细规定，要求参与政府购买公共服务的社会组织应具备以下条件：一是要保障社会组织的合法性，并能独立承担民事责任；二是治理结构健全，内部管理和监督制度完善；三是具有独立的财务管理与核算、资产管理制度；四是具备提供公共服务所必需的设备和专业技术能力；五是有依法缴纳税收和社会保障资金的良好记录；六是在参与政府购买公共服务竞争前三年内无重大违法违纪行为，年检或年度考核合格，社会信誉良好；七是符合法律、法规规定的其他条件。

从这里可以看到，在政府向社会组织购买公共服务中，要求必须是纳入行政编制或行政管理职能，并且经费由财政全额保障的单位或组织，实际上对购买主体的界定比一般政府采购的界定的范围更窄。但是在实际执行中，政府购买公共服务的范围并不仅局限在社会组织内，政府对事业单位、企业等都购买了大量的公共服务。目前，相关部门正在研究扩大政府购买公共服务的内容和供应方范围，制定更具有广泛意义的管理办法。

（二）政府购买公共服务的范围

按照公共服务的公共性要求，公共服务是随着政府与市场、社会的界限划定的，没有绝对的界限，绝对的、永恒的公共服务并不存在。故政府提供的公共服务具有很强的时期性、区域性特点，应根据不同时期公众的实际需求来具体判断和划定。也就是说，政府应该提供哪些公共服务，并不是一成不变的，也不是统一划定的，而是应该根据地方实际情况、时代特点进行具体划分和调整。政府可以或应该向社会力量购买哪些公共服务，也需要根据实际情况进行设计和调整。保定市政府购买公共服务的项目也是在不断地试行和调整。分析保定市政府购买目录可知，其中基本公共服务事项、社会事务服务事项、行业管理与协调事项、技术服务事项等四大类主要是面向社会公众的服务事项，其中也包括了一部分如规划制定和政策研究等对政府履职的辅助性服务。其服务对象主要是社会公众，体现的是向社会力量购买

直接面对社会公众的公共服务内容。考察其二级目录，基本涵盖了政府当前为社会公众提供的各类服务。如基本公共服务事项中包括教育类、医疗卫生类、文化类等基本公共服务内容，基本包含了当前政府基本公共服务的主体内容；社会事务服务项目包括的大类内容，也对当前的社会事务服务内容进行了比较全面的梳理，包含的内容比较清晰、全面。从设定的三级目录来看，设定的具体购买项目包括研究宣传、项目的实施与管理、培训评估等各方面，基本上涵盖了对公众的服务事项的全过程。而最后一大类即政府履职所需辅助性和技术性事务，服务对象主要是政府部门内部，其特点是直接为政府履职服务，服务项目具有辅助性强、技术性强、专业要求比较高等特点，这些项目为政府开展公共服务提供专业技术支持。整体来看，该目录体系比较全面地梳理了政府公共服务的主要内容，并列明了可以向社会力量购买的服务项目。该目录清晰、直观地为政府有关部门开展购买服务提供了指导，为引导社会组织积极承接政府购买公共服务提供了依据。

除法律法规另有规定，或涉及国家安全、保密事项以及司法审判、行政许可、行政审批等事项外，政府承担的社会公共服务（如资产评估、法律援助、公益服务、慈善救济等）和履行职责所需服务（如法律服务、监督评估等），都应通过政府购买公共服务的方式提供。按照政府购买目录，政府各部门可以根据业务情况和自身工作需要，开展政府购买公共服务活动。

在实际执行中，市政府购买公共服务主要包括两类：其一是直接为社会提供产品和劳务的服务；其二是政府所需的技术性、辅助性、事务性服务。购买为社会提供产品和劳务服务的实践中，购买的服务项目主要涉及与民生密切相关的社会工作、人才建设、家庭及儿童福利、社会保障、安居养老服务、青少年服务、社区矫正及社区发展等项目，政府购买公共服务已经深入到民生的各个方面；政府自身所需的各类咨询、调研、规划制定等项目，也广泛地以购买服务的形式开展。

（三）政府购买公共服务的基本管理制度

为了保证政府购买公共服务的规范性和透明度，必须通过建立严格而具体的政府购买公共服务制度加以落实。这是解决以往政府采购过程中出现人为干预以及权钱交易等弊端的重要措施。为此，国务院办公厅下发了《国务院办公厅关于政府向社会力量购买服务的指导意见》，河北省政府也出台了《关于推进河北省政府购买公共服务工作的实施意见》。

《保定市人民政府关于推进政府购买公共服务工作的实施意见》结合实际，明确了保定市推进政府购买公共服务工作的指导思想、基本原则、工作目标、主要内容和组织实施的要求，对购买主体、购买内容、承接主体、购买程序、绩效评价等进行了明确、具体的规定。其中，关于购买公共服务的基本原则作了如下规定：①因地制宜，有序实施。立足保定市经济社会发展状况和人民群众实际需求，把握好改革推进力度和承接主体提供服务能力的衔接协调，积极稳妥推进，看得准的事项先行试点，逐步扩大购买范围。②竞争择优，强化绩效。发挥市场机制作用，优先通过竞争方式选择政府购买服务承接主体，并对政府购买服务绩效进行评估，充分发挥资金使用效益。③以事定费，政社分开。坚持费随事走，实现政府由“养人”向“办事”的转变，凡适宜由社会力量提供且社会力量能够提供的公共服务，政府原则上不再直接举办，不再就此增设机构、增加人员，努力降低行政成本。④公开透明，完善机制。坚持公开、公平、公正的原则，加强信息公开，让社会力量平等参与竞争。不断探索完善政府购买服务的工作机制和流程，建立健全相关规章制度。其他制度如下。

一是对购买目录进行了专门的规定。财政部门会同有关部门，在准确把握公众需求的基础上，根据本地区经济社会发展水平、政府转变职能要求、党委和政府中心工作及财力水平等因素，按照规定的购买服务范围，拟定政府购买公共服务指导性目录，明确政府购买公共服务的种类、性质和内容。

二是明确了以立项申请、立项审核、公开信息、选择承接、签订合同、履约管理、资金支付为主要内容的规范化购买流程，初步建立了事前、事中、事后的监管、评估和考核机制。

三是对职责分工作出明确规定。民政、工商等社会力量登记管理部门负责制定培育社会组织、企业和机构等社会力量的政策措施，对承接服务项目的社会力量进行分类管理，制定具体办法，并按照职能分工将承接政府购买公共服务行为纳入评估、执法、考核等监管体系。

（四）政府购买公共服务的经费保障机制

保定市的政府购买公共服务采取了“财政部门牵头建立健全政府购买公共服务制度，制定并公布各级政府年度购买社会服务与管理事项目录，负责培育发展社会组织的资金保障”的运作机制，财政部门牵头的方式也方便政府购买公共服务的经费保障和资金管理。按照《政府向社会组织购买服务暂行办法》的要求，各部门购买服务所需资金从该部门预算安排的公用经费或经批准使用的专项经费中解决。重大项目、重大民生事项或党委、政府因工作需要临时确定的重要事项，按照财政专项资金管理规定和“一事一议”原则，专项研究确定资金规模和来源。为了保障重要公共服务购买工作的资金来源，保定市在市级财政设立了购买公共服务专户，专项用于政府购买公共服务。

在各县市区，政府向社会组织购买服务也列上了政府的议事日程，成为财政预算的一部分。例如，莲池区财政 2016 年预算安排 5332 万元作为区级政府购买社会组织服务经费，在政府的基本公共服务、社会事务服务、行业管理与协调事项、技术服务、政府履职所需辅助性和技术性事务等五大类事项中开展政府购买社会服务。具体包括：一是食品安全，安排食品安全抽检专项经费 200 万元，由社会上有资质的食品检验机构承担具体检验业务；二是道路硬化，安排 500 万元委托养护公司提供公路、险道及道路公用设施的养护修建服务；三是公共安全，安排 795 万元委托劳务派遣公司提供协警、巡防等服务；四是基础教育，投入 2000 万元向民办学校购买义务教育阶段学位，并对优质办学民办学校及其长期从教人员进行补贴和奖励；五是公共文化，文化事业建设费和宣传文化事业发展专项资金安排 200 万元委托供应方承办公益文化活动；六是公共医疗卫生，安排 865 万元购买基本公共卫生服务，安排 657 万元向公立医院购买基本医疗服务；七是就业服务，安排 15 万元向市职业介绍中心购买职业介绍服务；八是社会福利，福彩公益金安排购买服务经费 100 万元，包括购买社工服务项目 30 万元，社工试点指导服务及社工服务培训、推广项目经费 8 万元，居家养老服务 20 万元，社区服务中心项目经费 10 万元，“幸福院”计划 26 万元，残疾人就业保障金安排市残疾人就业服务中心服务经费 6 万元。可见，莲池区政府购买公共服务的主要资金来源是部门预算资金、预算外的财政专项资金以及重大项目中央、省、市级财政专项资金，用于购买公共服务的资金量大，尤其是在与民生直接相关的基本公共服务事项和社会事务服务事项上的投入所占比例相对更大（图 5-1）。

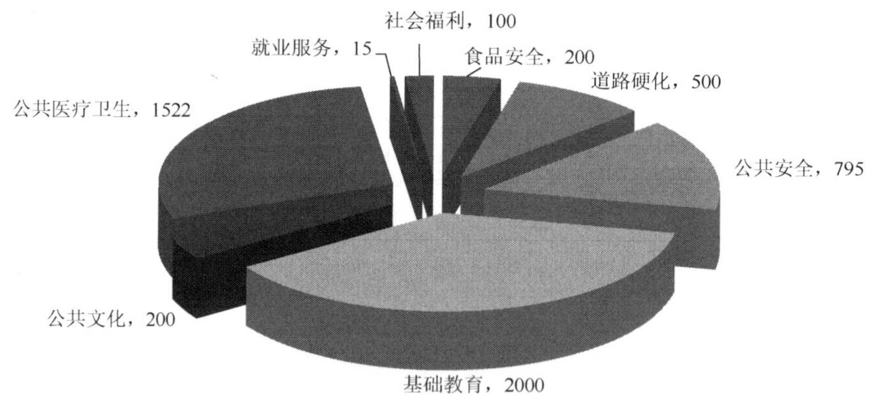

图 5-1　保定市莲池区政府购买公共服务财政资金分配图（单位：万元）

《保定市人民政府关于推进政府购买公共服务工作的实施意见》规定，各级财政按照规范标准建立可持续性财政保障机制。

一是建立可持续性财政预算增长机制。根据公共需求增长情况与经济运行状况，逐步增大财政开支中用于公共服务的比例。设立政府购买公共服务专项科目，将其列入年度财政预算，实行预算式管理，确保政府购买公共服务制度化、持续化、常态化。

二是探索政府购买公共服务财政专户统筹管理模式。由政府各职能部门根据核定职能，就本部门应转移的公共职能、服务标准和成本核算向有关机构进行申报，经核定后，统一纳入财政预算，按项目实施进度划拨采购经费，确保服务资金及时到位。

三是建立政府购买公共服务动态调整机制。将列入政府购买公共服务项目库的项目，按照项目发展特点和发展周期，划分为经常性项目和一次性项目两类，对具有持续性、长期性且较为稳定的经常性公共服务项目，3～5 年采购一次；对临时新增的或短期的公共服务项目，一年一采购，以确保公共服务的有序性和延续性。

四是及时下达中央、省级财政支持公共服务建设资金，按照标准落实项目分担资金，将分担资金纳入财政预算，确保财政的投入增幅高于财政经常性收入增幅，足额保障公共服务运行经费，支持公共服务全面发展。

（五）政府购买公共服务的程序

为推进政府向社会力量购买服务工作，规范购买行为，根据《中华人民共和国政府采购法》《河北省人民政府办公厅关于政府向社会力量购买服务的实施意见》《财政部关于推进和完善服务项目政府采购有关问题的通知》（财库〔2014〕37 号）及其他有关规定，结合工作实际，保定市财政局制定了政府向社会力量购买服务操作流程。

（1）编审购买计划。购买主体应根据同级党委、政府工作部署、部门预算安排、本单位工作实际等情况，结合本级政府向社会力量购买服务指导性目录，按照财政部门的统一要求，向同级财政部门编报年度政府购买公共服务项目计划。财政部门根据政府向社会力量购买服务的有关政策和要求对购买计划及购买项目进行核定汇总后，及时将结果反馈给购买主体。

（2）确定购买方式。对具有竞争性的政府购买公共服务项目，按照政府采购有关规定确定采购方式。达到公开招标采购标准的，采用公开招标或邀请招标方式采购；未达到公开招标采购标准的，可依法采用竞争性谈判、询价采购、单一来源等方式购买。对达到公开招标采购标准，因特殊情况需要采用公开招标以外的采购方式的，购买主体应当按照《中华人民共和国政府采购法》等规定，在采购活动开始前获得设区的市、自治州以上人民政府采购监督管理部门的批准。对具有特殊性、不符合竞争条件的政府购买公共服务项目，经同级政府采购监督管理部门批准后，可采用委托、战略合作等方式选择承接主体。

（3）委托代理购买。对通过政府采购程序购买的服务项目，购买主体应当按照有关规定依法委托政府集中采购机构或社会代理机构在委托的范围内办理政府采购事宜。购买主体依法委托代理机构办理采购事宜的，应当与代理机构签订委托代理协议，依法确定委托代理的事项，约定双方的权利义务。

（4）公开购买信息。对通过政府采购程序购买的服务项目，购买主体或代理机构应当按照《政府采购信息公告管理办法》（财政部第 19 号令）等规定，在省级财政部门指定的政府采购媒体上向社会发布包括服务项目的预算金额、主要内容、承接标准和目标要求等内容的采购信息。

（5）组织购买评审。对委托代理机构代理采购的服务项目，代理机构应当按照采购公告和采购文件规定的时间、地点及其他有关规定与要求，依法组建评标委员会（谈判小组、询价小组）来开展对服务项目的评审工作，组织起草评审报告，依法向购买主体推荐服务项目承接主体候选名单。对采取委托、战略合作等方式选择承接主体的服务项目，购买主体按照财政部门批准的购买实施方案组织实施购买。

（6）公告确定结果。评审工作结束后，购买主体按照评标委员会评审结果，依法确定或者授权评标委员会直接确定承接主体。代理机构根据购买主体依法确定的结果在省级财政部门指定的政府采购媒体上发布中标或成交公告，并向承接主体发送中标或成交通知书。

（7）签订购买合同。中标、成交通知书发出后，购买主体应当依法与中标、成交的承接主体签订购买合同。对通过委托、战略合作等方式选择承接主体的，购买主体也应当与承接主体签订购买合同。购买合同应当明确购买服务的范围、标的、数量、质量要求、服务期限、资金支付方式、绩效考评要求、双方权利义务和违约责任等内容。购买合同的双方当事人不得擅自变更、中止或者终止合同。

（8）履约管理与验收。承接主体应严格履行合同义务，认真组织实施服务项目。购买主体要加强履约管理，及时跟踪和检查合同履行情况。承接主体完成合同约定的服务事项后，购买主体应当及时组织对合同履行情况进行验收。

（9）支付购买资金。承接主体根据履约验收情况以及购买合同的约定，按照现行的财政财务管理制度和国库集中支付管理制度有关规定，及时向承接主体支付购买资金。

二、保定市政府购买公共服务的特点

（一）购买服务内容的复杂性

实施政府购买公共服务会涉及法律法规、政府职能、制度体系、运行方式、预算管理、绩效评价和市场培育等方方面面的内容，称得上是一项极其复杂的系统工程。从运行的角度分析，政府购买公共服务需要具备以下操作条件：一是政府有能力制定和执行购买公共服务的相关制度体系；二是市场发育成熟，有大量的服务承购者；三是购买的服务要易于列出详细的质量要求和标准；四是受益主体应十分明确；五是政府能够对购买服务全过程进行系统的评价和监管，且监管成本可接受。国内外经验表明，以提高绩效为核心的政府购买公共服务制度应配之以健全的财政预算绩效管理制度。目前保定市各级政府已逐步建立规范的财政预算绩效评价体系，但预算管理重点仍然是预算申请和审查，对财政资金支出效果与管理责任的评估流于形式。现实中，建立规范的财政预算绩效管理制度是一项十分复杂、极难落实的任务，凭借财政部门一己之力实施规范的预算绩效管理制度短期内很难实现。保定市政府购买公共服务尚处于起步阶段，建立科学的政府购买公共服务制度和完善的运行机制尚需时日。此外，市场发育成熟程度是决定政府能否实施购买服务的又一重要条件。调查发现，相关政府部门有购买公共服务如义务教育、医疗卫生等意愿，希望借此为民众提供更优质、高效、便捷的服务，但现实情况是：区域内目前具有独立法人地位、能够独立承担民事责任且具备提供义务教育、公共医疗卫生所必需的软硬条件的民办学校、医院等市场承购者很少。在当前公办学校、公办医院包揽了政府提供相应公共服务的客观条件下，培育符合资质的同类市场承接主体面临诸多挑战。

（二）购买服务种类的广泛性

政府购买公共服务，从内容和范围来看都非常广泛，主要表现在以下几个方面。

一是从购买内容来看，纳入购买范围的服务项目越来越多，涉及的领域越来越广。尤其是针对不断产生的新的各种需求，政府能够积极及时地设计相应的服务项目，并通过政府购买的方式提供服务，如城市洗扫服务的广泛开展；一些欠发达地区也开始开展政策咨询、校车服务、社区服务等公共服务的购买，推动政府购买公共服务工作。整体来看，政府购买公共服务从政府调查研究、政策宣传、养老服务、就业服务等领域，逐步拓展到社区服务、司法矫治、医疗卫生、外来务工人员服务等领域，并通过政府的统一要求开始向更大范围拓展，逐步形成了多部门、多组织、多领域购买服务的新格局。

二是从购买的地域范围来看，政府购买公共服务逐步拓展到更大的范围，经济发达地区带动了经济相对落后地区的开展。根据自身实际需要，按照市级政府购买公共服务的要求制定管理办法和购买目录，开始推进这项工作。

三是从购买资金的规模来看，用于购买公共服务的资金规模越来越大。近年来各地市用于购买公共服务的资金规模越来越大，购买公共服务所需支出越来越多地被纳入财政预算范围。

（三）采购行为的规范性

首先，政府购买公共服务是预算支出的一个重要组成部分，在保定市的实施意见中特别强调了政府购买公共服务与《中华人民共和国预算法》的相互衔接。因此，政府购买公共服务不能脱离政府预算的控制，购买公共服务不仅要严格执行购买目录的要求，而且必须编列采购预算，财政部门在批复部门预算时，同步批复购买服务政府采购预算。年度预算执行中遇有调整和追加部门预算时，涉及政府购买服务项目的，同时调整和追加政府购买服务预算。其次，政府购买公共服务是政府采购的特殊形式，要与《中华人民共和国政府采购法》相衔接。接受财政拨款的行政事业单位为履行自己的工作职责，向社会主体购买其服务或劳务的行为，是政府采购的一种特殊方式和领域。通常来说，政府采购主要是购买主体为了实现自身的公共管理活动而向市场采购各类商品和劳务的行为，例如，政府部门购买办公用品，消耗水电、汽油等。在这种情况下，采购的商品是作为公共部门的成本消耗使用的。而购买公共服务实际上是采购的社会主体的服务，这些社会主体在服务中所消耗的成本被计算在整体的公共服务价格之中，如公共部门大楼物业管理的采购、学校新旧校区之间交通服务的采购等，均属此类。毫无疑问，《中华人民共和国政府采购法》对使用公共财政资金购买的任何物品都是适用的。这部法律相比政府购买公共服务的行政法规而言，内容已经成熟了很多。以《中华人民共和国政府采购法》约束购买公共服务的行为，其规范程度之高是毋庸置疑的。最后，政府购买公共服务是公共部门通过市场与社会主体进行交易的过程，为了约束供求双方的行为，防止损害对方利益，需要让购买公共服务的交易和《中华人民共和国合同法》相衔接。一般来说，政府购买公共服务的购买对象都具有竞争性的特点，如城市的环卫管理和绿化管理就非常典型。因为这些管理项目相对门槛比较低，有资格承担管理任务的社会单位也比较多，所以对于公共部门而言，完全有理由通过公开竞争的方式来选择管理机构。而在竞争之前以及选定管理者之后，都必须签订清晰且有严格约束力的服务合同，以免发生服务质量不合格、服务过程中的风险归属关系不明确、服务成本计算掺杂人为因素、服务费支付无法保证等一系列问题，影响政府购买公共服务效率，降低公共服务水平，甚至导致暗箱操作，发生侵害公共利益的行为。

（四）受益对象的公益性

近年来，保定市在社会管理服务、医疗救助、技能培训等许多与民生密切相关的领域，对政府购买公共服务方面进行了积极的、渐进式的探索。实践中，购买的服务项目主要涉及与民生密切相关的社会工作、人才建设、家庭及儿童福利、社会保障、安居养老服务、青少年服务、社区矫正及社区发展等项目，政府购买公共服务已经深入到民生的各个方面。

各区政府民生项目的投入方向大体相同，主要有扶贫、助残、救孤、养老、济困等方面，而民生项目的受益范围越来越扩大化、受益对象也越来越多元化。从前面莲池区政府购买公共服务的财政资金分配状况可见一斑。

（五）购买服务的系统性和差异性

保定市政府购买公共服务，内容设置和推进过程都非常注重系统性，主要表现在以下方面。一是政策体系的系统性。保定市针对政府购买公共服务的全过程，制定了一套比较完整和系统的管理制度。从社会组织的准入管理到承购者的资质认定，再到购买目录、购买方式、考核评估，甚至相关的社会组织的培育发展等，也都纳入了政策体系，形成了非常完整的管理机制。二是购买内容的系统性和完整性。保定市在制定购买公共服务政策之初，就高屋建瓴地制定了比较完善的购买目录。这一目录几乎包括了政府提供公共服务工作中适合向社会力量购买的所有公共服务类型，非常全面和系统，对各部门开展政府购买公共服务工作具有非常强的指导意义。三是注重配套政策的协同推进。在实行政府购买公共服务的同时，保定市还协同推进相关的行政审批制度改革、创新社会管理模式、加大社会组织的培育力度。例如，在深化行政审批制度改革方面，保定市拟定了《关于加快转变政府职能深化行政审批制度改革的意见》，对加快转变政府职能、培养扶持社会组织、大力推行政府购买公共服务制度等提出了符合省情实际、操作性强的指导意见。在加大社会组织培育力度方面，保定市委、市政府印发了《关于进一步培育发展和规范管理社会组织的方案》，由保定市财政局管理组织专项资金，采取竞争性分配方式，对新设立并符合一定条件的公益服务类、行业协会类、学术联谊类、公证仲裁类、群众生活类等非营利性社会组织给予一次性补助。民政局还对具备承接政府公共服务的社会组织进行了清理，出台第一批承接政府职能转移和购买服务的社会组织目录，为政府部门转移职能和购买服务提供服务平台与依据。四是保定市财政局实施扶持社会组织发展的税收优惠，继续做好具备非营利组织免税资格单位和公益性税前扣除资格团体名单的审核、认定与公布工作。

三、保定市政府购买公共服务的成效分析

（一）推动了政府角色和职能的转变

近年来随着改革的不断深化发展，承担了所有社会公共服务的全能型政府的

模式很大程度上已经不能适应社会发展的需要。“有所为，有所不为”的有限职能型政府才是政府模式的主流趋势。体制改革也必然要求政府部门转变职能、退出市场化的经营活动。在我国，政府购买公共服务还处于起步阶段，是对公共服务供给体制的一种创新，是对社会各类资源的一种整合，有利于不断提高政府执政水平和执政能力，进而实现对于政府角色的转变和调整。政府职能转化的目的是对政府的服务职能进一步强化。政府购买公共服务在一些西方国家的成功案例也证明，其对政府职能转变具有明显的推动作用。所谓政府的服务职能主要指通过实现社会公平、改善社会福利来弥补市场失灵。国内一些城市的探索实践也证明了这种推动作用。政府将原来由它所承担的一些公共服务的职能，通过购买公共服务进行委托、分解和转移。公共服务的生产领域没有了政府的参与，而是主要由社会组织进行公共服务的生产，有利于实现社会权力的回归和政府角色的转化。例如，保定市扶贫办购买扶贫服务项目，扶贫办没有大包大揽公共服务，而是将扶贫服务委托独立的社会组织来进行管理和服务，并通过招标引入了第三方的评估机构。如此一来，政府也就从原来的生产领域跳出来，转变为公共服务购买者和监管者，推动了政府职能的转变。

在具体购买过程中，结合公共服务提供的进展情况，政府购买资金的拨付要根据所提供公共服务的评估结果，调整原先的资金拨付方式。现在事业单位改革正在稳步推进，针对有些事业单位改制未完全到位的情况，对其适当放宽预拨比例，坚决按照考评结果拨付剩余资金，有利于实现从“养人”到“养事”的根本性转变。

政府购买公共服务，将并不擅长的公共服务提供职能从政府机构职能中剥除，使政府机构能够把全部精力投入到对于公共事务的监管中，强化了社会权力的回归和政府角色的转换。例如，城市环境卫生洗扫工作由专业清扫公司承办，环境卫生管理局则把主要精力放在监管上，制定严格规范的监管评价标准，职能的转变不仅节约了财政资金，还减少了人力方面的投入。

（二）提高了公共服务的质量

从我国现有的公共服务供给情况来看，大部分公共服务还是由政府来生产提供的。这其中有一个较为突出的问题是在这些公共服务生产的政府机构中缺乏相关专业的技术人才和技能，这就决定了在这些领域政府提供公共服务的质量和效率不可能很高。社会组织在这种背景下应运而生。社会组织具有专业技术上的优势，拥有大批特定专业的人才，而且更加贴近基层和群众，了解实际情况，组织运行机制灵活，其主要目标就是为百姓提供精细化、专业化和多样化的公共服务。新的形势要求政府必须寻求一种新的供给方式来满足公民对公共服务的要求。政府通过向社会组织购买公共服务，一方面，改变了政府对公共服务供给的垄断，使公共服务变为多元化供给模式，有力推动了政府、社会和市场这三大主体的有机结合。另一方面，特定公共服务的生产权需要由生产者通过竞争取得，而市场机制的激励性、竞争性和刚性约束，使得公共服务的承购者和生产者的创新动力较强，能够最大限度地发掘内部经营管理、提升效能的潜力，有利于大幅度提高所提供公共服务的质量、效率，使配置达到最优效果。

（三）降低了财政成本

第一，政府购买公共服务将竞争性、专业性的市场配置方式引入公共服务的提供当中，有利于提高资源配置效率，降低政府公共服务成本。提供公共服务被视为政府资源配置职能的重要体现。资源配置的方式有计划配置和市场配置两种。计划配置方式的最大特点就是通过社会的统一计划来决定资源的配置。在中华人民共和国成立后到改革开放之前，计划曾经是最主要的资源配置方式。市场配置方式即社会依靠市场运行机制进行资源配置。在市场经济条件下，各主体根据市场上供求关系的变化状况和产品价格信息，通过竞争实现产品和资源的合理配置。市场配置方式以等价交换和平等竞争为原则，因其竞争机制和优胜劣汰机制的作用，具有很强的自我调节能力。政府购买公共服务通过引入竞争机制，在公共服务提供领域形成市场竞争，从而促进资源配置效率提高。私营部门、社会组织、机构拥有更灵活的用人机制和更规范的办事流程，专业性也往往更强、发展方向更明确、激励机制更到位，公共服务的具体生产工作交给社会力量来承担，能够有效提高资金使用绩效，从而降低政府的公共服务成本。

第二，政府通过向事业单位和社会组织购买公共服务，由“养人”变为“养事”，能够有效控制和减少政府的刚性支出。公共服务属于公民生活最基础的服务部分，大多数属于细致的事务性工作，而且涉及面广、种类繁多，需要不同的人去承担各种不同的工作。在传统的政府提供公共服务模式中，为了提供必需的公共服务，政府不得不供养起大量的单位及人员，让他们提供服务。这种方式导致政府机构越来越庞大，供养的人员越来越多，机构臃肿、人浮于事，而且由于不存在竞争压力，服务效率低下。政府以向社会力量购买的方式来提供公共服务，向具备资质的机构和组织购买必要的公共服务“养事”。而这些机构和组织根据自身承担的事务需要，向市场聘请所需人力，将有效促进效率的提高，最大限度地节省开支。这种方式将在很大程度上精简政府冗员，有效控制财政供养机构及人员的增长，能够更充分地利用人力资源，有效避免刚性支出的增长，减少政府的低效率支出，从而降低政府的成本。

第三，政府与社会力量的分工，让对公共服务提供的监管机制更有效，从而提高资金使用绩效，降低社会成本。政府向社会力量购买公共服务，让公共服务提供中的“运动员”与“裁判员”区别开来，政府能够更独立地对社会力量的公共服务提供情况及其行为进行监管和绩效评价，这对于提高财政资金使用绩效是非常有效的。

第四，通过政府购买公共服务，引导社会组织、机构和企业等社会力量参与公共服务的提供，还能够有力调动更多社会资金参与提供公共服务。社会组织具有非营利性特征，它们本身就可以接受社会资金如慈善基金、社会捐款等，用于提供公益性活动。通过承接政府购买公共服务活动，这些组织和机构能够在更大范围内拓展业务范围，提高服务能力，从而吸引和调动更多社会资金参与到公共服务的提供中，减轻政府财政压力。

保定市徐水区民政事业服务中心建成使用以来，通过政府购买公共服务，委托第三方家政服务公司，做到了“既降低成本又便于日常管理”。徐水区民政事业服务中心积极探索敬老爱老的新模式，实现了“一中心三院”，即“徐水区民政事业服务中心”“光荣院”“敬老院”“福利院”，通过以上措施整合了资源，提高了管理水平，为全区打造一处敬老养老的基地。为提高服务中心的管理和服务水平，降低管理成本，使入住老人的生活环境得到更好的保障，经过学习其他县市的先进经验，进行政府采购公开招标，经多方评比最终将家政服务包给专业的服务公司——徐水县国泰家政服务有限公司。以 2015 年为例，入住老人 323 人，若按照 1∶7 的比例招聘服务人员，需要服务人员 46 名，按照每人每年 1.4 万元计算，共需近 65 万元；而服务内容对外承包后，一年则需支付给家政公司 46.5 万元服务费，与政府直接招聘服务员相比，节省开支近 20 万元，大大降低了经营成本。本着“经营成本低、便于日常管理”的基本思路，提出了承包费用由县政府列入财政预算，即将服务中心服务内容，包括厨房、餐厅的餐饮服务，老人日常护理、洗衣、洗澡和出入管理服务，楼院房间的卫生保洁服务等，对外承包给家政公司，由政府支付服务费，购买服务岗位，由家政公司聘请服务人员进行经营。水、电、煤费用，以及必要的服务工具、易耗易损品、米、面、油、菜及医疗救治等由服务中心负责采购和管理。在家政公司承包服务后，服务中心与家政服务公司是指导与监督的关系，家政服务公司按协议规定和要求标准进行服务，服务中心对家政服务公司的服务进行监督检查，在工作中发现问题，直接与家政服务公司联系并要求迅速解决，工作效率显著提高。半年多来，家政服务公司运转正常，工作人员服务周到，入住老人舒适满意，形成了服务中心、家政服务公司、服务对象多赢的局面，在养老机构运行改革及政府购买公共服务方面都是有益的探索。

（四）促进了社会组织的发展

社会组织起源于社会，贴近基层和百姓生活，贴近实际生活中的问题，具有比较强的灵活性，与政府部门相比更能够为群众提供专业化、个性化的公共服务。政府购买公共服务的行为，有力推动了社会组织的规模化、专业化发展，从另一个方面还提高了公民的生活质量，满足社会不同阶层群众多样化需求。虽然一些社会组织最初都是在政府的推动下成立的，但它们通过承接政府需要购买的公共服务，锻炼了服务能力和实践本领。从很大程度上说，各级政府通过公共服务的购买为社会组织的发展壮大提供了物质保障，促进了其功能的不断完善，推动了其结构的不断优化。

第一，政府购买公共服务能够培育和引导社会组织成立与发展。由于公共服务的公益性特点，政府购买公共服务的主要承接力量就是各类社会组织（非营利组织），它们正是构建社会的重要力量。政府通过制订购买公共服务计划，明确购买方向、购买目录，引导成立特定类型的社会组织，并参与到公共服务的提供中。

第二，政府购买公共服务为社会组织的生存和发展提供了资金与活动项目，这是社会组织生存和发展的重要基础。在我国政府办社会的传统下，社会组织很难有独立生存和发展的能力。而政府购买公共服务中，社会组织是最主要的公共事务承购者。从国内外的实践来看，政府购买资金也往往是社会组织最主要的资金来源。通过向社会组织购买公共服务，为社会组织提供必要的资金、场地、政策支持，能够为社会组织的生存提供必要的资金支持，将对社会组织起到积极的作用。

第三，政府向社会组织购买公共服务，还是政府融合社会组织、改善与社会关系的重要途径。政府通过向社会组织购买公共服务，能够在为社会组织提供资金支持的同时，加强与社会组织的合作和交流，博得社会组织的理解和支持，让社会力量更多地了解政府行为，增强他们的参与度和认同感，更能调动社会的力量，让他们也为和谐社会建设出力。这样，社会组织在处理群体问题时，更有可能从政府的角度来考虑问题、化解矛盾，并将政府的善意和立场向社会公众传达。这对于政府加强社会融合、改善社会关系具有重要意义。

第四，政府向社会组织购买公共服务，能够形成政府与社会组织合作治理的良好局面。20 世纪 80 年代以来，西方国家掀起了一股强烈的思考和改革社会管理问题的思潮与运动，由于对当时的“自上而下”的控制型政府社会管理模式不满意，他们主张并推动“自下而上”的全民参与型政府管理模式，特别强调各种非政府社会组织在社会公共管理中的作用。而政府购买公共服务通过独立性、竞争性的购买机制，形成公共部门与社会力量的合作性伙伴关系，共同参与到社会管理中，成为社会管理模式创新的一种重要选择。另外，有政府的公共服务项目作为支撑，社会组织也更容易得到社会其他力量的信任和支持，以人力、物资、资金等方式参与到公共服务的提供中，为社会组织建设注入新的活力。

（五）政府购买公共服务的运营管理模式逐渐成熟

政府购买公共服务的运营管理模式逐渐成熟，主要体现在以下三个方面。首先，在目前政府购买的社会公共服务的运营和管理模式中，政府占据绝对的主导地位，承担着重要的责任。因此政府在制定相关的公共服务项目时必须基于服务对象的特点，基于项目的数量、规模和具体实施项目可能进行的资本投入进行资金的预算。为了在保证产品质量的同时降低购买的成本，政府购买公共服务的产品必须融合市场的变化情况和竞争机制的参与；在进行项目选择时，往往能够选择竞争较为激烈，能够较好地保证质量，同时能够容易地计算出成本的投入项目。目前分析发现，公共服务的质量与数量基本上取决于政府的决策能力和管理水平，以及自身的经济状况。其次，定向购买能力加强。在政府购买公共服务的过程中，公共服务的对象差异以及公共服务过程的严格程度和购买方式成为政府作出决定的主要因素。一般情况下所说的购买形式，是指通过签署相关合同或票据进行承包和转租。当进行承包合同时，政府往往选择社会的非营利组织或其他部门签署相关合同；当进行相关补助工作时，由政府确定对承包方进行的相关补助的标准和依据。最后，评估兑现效率提高。借助对需求的分析、过程的监督和实施效果的评价，政府会对承包方进行相关评估的兑现，政府会基于承包方公共服务质量和资源的有效利用程度等方面对承包方的工作进行评估，当达到政府的预期效果时，政府会依据合同履行评估兑现。

（六）增强了公共服务市场竞争能力

政府的天然垄断地位使其在直接充当公共服务的生产者时缺乏竞争对手和竞争压力，容易导致资源浪费，有限的公共资源得不到充分利用，如豆腐渣工程等现象的发生；同时，与各类公司和社会组织相比，政府的专业技能较差，这也容易导致其直接生产公共服务的劣质与低效；而行政垄断也使得政府部门缺乏改善管理、提升服务质量的动机，政府购买公共服务，实质上是将市场机制引入公共服务领域，用市场机制来克服政府失灵。在有限的资源条件下，为多元化的竞争性公共服务提供机制，可以在数量和质量两个方面增强公共服务的供给，实现公共资源的高效使用。社会管理体制改革的重要方向就是在强化政府社会管理和公共服务职能的同时，改变政府对社会事务大包大揽、直接垄断的做法，将政府做不了、做不好和不便做的社会工作转移给社会组织承担，形成政府与社会组织合作提供社会工作服务的良性格局。推行政府购买公共服务，为社会组织的发展提供了更广阔的空间和契机，社会组织必将在社会性、公益性和服务性的社会职能中扮演越来越重要的角色。公共财政是与市场经济相适应的财政体制，以市场失灵作为财政职能定位的经济依据，以公共需要为财政支出的前提。我国正在大力建设公共财政体制，政府购买公共服务正是将那些可由市场提供的公共服务交由市场来提供，将政府的职能转到纠正市场失灵的领域中，弥补市场配置资源的不足，有利于促进公共财政体系建设。

第四节　保定市政府购买公共服务的问题及成因

政府购买公共服务是提高政府服务效率、节约成本的一条有效途径，但它还处于探索阶段，需要我们不断努力予以完善。上述所列举的保定市政府购买公共服务的工作推进已经取得一定成效，但是作为一个新生事物，因政府职能转变相对较慢，公务人员服务意识较弱，相关制度体系尚不完善，市场发育还不成熟，许多政府部门、公务人员和社会大众也没有完全适应从原有政府直接供给方式到现在向市场购买公共服务的方式转变，还是存在诸多问题。

一、政府购买公共服务中存在的问题

笔者对保定市政府购买公共服务中存在的问题开展了问卷调查，在收回的220份问卷调查中，83份显示未接触过政府购买公共服务，137份显示一定程度上了解政府购买公共服务。调查问卷中反映，未接触过政府购买公共服务的被调查者对政府购买公共服务工作较多是处于不了解的状况，或者认为政府购买公共服务中不存在问题。但在137名接触过政府购买公共服务的调查者中反映出了不同的现象。137名被调查者中有98名表示保定市政府在政府购买公共服务行为中或多或少存在一些问题。具体情况见图5-2。

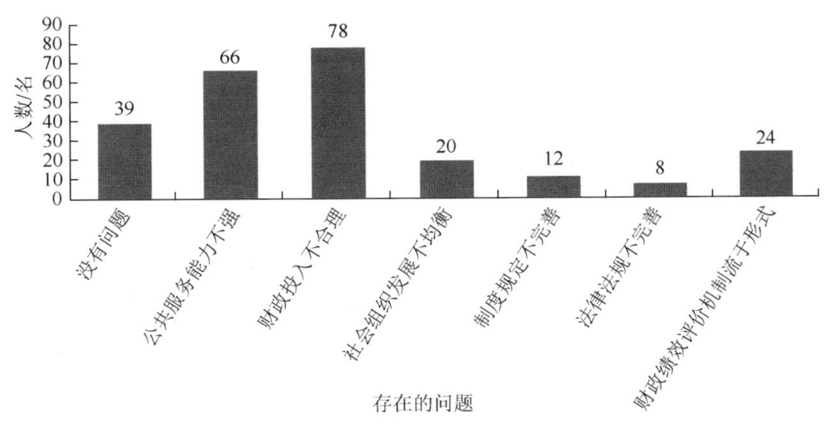

图5-2　保定市政府购买公共服务存在问题调查问卷情况

（一）公共服务能力不强

当前开展向社会力量购买公共服务具有很多便利条件。一方面，公民对公共服务的需求日益高涨；另一方面，政府认识到自身的服务职责，向服务型政府转型，同时，持续的经济快速增长、财政收入快速增长也为提供更好的公共服务创造了条件。实际上，按照保定市财政支出情况统计，大部分的财政支出都用于民生。由此可见，政府购买公共服务应该是大有可为的。但是在实践的过程中，政府购买公共服务开展的领域、数量、内容等，都与政府的计划和要求有较大差距。据分析，目前只有少数的服务项目社会组织有能力承接，而且主要是会议承办、宣传培训、咨询服务等项目，其他的项目受各种因素影响，现在都还难以承接。这与政府内部各部门对购买公共服务的认识不够有关系，也与有能力承接政府公共服务的社会组织数量严重不足有很大关系。同时，政府购买公共服务的工作进展也不均衡，欠发达县乡、农村的政府购买公共服务工作还面临不少难题。从市场上参加政府服务购买活动的企业来看，普遍存在能力上的不足，在服务质量上也有很大的提升空间。例如，针对环卫工作，企业为了能够进一步盈利，雇用的大部分工人都是老年人以及无法适应其他工作需要的劳动力人口，再加上企业对环卫工作的监管力度较差，现代城市化进程不断加快，环卫工人的工作量增大，直接导致环卫工作的质量下降，园林工作同样存在这样的现象。另外在政府的其他服务功能上，存在服务形式单一、缺乏创新、专业技术人才能力较差等现象，对于政府全面的社会服务需求无法满足。例如，在对参加社会服务工作的人员培训、职业保障以及各类园林大型机械设施的购买力上严重不足，没有形成健全的市场体系，不利于社会购买服务活动的进一步推广。全面地建设一支能够满足政府服务需求的队伍是当前各个企业以及政府单位的职责所在。

（二）财政投入不合理

保定市按照“保工资、保运转、保民生、保稳定、保重点、促发展”的支出顺序安排年初预算。因财力所限，用于政府购买公共服务试点推行工作的资金十分有限。

以保定市莲池区为例，近几年财力年平均增长达10%左右，至2017年初一般公共预算支出安排209 264万元，其中：一般公共服务支出24 782万元，国防支出122万元，公共安全支出8132万元，教育支出41 712万元，科学技术支出1515万元，文化体育与传媒支出120万元，社会保障和就业支出42 641万元，医疗卫生与计划生育支出 31 815 万元，节能环保支出 7279 万元，城乡社区支出 16 577 万元，农林水支出 7619 万元，资源勘探信息等支出 1284 万元，商业服务业等支出 210 万元，国土海洋气象等支出 1161 万元，住房保障支出 22 631 万元，其他支出 34 万元，预备费 1630 万元（表 5-1）。从政府购买公共服务的财政资金角度来看，财政部门的拨款幅度在不断上涨，最初拨款金额只有几十万元来进行试点，到 2017 年在服务购买上的资金投入已经达到 5000 万元以上，在试点逐渐扩大的情况下，政府财政拨款数量巨大，但是资金的使用情况却并不理想，存在拨款额度不均衡的现象。首先是相比较而言，基础服务设施上的投资较大，占整个服务购买资金的 1/2 以上。其次是在地区的分布上，资金大体流向相对比较富裕的地区，例如，保定市莲池区政府近些年在服务购买上的资金投入虽然已经达到 5000 万元以上，但其他贫困县区安排用于服务购买的资金却要少很多。最后是在对市民直接享受到的公共服务项目上投资比较少，近几年，莲池区政府扶持的各个部门分别在老年关爱项目、社会服务项目以及社区服务商上的投资仅有几百万元，并且资金投入没有显著增长。

表 5-1　2017 年保定市莲池区一般公共预算支出功能分类表

项目	2017 年预算安排/万元
1.一般公务服务支出	24 782
2.国防支出	122
3.公共安全支出	8 132
4.教育支出	41 712
5.科学技术支出	1 515
6.文化体育与传媒支出	120
7.社会保障和就业支出	42 641
8.医疗卫生与计划生育支出	31 815
9.节能环保支出	7 279
10.城乡社区支出	16 577
11.农林水支出	7 619
12.资源勘探信息等支出	1 284
13.商业服务业等支出	210
14.国土海洋气象等支出	1 161
15.住房保障支出	22 631
16.其他支出	34
17.预备费	1 630
合计	209 264

（三）社会组织发展不均衡

政府购买公共服务的承接主体包括社会组织和企业等，其中社会组织是最主要的承购者。社会组织包括非营利组织、营利组织和事业单位等，其中非营利组织指民办的不以营利为目的的组织，其中又依据其组织形式和组织目标分为以成员互益为目的的组织如行业协会、学会、文体协会等，以及以社会公益为目的的组织如民办非营利的学校、医院、养老院、博物馆、基金会等。在当下，其实有很多社会组织是在政府部门提议下成立的，有的更是专门为了某项新的公共服务购买项目而成立的。因此，很多社会组织都无法独立于公共服务购买者（政府）而存在，成为独立法人主体。这就产生了购买公共服务行为的“内部化”。在政府部门扶持下发展起来的社会组织很难在实际运作过程中与政府形成相互制约的良性关系。这些社会组织在运作时，大多都是被动地接受公共服务事务，而缺少主动地自我规划和设计，更不会去思考所承接公共服务的合理性。在这种情况下，社会组织的存在就变了味道，它更像是政府部门对社会的一种延伸，因而也就容易降低公共服务的质量和效率。

上述问题产生的根源在于，长期以来我国都习惯于采用政府直接生产的方式来供给公共服务，随着公众对公共服务需求的不断增加，政府部门更多通过下设社会组织的方式来负责向政府部门和民众提供公共服务。这些社会组织已经建立了较规范的管理制度和运行模式，成为生产、提供公共服务的重要力量，并在很多时候变身为政府部门的施政工具。正因如此，民办的社会组织长期受到抑制，在资金、人才、资源等方面存在发展瓶颈，成长缓慢，规模小，人才缺乏，专业化程度低。在目前的保定市范围内，能够承接供给公共服务的社会组织还是比较少，某些领域甚至没有，这便是由市场发育不成熟、缺少市场承接主体造成的。由此可见，培育市场承接主体，防止政府购买“内部化”将是推行政府购买公共服务必须解决的问题。

社会组织参与公共服务的经验、服务意识、服务能力、服务水平难以承接政府委托的购买服务事项。部分社会组织专业能力不强，如对公共工程可行性研究报告草拟辅助性工作、公共工程管理服务、公共体育运动竞赛组织与实施等事项难以承接。

（四）制度规定不完善

政府购买公共服务虽然已经纳入政府采购的统一管理，政府购买目录中也开始将一些公共管理服务类项目列入其中，但是相对于政府提供公共服务的内容和范围，以及政府购买公共服务目录中包括的项目而言，现行政府采购品目中服务类项目依然范围过窄。与货物采购、工程采购相比，公共服务具有无形、成本不确定、周期长、专业性较强等特点，不仅项目的管理、评估都存在难度，还会涉及接受服务者的感受、评价等问题。为了保证公共服务购买工作的顺利进行，往往需要制定专门的配套政策制度，对公共服务提供情况及时跟进和管理。目前的政策制度多为原则性、指导性的意见和管理办法，缺乏针对性和操作性，具体实施的制度规定有待进一步补充和完善。另外，政府购买公共服务作为新生事物，其与传统公共服务提供制度、事业单位改革制度、财政预算管理的衔接等问题还没有得到足够重视，依然影响着政府购买公共服务工作的推进。

政府购买公共服务实施边界较为模糊，具体实践中弹性过大。部分应由机关事业单位履行的职能事项，如课题研究、政策调研、咨询、技术业务培训等，若政府购买公共服务会加大财政支出压力，降低行政效能和资金使用效率。

（五）法律法规不完善

目前来看，我国针对政府购买公共服务的法律法规还不完善，可以参考的法律只有《中华人民共和国政府采购法》，其中对服务采购进行了相关规定，但是《中华人民共和国政府采购法》中针对的服务范围是指出于政府工作需要而采购的服务，如后勤服务、信息技术服务等，政府职责中的公共服务并不包括在采购的范围内。随后，我国发布的《中华人民共和国政府采购法实施条例（征求意见稿）》针对服务的概念进行了重新界定，也将政府采购的服务范围进行更新，认为排除货物工程以及政府采购的实物以外，其他的各类服务，如信息技术、网络工程、维修保险、租赁房屋或车辆、会议培训以及各类养护都属于政府采购的服务范围，教育以及公共服务等却没有成为政府采购的对象，并且法规中对服务提供者的身份也进行了要求，不包括民营类的企业以及组织，这种法律规定从根本上讲不利于我国政府职能的有效发挥以及经济的发展。因此各地方政府要对政府购买公共服务相关的法律法规进行完善，建立完善的法律体系。

（六）财政绩效评价机制流于形式

政府向社会力量购买公共服务的重要原因之一，就是将市场机制引入公共服务中，提高财政资金的使用效率。“购买”是市场关系形成的重要方式之一，等价交换原则是市场购买机制有效的重要原则。但是，当前政府购买公共服务的市场显得还十分不成熟，标准化、科学化的价格机制还十分不成熟。保定市政府将各部门年初预算中的项目资金列入绩效考核，但存在形式化的现象，且存在部分项目绩效评价标准不科学、不合理现象。标准化、科学化的价格机制的缺失，也必然带来绩效评估和监管的困难。财政部门虽然以文件的形式要求引入第三方绩效评估，但是具体的评估标准、评估方法等，都还有待根据服务项目特点具体制定。在前期购买时定价机制模糊、服务内容不十分具体和明确的情况下，第三方评估的引入恐怕也难以实现绩效评价和监管的目的。项目绩效跟踪未落实，评估机制、责任追究机制未健全，不重视事前规范管理及事中、事后的监督评估，缺乏对社会公众反馈意见的采集和分析。

二、政府购买公共服务存在问题的原因分析

（一）政府职能转变理念落后

在我国，政府购买公共服务既是政府管理理念的创新，也是重要的制度创新和实践创新。实施政府购买公共服务，需要各级政府部门和有关工作人员正确认识这项改革的重大意义，明确自己应该和能够做些什么，并按照规定着力推广。传统的政府管理思维，造成政府购买公共服务的作用没有及时引起政府部门的足够重视。保定市的政府机构针对公共服务的购买并没有普及推行，只是在部分地区采取试点的方式进行推广，当地的各级政府在公共服务的购买上没有实践经验，针对这方面的理论研究比较少，再加上国家法律法规上的欠缺，配套的资源缺乏，最终导致政府在职能转变上的理念无法与实际需求相符。截至目前，保定市政府职能转变可以遵循的理论指导只有当地政府办公室编制的简单的“指导意见”，针对具体的操作流程以及操作规范没有进行明确规定，各个部门对于实际购买服务的工作存在认识不清的现象，同样也不够重视，对于政府的详细需求没有进行明确。事实上，政府购买公共服务对国家以及人民来说都具有重要意义，而且能兼顾经济发展，无论国家的政府部门，还是各地的职能部门都应该重视购买公共服务的工作，在促进政府职能有效发挥的同时，促进市场经济和谐发展。

目前政府购买公共服务机制上存在的缺陷主要从三个方面来看待。第一，服务范畴界定模糊。事实上政府实际职能的体现范畴比较广，公共服务只是其服务活动中的一部分，我国也在对公共服务的购买上进行试验，事实上还没有大范围地推行。而实际的政府工作中，由于各个地区的经济水平、文化发展都具有一定的特殊性，各个地区对政府职能的需求标准也并不统一，政府部门也都在根据各个地区的特点进行购买，但事实上这样的购买行为很大程度上存在随意性，没有严格的体系对这种购买行为进行规范。第二，购买过程制度缺乏。

在政府购买公共服务的过程中，一般采用招标的形式进行，但是在这个过程中却存在一定的不公正，透明度较差，需要进一步对购买制度进行规范。第三，资金保障机制缺乏。政府的财政部门并没有对公共服务购买做出预算，这造成执行部门资金匮乏。

政府通过购买公共服务转移部分职能，机构和人员编制没有相应调整，造成人浮于事、财政资金浪费的现象。

（二）公共服务市场化进程缓慢

当前，公共服务市场化发展得比较缓慢，过程中面临着很多问题，主要有相关的制度建设缺失，如法律法规不健全、监督和评估等机制落后；存在大量的寻租行为；作为市场化主体之一的企业和非政府组织的社会整合能力较弱；公共服务市场化涉及诸多利益群体的利益调整，形成错综复杂的利益制约格局，致使公共服务市场化改革举步维艰；受传统计划经济的长期影响，无论是公民还是政府官员对公共服务外包的可行性的认识还不到位，公私合作的共识还不强以及政府本身责任缺失等。以上这些问题都极大地阻碍了公共服务市场化改革的发展进程。

（三）公共服务体系不健全

政府在公共服务上的购买行为能够在一定程度上刺激经济的不断发展，并为相关企业提供发展机遇，但是由于保定市自身经济实力有限，相关企业实力薄弱，公共服务的市场体系不完善，没有足够的能力来满足政府部门庞大的公共服务需求，这也在一定程度上为政府购买公共服务带来了障碍。此外，各个部门之间的服务项目没有被统一进行监管。政府公共服务部门的工作涉及与各个部门之间的合作，目前来看，部门之间的合作缺乏统一的管理，并且缺乏执行力。保定市政府的一些部门在购买公共服务上的部门管理同样不足，缺乏统一领导，监督体系不完善，对服务购买环节的监督不到位，造成购买公共服务体系不健全，企业之间的竞争也缺乏公平性。

从承购者与政府的关系以及购买方式上来说，非独立性、非竞争性的购买依然比较多，真正实现竞争性购买的公共服务项目并不多。要充分利用市场机制，实现竞争性政府购买公共服务以提高公共服务效率，还需要不断地探索和推进。这种情况产生的原因如下：其一是购买公共服务的买方市场还非常不成熟。由于保定市各种社会力量发展不成熟，有能力承接政府购买公共服务的机构不多，政府只能通过各种方式成立机构，或者利用相熟的现有机构，来参与政府购买。这样必然导致公共服务承购者的非独立性严重，竞争性的市场机制还没有完全建立起来。其二是政府各部门对竞争性购买公共服务的认识不足。对于政府购买的公共服务，很多事项本来就是由政府内部承担或者由所属事业单位、社会团体承担的，现在实行政府购买公共服务之后，往往还是按照以往的惯例，出于方便或信任考虑，习惯性地直接委托给原来的这些部门承担，形成更多形式性购买、非竞争性购买。面对这种情况，目前的监管制度还很难完全监管到位。其三是公共服务的特殊性也决定竞争性购买实现的难度。从政府购买公共服务清单来看，政府向社会力量购买的，往往都是专业性、技术性比较强的服务，有能力承接公共服务的组织或机构往往并不多，难以形成有效的市场竞争。

（四）运行、评价和监督机制不完善

（1）运行机制不完善。公共服务购买活动是一种政府行为，政府行为一般都会参照一定的规章制度，但是在实际的公共服务购买过程中，很多不规范的现象时有发生，如合同拟定不规范、购买方式不规范、评估标准不规范等。保定市针对政府购买公共服务过程中的行为规范也并不明确，很多的政府部门在服务购买的过程中甚至不签订纸质合同，只是进行简单的口头协议。政府为了能够挑选可信的合作企业，也经常将公共服务外包给自己的下属部门，真正在社会上进行竞标的比较少，这在一定程度上造成了不公正现象的发生，不利于社会的和谐稳定。并且政府对服务效果进行评估的职能也没有有效发挥，大部分情况都是形式主义。

（2）评价机制不完善。政府虽然将公共服务活动进行外包，但是根本上讲，政府还是要对外包企业的服务项目负责，对项目成果进行评价并对服务过程进行监督。但是保定市却缺乏专门的机构部门对公共服务进行评价并提出改进意见。这也是由公共服务项目自身的特性决定的，公共服务项目无法进行量化，并且包括的服务范围比较广，具体的服务标准较难明确，针对服务绩效的评估标准难以确定；因此政府购买公共服务要真正落实到实际的工作中还需要经历一段时间的摸索与总结。在对政府购买公共服务过程中的实际流程进行了解后，发现政府在购买公共服务时对公共服务所需要的资源价格并不了解，政府在招标的过程中也存在着各个企业将所需资金报价虚高，并在后续提供的数据中弄虚作假，据了解，当公共服务的资源价格与正常价格相比高出 20 个百分点后，就已经属于虚假合作。甚至很多的企业为了能够获得政府的公共服务项目，对自身的服务工时进行虚报，例如，实际家庭综合服务中心的服务项目需要 20 名工作人员，对这 20 名工作人员的工作时间进行统计发现该服务中心可以提供的服务总工作量在 2000

小时左右，但是很多的地区没有对自身的服务工时进行计算，并且对服务工时的概念并不了解，很多的服务中心在竞标中报出的工时远远高于自身实际能够提供的工时总数，如果该企业竞标成功，那么企业在工作的过程中就容易发生为了达到服务目标而忽视服务质量、降低服务标准的现象。

（3）监管机制不完善。政府在公共服务上的购买还属于新兴手段，针对这种手段进行监管的机构还没有成立，存在公职人员利用职务进行贪污的可能。目前来看，政府在公共服务外包的企业选择上，大都是一些官方企业，这些官方企业往往根据自己的实际需要进行合作，缺乏标准的规章制度以及监督机制，某些政府部门针对合作企业的规定也都停留在形式上，并没有起到实质作用。并且这些规定的内容比较笼统，多数情况下会造成当事人的误解，为后续对服务质量的判定带来了障碍。再加上政府公共服务购买的行为是一种长期行为，与企业的合作也都是长期合作，在合作之初，企业一般都会为了竞标成功进行高标准的承诺。根据《中华人民共和国预算法》的规定，每个部门和单位都应按照当年预算严格执行支出计划。但由于预算编制中与实际需求发生脱节，有些部门和单位无法按计划进度支出资金。为避免追究责任或资金被收回，一些部门和单位将公共服务外包出去，从而放松了对资金的监管，甚至出现贪污腐败的问题。

第五节 完善保定市政府购买公共服务的建议

根据上述分析可以看出，政府购买公共服务在实践中已经有了很大进展，同时，作为政府职能转变和财政支出管理创新的方式，还存在着需要解决的一些现实问题。从提升保定市未来政府购买公共服务的效能分析，有必要遵从政府采购理论和国务院、省政府的有关制度规定，继续在以下层面规范和完善政府购买公共服务的制度设计与管理工作。

一、确定政府购买公共服务的基本原则

作为政府职能转变、提高行政绩效目标下的重要改革，政府购买公共服务应该围绕改革目标，确立改革的指导思想和基本原则，为改革指明方向、打下基础。

（1）建立政府向社会力量购买的契约式公共服务提供机制。政府向社会力量购买公共服务，是契约式的公共服务提供机制。政府和承购者作为购买市场的双方，两者的关系是既相互独立又相互合作，提供高质量的公共服务是共同的目标。契约式的公共服务提供机制，意味着政府与承购者之间形成了委托代理关系，双方通过签订契约达成购买意向、明确双方的责任，并对双方的行为进行约束。契

约关系的建立意味着双方都必须牢固建立契约意识，并以强烈的责任意识完成自己的任务。

另外，契约式的公共服务提供机制还意味着双方的独立性。鉴于公共服务提供的特殊性，政府作为购买者，除了需要按照约定的价格支付成本，还应当加强对承购者行为的监管力度。除此之外，政府应该最大限度地放松对承购者具体提供方式的管制，保证社会力量提供公共服务活动的独立性。

（2）政府依然是公共服务提供的责任主体，政府责任以财政资金支出作为保障。提供公共服务是政府的重要职能之一。虽然政府与承购者双方都是提供公共服务的主体，其中政府为提供主体，承购者被视为生产主体，但是政府仍然是公共服务的最终责任方，必须为公共服务的提供负责。必须强化政府提供公共服务的责任意识，不管公共服务以何种具体方式来提供，政府都必须保证公共服务的正常提供。所以，政府购买公共服务并不意味着政府可以甩包袱、减责任，而是应该通过这种机制提高行政绩效，在现有条件下提供更有效、更高质量、更让人民满意的公共服务。一旦出现监管不到位、承购者没有按照要求提供相应的公共服务，政府必须立即采取行动，以其他方式保证公共服务的提供。在政府购买公共服务中，政府作为购买者，核心职责是保障公共服务提供所需的资金，并通过财政资金提供保障。政府的责任是通过财政分配和财政资金的流动来完成的。同时，作为公民税收的管理者，财政部门也必须加强对财政资金使用情况的监管。

（3）政府购买公共服务既有经济性，又有政治性，各方面都应该兼顾。保定市政府向社会力量购买公共服务，当前重点发展的承购者是社会组织。这种导向意在借政府购买公共服务之力，帮助社会组织独立生存和发展，并以此来达到培育社会、加强社会建设的目的。这显然是出于政治考量而赋予政府购买公共服务的使命。政府向社会力量购买公共服务的一个重要目的，是精简政府机构、转变政府职能。事业单位改制问题也是当前的重要任务之一。通过政府向事业单位购买公共服务的方式，推动事业单位以承接政府购买的方式参与到公共服务中，实际上将事业单位与政府相互独立起来，从实际上推动了事业单位脱离政府，使其向公益性社会组织方向发展。政府购买公共服务的另一个重要目的，就是减轻财政压力，降低公共服务提供的成本，提高财政资金使用绩效。这应该是出于比较单纯的经济性考虑。通过政府购买的方式提供公共服务能够降低政府管理成本、提高财政资金使用效益的一个重要原因，就是购买服务将“养人办事”转变为“以事养人”，能够大幅降低公共服务的人力成本。在实际操作中，当前鼓励社会组织发展的背景影响着政府购买公共服务，对政府购买公共服务的政治性关注过多，往往容易忽视其经济性，忽略了对购买成本的控制和资金效益的管理。应该注意政府购买公共服务中的政治性与经济性，以此推动社会组织发展的同时，也要严格控制财政成本，形成节约型、有效率的机制。

（4）强化政府购买公共服务中的竞争机制。政府购买公共服务打破了政府垄断公共服务的机制，将市场竞争机制引入公共服务中，只有不断强化政府购买公共服务的竞争机制，政府购买公共服务才能够真正达到其改革目标。强化竞争机制，首先，要求政府应尽量使用竞争性方式进行购买，并保证竞争的公平、公开，引导社会力量积极参与竞争；其次，要进一步加强买方市场建设，引导成立合适的社会组织和机构，为它们的生存和发展创造条件，尽量引导有能力提供公共服务的社会组织和机构参与竞争；最后，要建立起鼓励公平竞争的制度环境和社会环境，让竞争看得见成效，不断提高公共服务购买中的竞争性。

（5）以民生需求为导向，有序推动政府购买公共服务的范围不断扩大。要充分发挥政府购买公共服务的效用，必须在足够大的范围内实行政府购买公共服务，在有条件采用购买方式的公共服务领域，推广形成规模效应，最大限度地将市场机制引入到政府公共服务供给中。但是，政府购买公共服务作为一项涉及对政府、市场和社会关系重构的重大改革，应该按照各地的基础和实际条件，有序逐步扩大推广范围。

二、明确政府在购买公共服务中的角色定位

第一，要正确认识现在推行政府购买公共服务面临的困难。保定市发展政府购买公共服务的政策建议都理所当然地将公共服务的提供、生产、监管都当作政府的职能，习惯了统包统揽。而现在要将提供与生产区分开来，无论是在观念上还是在措施上都跟不上。而社会公众同样是早已习惯了政府对公共服务的包揽，认为政府就应该全权负责提供这些服务，只有政府提供的服务才是可以信赖的，而很少考虑公共服务是否也可以由其他力量来提供、其他力量是不是有可能提供出更好的公共服务。同时，作为潜在公共服务承购者的社会力量，他们之前也没有开展过类似的业务，没有与政府在公共服务方面打交道的经验，也不一定能够很快适应这种契约关系模式。所以，让社会公众和政府部门从观念上认同政府购买公共服务并不容易。要让社会各界正确认识政府购买公共服务，应该客观地分析政府面临的问题，说明购买公共服务能够带来的好处，并加强宣传，争取更大范围的认同。

第二，要正确认识政府购买公共服务中的政府“提供者”角色。政府购买公共服务，实际上是将政府提供公共服务的职能进一步明确化，将公共服务的提供流程化、专业化，逐步将市场竞争机制引入公共服务领域。按照政府公共服务的提供流程，将公共服务的提供过程分为“政府决策”“财政资金保障”“部门采购”“相关部门监管”等环节，研究哪些环节可以转移给社会力量承担，例如，可以将生产环节外包，而决策、资金保障和监督环节依然由政府承担。通过这样的分工

合作，公共服务提供实现了从政府垄断到多方合作的变化，而且政府在其中依然承担了主体部分，其所提供服务的公共性质并没有改变。作为公共服务的提供者与购买者，政府必须具备主体意识、责任意识、成本意识、契约意识、管理意识，并做好内部的分工合作。

第三，要正确认识在购买契约关系中的政府角色。在购买公共服务中，政府作为购买主体出现，它与承购公共服务的社会主体形成相互独立的契约关系，除了契约规定的责任与义务，并不应该对社会主体具体的公共服务提供工作过多干涉。也就是说，在公共服务的提供过程中，也应该保持提供者的独立性。这也是在政府购买公共服务中必须明确的问题。虽然在具体项目的购买中，实际与社会主体建立契约关系的可能是不同的职能部门，但是它们代表的都是政府整体，都必须按照政府采购管理要求和契约要求各负其责开展工作。

第四，要明确政府的职能定位还有一层含义，即分清政府在公共服务供给中，哪些是可以通过购买方式提供的，哪些是不适合用购买方式提供的。针对不同类型的公共服务项目，应该使用不同的提供方式，政府购买可能只是提供方式中的一种。这个问题有了比较明确的界限，政府职能部门才能够更规范、有序地推进政府购买公共服务。

在分清不同领域政府的职能之后，再去制定制度、细化规则，保障职能完成到位。具体来看，在购买公共服务中，政府应该承担以下职能。

一是全面统筹、规划和管理。包括统筹规划政府购买公共服务推进的力度、范围等，制定相关的法律法规、发展规划和实施纲要，制定有关管理办法、实施细则等。中央政府与地方政府购买公共服务的职权范围和责任也应该得以明确。二是制定整体性的政府购买公共服务指导性目录及年度购买清单，并根据民生需求对购买目录进行调整；制定和调整购买公共服务的限额标准。三是监督管理政府购买公共服务活动的开展情况，对辖区内政府购买业务进行监督检查和指导。对购买活动的监管，应该按照《中华人民共和国政府采购法》及其具体的管理操作办法进行统一监管。监管的主要内容包括：政府购买活动是否符合有关法律、法规和规章制度的规定；是否按批准的计划、标准进行；购买方式是否合规；政府购买合同的履行是否符合要求；购买资金拨付流程是否合规；是否存在寻租受贿等情况；以及对有关投诉的处理等。四是购买资金的预算编制和执行。应按照公共服务的性质和内容，确定购买资金的来源，并根据项目内容和标准确定购买资金，审核编制政府购买预算。预算的执行、财政资金的拨付都应当按照政府财务管理规定来执行。五是购买计划和购买方案的编制与审定。政府各部门应根据实际需要编制购买计划和购买方案，明确购买方式、费用金额、资金来源等，并按照规定进行审定。六是对公共服务提供的过程进行监管，对结果进行评价。通过对服务对象的调查、对资金使用情况的审核、对提供服务的机构行为的观察等方式，对服务提供的过程进行监管、对提供公共服务的结果进行评价。监管和评价的重点包括财政资金的使用情况、服务态度和服务质量、服务效果、服务对象的满意度等。监管情况和评价结论作为购买资金支付的依据，纳入该机构的信誉体系。

三、明确界定政府购买公共服务的对象

实行政府购买公共服务，首先应确定哪些公共服务适宜购买。理论上来说，除了必须由政府直接提供的公共服务，其他都可以通过一定的方式委托给市场和社会提供。而必须由政府直接提供的公共服务，一般是指如果不由政府直接提供，政府就将很难监控，并很可能给国家、社会带来重大危害的事项。而相对来说，政府没有足够的能力和精力来提供、交由社会主体来提供能够更有效率的公共服务，就更适合以一定方式交由市场和社会来具体提供。

界定政府购买公共服务的对象，首先应该明确以下几点：①公共服务的具体内容是根据时代特点发展变化的，适合政府购买的公共服务也在随着社会的需要而不断变化；②同一项公共服务，随着市场经济发展水平的变化，其是否适合由社会力量购买的方式来提供，也可能发生变化；③政府向社会力量购买公共服务，既可能购买公共服务的整体项目，也可能购买其中的某一部分或一个环节，应根据政府工作的实际需要来决定；④不同层级的政府、不同地域的政府，根据其事权的不同、工作重点的不同、实际条件的不同，向社会力量购买公共服务的内容会有很大差别，应该区别对待，不能生搬硬套。

建议根据以下条件来确定本级政府购买公共服务的内容。

第一，明确本级政府事权，在此基础上判断哪些公共服务事项需要通过政府购买的方式来提供。我国政府分为中央、省级、地市、县、乡镇五级政府，每一级政府都有各自的事权和相应的支出责任。在清晰界定本级政府事权的基础上，再来确定哪些公共服务可以通过政府购买的方式来提供，或者哪些政府提供公共服务的哪些环节可以购买，相对来说就更清晰、更容易。一般来看，越高层级的政府会越偏重于购买为政府履职所需的专业性和辅助性事务，以及政策法规的前期研究、后期宣传等辅助性事务。而越是基层的政府，承担的直接面向公众的公共服务越多，应更多地购买社会性公共服务，如社区服务、养老服务、社会救助服务等。

第二，根据现有基础，确定购买公共服务的内容及推进过程。政府购买公共服务作为一项政府改革，应该有一个循序渐进的推进过程，条件成熟的地区和项目可以先开展政府购买。具体来说，已经开展过试点的地方或部门，可以根据已有经验进行总结和推广，扩大购买的范围；还没有开展或开展比较少的

地方或部门，可以先开展试点，或者借鉴其他地方经验进行尝试性改革；公共服务项目比较容易找到适合的承购者的，可以先开展购买，不容易找到适合的承购者的，可以先培育适合的承购者，或等到买方市场发展比较成熟时再开展政府购买等；易于进行竞争性招投标且风险比较小，具备竞争的买方市场的可以率先开展政府购买。

第三，根据公共服务事项的任务明确度、可量化程度，确定哪些服务可以先实施购买。公共服务事项的任务明确度、可量化程度高，意味着容易列出详细的数量、质量要求和标准，容易为购买服务定价，也容易对服务的完成情况和效果进行评估。这样的公共服务更适应市场交换的条件，容易开展有效购买。但是，也不是说必须是有明确的量化条件的公共服务才能开展政府购买，有些项目可以用以前政府提供所需成本作为定价的参考，或者通过市场竞争机制来定价。另外有些项目之前政府并没有直接提供的，由于社会发展需要急需向社会购买的，价格往往也并不成为最重要的购买条件。

四、建立健全政府购买机制，实现规范管理

政府购买公共服务涉及政府各部门、有关社会组织和机构以及社会公众，是一项承载了众多期望的重要政府改革。由于政府购买公共服务直接涉及各方主体利益，涉及的工作链条比较长，必须构建比较完善的管理机制和运行机制，对公共服务购买的全过程进行规范管理。

（1）将政府购买公共服务纳入《中华人民共和国政府采购法》统一管理。按照《中华人民共和国政府采购法》规定，政府采购的内容包括对服务的购买。购买公共服务也属于政府采购服务的一部分。在大力推进政府购买公共服务之时，应当首先明确公共服务也是政府采购服务的一部分，对相应的采购流程、采购方式、监管办法等，应该进一步明确，并强化监督。尤其是对于哪些公共服务应该集中采购、哪些必须采用竞争性投标，应该给以严格规定。

（2）将政府购买公共服务纳入财政预算统一管理。政府购买公共服务是政府的重要经济活动，并以财政资金的流动为核心。政府购买公共服务，必须纳入政府预算，进行统一管理。一是政府购买公共服务必须编制预算，安排好资金来源。预算购买资金应当有合理的核算办法。二是应该按照财政资金管理要求，做好资金的申报、请款拨付等工作。资金支付、监管应当按照财政资金的统一管理办法进行规范。三是应当明确政府购买公共服务资金的支付责任和管理责任，从制度上保障政府财政资金的规范化使用。因为政府购买资金的使用和支付涉及政府财政部门、实施购买的职能部门以及服务的承购者，各方对公共服务有关资金各承担怎样的责任、如何拨付使用，都应有明确的管理办法。

（3）针对项目特点，建立完整的购买流程。政府购买公共服务有很多类别，整体来说，其购买程序是大体一致的。整个流程都应该包括：制订购买计划、申报预算、制定详细的购买方案、确定购买方式、确定承购者、服务过程中的监督、结果的考核评估、责任的认定等，应该有明确的规定。同时针对项目特点，购买的流程管理上也应有所不同，应该有一些可选项。例如，社会性公共服务，直接服务对象是社会公众，一般项目周期比较长，服务个性化特点比较突出。公共服务项目的特殊性，决定了购买价格的核算、项目实施情况的监管都具有一定的难度。建议针对公共服务的可量化程度和服务周期长度、服务的难易程度，制定相应的管理办法。

五、健全监管机制，防止政府购买公共服务失效

实践表明，政府实施购买服务在起步阶段定会出现许多问题：一是制度机制不健全，无法保证购买服务规范操作；二是相关政策不完善，规定存在漏洞或难以落实；三是契约关系不成熟，社会组织相对购买主体处于弱势地位，导致其生产公共服务的积极性下降；四是公共服务质量难以量化评估，评价结果常常引发矛盾纠纷；五是很多公共服务的成本价难以准确把握，特别是对教育、医疗等一类的“软服务”，其成本价的测算、服务过程的监管以及服务质量的评价标准等方面与实物产品存在较大差别，可能产生不少合同漏洞，造成购买结果很难评价；六是监管机制不健全，可能导致承接公共服务的社会组织变成逐利机构；七是事业单位改革滞后，购买公共服务结果因市场竞争不充分或造成公共资源闲置浪费而饱受质疑；八是购买公共服务供给模式与传统提供服务模式衔接不够紧密，一定时间内可能影响民众福利，招致民众不满，降低政府公信力等。现实中，民众通常不会考虑改革的难度和客观因素，通常把引发上述问题的责任全部归于政府和公务人员，使其工作陷入被动。因此，应建立严格的购买服务监管体系，确保购买服务相关方履行责任义务，保证政府购买公共服务顺利推进。为此，应将政府购买公共服务监管纳入人民代表大会、纪检监管体系，定期或不定期对政府购买相关方尤其是购买主体进行适时检查监督。财政部门要加强财政资金监察与管控，确保资金管理和使用得当，不让资金出现被截留、挪用或者滞留的情况。审计部门要及时对服务项目进行跟踪审计，并保证监督审察效果。政府应引入第三方评估，择机抽检财政部门和相关政府部门的服务项目评估结果，对不良评估予以严肃处理。同时，借助政府集中采购平台搭建政府购买公共服务信息公开平台和公众监督平台，对购买服务的所有可公开的信息如购买目录、拟购买项目、项目预算、服务标准、承购者资质、竞标结果、绩效评价结果、评估机构等适时向社会公布。对单位和个人有关购买服务违法违规行为进行及时处理。将购买服务全程暴露在阳光之下，防止购买服务失效。

首先，完善并加强内部监督评估。内部监督应该存在于服务供给的整个过程，主要有两个方面：一个是财政监督；另一个是相关部门的质量监督。前者是指财政部门对政府用来购买公共服务资金的使用情况进行的监控，由财政部门有此行政职能的内设科室或单位发挥监督功能。后者主要是服务的购买部门根据合同约定享有的对服务的质量以及数量进行的监督和评价。在这方面，最常使用的方法是利用绩效考核体系来达到评估和监督的目的。绩效考核体系包含两个方面：一是对于购买效率的评价，主要用来衡量政府购买公共服务效率的大小，是对费用最小化的情况下实现服务数量、质量最优效果的评估；二是对于服务效用的评价，主要是由服务消费者在享受公共服务后，做出评判。其次，健全完备外部监督。一般来看，专业性和独立性较强的外部监督机构可以提供更有效率的监督。外部监督机构主要有以下几种类型。一是具有较强专业性的第三方监督机构，如审计事务所、法律事务所等，凭借较为专业的人才队伍和机构本身的公正性，比起来自大众的监督，具有更强的深刻性和科学性，其监督重点在于成本核算等方面，监督的层次要更为深入。二是公众和媒体的监督，这类监督表面性较明显，容易出现流于形式的问题。在互联网技术十分发达的今天，博客、微博、论坛等都成为公众监督十分有效的工具，从这个方面来说公众和媒体的监督力量有不断增强的趋势。其实，公众是公共服务最直接的接触者和消费者，对于政府提供服务的科学性和合理性有理所当然的发言权和更强的直观性。三是相关领域专家的监督，目的在于让政府部门在专业领域及发展方向上更好地发现和解决问题。由于专家在特定领域具有深厚的学术背景和分析能力，他们能相对容易地找出公共服务供给中的不足和缺陷，提出可操作的意见建议。可以通过邀请座谈、问卷调查、政策咨询等形式，请相关专家一起对公共服务供给现状“把脉会诊”，通过数据的对比和政策的分析发现问题，制定解决方案。

六、提高政府购买公共服务的独立性、竞争性和透明度

1. 独立性

政府购买公共服务中的独立性有两方面的含义：一方面，购买者与承购者之间购买关系的独立性，即两者不因为行政、业务等方面的关系，而导致购买的不公平；另一方面，承购者提供公共服务的独立性，即承购者在具体承担公共服务的生产之后，能够独立决策、开展各项工作。保定市的政府购买公共服务，主要承购者是事业单位和社会组织。但是这两类机构在历史上都与政府部门有着密切联系，现在虽然实行了事业单位改革和社会组织管理改革，两者的独立性依然不高。另外，为了找到合适的机构购买公共服务，政府还主导成立了一些社会组织，

这些机构不管是从成立的条件来看，还是从业务来源看，独立性都不强。从长远来看，必须提高政府购买公共服务的独立性。

一是放宽社会组织成立的条件，鼓励社会力量成立各类社会组织和机构，并给他们提供比较宽松的发展环境。二是放宽政府购买公共服务的市场准入条件，鼓励与政府没有关系的社会力量参与承购政府的公共服务。一方面，鼓励各种社会组织参与竞争；另一方面，应该鼓励各种私营组织参与到适当的公共服务购买中。三是加快事业单位改革。推动事业单位尽快与政府部门脱离行政管理关系，推动事业单位去行政化。鼓励事业单位开发人力资源、积极拓展业务范围，参与到更多的公共服务购买中，如可以参与不同区域的同类公共服务竞购等。四是要保证政府购买公共服务市场竞争的公平性。以制度为保障，让各类事业单位、社会组织和私营部门平等地参与购买的竞争，不让关系因素主导公共服务的购买。

2. 竞争性

采用政府购买公共服务的方式来提供公共服务，核心就在于通过竞争性购买方式，引入市场机制、引入社会力量，提高公共服务的效率。而市场机制的引入，关键就在于竞争机制的引入，创造有利于公共服务购买公平竞争的环境。竞争机制的形成，需要有足够数量的、有能力参与竞争的机构为基础。只有在参与者足够多时，才有可能发挥价格机制作用、形成市场竞争。应该通过政策引导、扶持社会组织发展、推进事业单位改革等方式培育买方市场，培育一批愿意参与公共服务、有能力提供更好的公共服务的组织和机构，扩大公共服务竞购市场的参与者队伍。市场经济的基本准则是公平竞争，政府购买公共服务也应该遵循这一原则。创造一个公平竞争的环境，不仅有利于相关领域的社会组织能够参与到竞争中，还有利于服务质量的有效提升。在特定领域存在多少社会组织可以提供相关服务、各个组织之间是否存在竞争对于政府购买公共服务十分重要。政府如果选择通过购买服务的方式提供公共服务，需要有一定数量的社会组织参与到服务提供的活动中。这些社会组织有相关资质和专业能力，并且有意愿参加到服务的生产中，同时他们对公众的需求能够做出科学、合理的反应，只有这样在公共服务提供领域才能产生竞争。公开招标作为政府购买公共服务的重要程序，要在这个过程中坚持公平竞争的原则，即要公正、公开、透明。在竞标过程中，为了能让最适合的社会组织脱颖而出，相关政府部门要对服务项目的操作要求、服务期限、消费人群范围以及服务效果做出明确的界定。竞标结果要经相关领域专家组的分析、评判和考核。只有严格程序流程，才能有效减少和避免那些扰乱公平竞争的行为，为社会组织提供一个公平竞争、良性发展的氛围和环境。

首先，竞争一定要是公平原则下的竞争。公平竞争原则要求政府购买公共服务活动必须公开、透明和公正。通过面向全社会的公开招标活动，对政府购买的各个要素给予清晰的界定，并加强宣传力度，选择真正适合的社会组织或机构来承接政府的公共服务。竞标结果应具备公信力，保证其不受任何干扰公正的因素影响。其次，应逐步构建公平竞争的制度环境。一方面，通过契约式购买方式，明确各社会主体参与公共服务提供的平等地位，激励各方面参与提供公共服务的积极性。另一方面，购买关系作为市场经济的特点，将市场机制引入公共服务中，使政府增强成本意识和管理意识，强化政府主体责任。另外，政府的购买行为将引入承购主体之间的竞争，公开、透明的购买机制将吸引更多符合条件的社会力量参与竞争，形成有效的竞争机制，提高公共服务提供水平。

3. 透明度

政府购买公共服务的目的是变革政府公共服务的提供方式，促进政府职能转型、提高政府绩效。进一步提高透明度是当前财政管理的重点之一，政府购买公共服务是财政部门的重要改革任务，也必须把提高透明度作为改革的重点来要求。提高透明度是增加购买公共服务竞争的公平公正、提高公众参与度、切实提高财政资金绩效的保障。增加政府购买公共服务的透明度，应该贯穿工作的各个环节。要让政府工作透明化、政府与承购者的交易过程透明化、让承购者的公共服务过程透明化。

一是在预算编制环节，政府购买公共服务应当列入政府预算。项目预算的编制应当有理有据，并向社会公开接受各方监督。二是在购买过程中的公开透明。采用公开竞标方式购买的项目，应当向社会公示购买方案，尽可能大范围地征集竞标对象，鼓励适合条件的私营部门、社会组织和机构参与竞争。同时，评标过程应当公开透明，确保以可以明确衡量的标准，公正地选出最适合的中标者承担公共服务。竞标结果也应当及时向社会公布，接受社会的监督和举报。三是在服务提供过程中，应该要求公共服务的承购者公开透明开展服务，自觉接受被服务者和社会的监督。公共服务的承购者应该向社会公布：本机构的性质和职能、承接的公共服务项目及具体要求、开展服务工作内容及工作方式、有关重要支出等。通过公开这些信息，实现公共服务的透明化，能够促进承购者提高服务质量，帮助公众和社会力量参与到对政府资金使用的监管中。四是对公共服务提供情况的验收评估结果，应及时向社会公开，并登记进入公共服务项目库。建议建立公共服务项目库，对达到一定条件的政府购买公共服务事项都登记进入项目库，项目库记录社会组织或机构承接政府公共服务的情况及考评结果，作为今后购买服务的参考。同时应建立政府购买公共服务项目评估结果的公示制度，及时向社会公开考核结果，形成信息共享。

七、梳理政府购买公共服务的法定流程

购买公共服务的结果好坏，一般与购买程序是否公正、是否恰当密切相关。因此，为了实现高效率、低成本和供需关系稳定的目标，建立规范的购买流程和制度就成了重要前提和必要的手段。规范的流程在这里又显得尤为突出。对于保定市及其所辖县区政府购买公共服务来说，可以采用以下的服务流程。

（1）明确公众需求，制定项目规划。政府应通过多种沟通渠道，更广泛地听取民意，收集公众最需要什么样的公共服务，切实反映和了解社会真实情况。政府还应该充分考虑社会发展的总体规划和财政预算，制定一个可以实际操作的项目规划，明确服务的层次和范围，明确需要向社会购买什么，并制定与规划相适应的预算方案，保证公共服务的供给结果有质有量。这其中的一个关键点是，政府需要结合生存优先、理性化和效用最大化三个原则，将公众的需求构建成为一个相对稳定和谐的顺序。公众的这种需求顺序，直接反映在了政府的公共服务结构（包括先提供什么服务，先给哪些人提供服务，给这些人提供什么程度的服务）上，这种结构其实就是政府购买公共服务的结构。

（2）公开项目招标、签订服务合同。政府部门购买服务应优先采取竞标购买方式。对于这种方式，政府部门首先应加强信息公开工作，运用各种手段和渠道向社会、公众公布购买服务的项目内容、项目金额等各类招标信息，鼓励和支持具备一定实力的社会组织积极投标，并从中进行选择。另外，在保证公平、公正、公开的前提下，政府部门应严格考核竞标机构的专业水准和服务能力。最后，签订服务合同，要明确项目具体内容、期限、支付额度；要体现评价该服务项目的标准和方法；更要明确政府和竞标成功方的权与责，以及如何对具体项目进行监管，并在发生事故时，如何及时处置问题、确定各自的责任。

（3）掌控项目实施、监督合同执行。要保障承接公共服务的生产者应该根据合同规定的款项、拟订的方案生产和供给公共服务。在履行合同的过程中，政府部门应当及时掌控项目推进情况和公共服务生产情况。

（4）评价服务效果及后续跟进工作。当购买合同到期或项目方案所制定的公共服务内容全部生产完毕时，该公共服务项目才算完成。政府作为出资方应聘请与购买合同无关联的第三方（如专业机构）对服务项目及其运行的过程、影响等情况进行项目审核、评价。

八、鼓励社会力量多途径参与提供公共服务

提供公共服务是政府的主要职能之一，但并不意味着只是政府的事情。仅仅

依靠政府的力量，将难以提供满足社会需要的各种公共服务。政府必须鼓励和支持各种社会力量多途径参与到公共服务的提供中，为政府公共服务提供必要的补充。鼓励社会力量广泛参与公共服务的提供，不仅是为了扩大公共服务提供范围、提高公共服务提供质量，更是为了调动社会向善的力量，营造社会和谐共建的氛围，是提高社会凝聚力的重要方式。实际上，很多社会组织、个人已经在为社会提供公共服务。如一些慈善组织、宗教机构、公益性组织开展公益性活动等，他们已经开始成为公共服务尤其是社会公益性服务的重要提供者。政府作为最主要的公共服务提供者，有责任承担起大部分的公共服务。同时也应当鼓励其他社会力量参与到公共服务的提供中，成为公共服务的补充力量。政府购买公共服务是政府鼓励社会力量参与公共服务提供的第一种方式。在这种方式中，政府依然是公共服务的责任主体，而承购公共服务的社会力量则是作为委托代理的另一方，对向其购买公共服务的政府负责任，服务所需资金来自政府财政性资金。对于接受服务的社会公众来说，他们接受的服务质量到底如何，责任还是由政府来承担。社会力量参与公共服务的第二种方式，是由社会力量如各类慈善组织直接为有需要的社会公众提供公益性服务。他们直接为所提供的服务负责，所需资金来源也由提供服务的组织或个人自行筹集。社会力量参与公共服务的第三种方式，是个人或组织、机构并不直接提供公共服务，而是为公共服务提供或捐助所需的资金、物资等。通过这些资金和物资，间接地为社会公众提供公共服务。除此之外，个人参与公共服务还有第四种方式，即作为志愿者参与到公共服务的各个环节中，提供必要的人力和智力。

第六章　网络游戏行业税收征管问题研究

第一节　问题的提出

近年来，我国网络游戏行业发展极为迅速，虽然起步晚于韩国、美国等网络游戏大国，但是依靠我国人口众多、市场广阔的优势，经过数十年的发展，我国已成为世界第一游戏大国。网络游戏行业能有如此蓬勃的发展，实属难得。网络游戏行业巨大的销售收入，也本应当是国家的一大税源。然而，我国在网络游戏方面监管力量较为薄弱，导致这方面的税收征管较为混乱。在“营改增”中，仅网络游戏公司销售点卡收入并同电信行业“电信增值业务”征收6%的增值税，其他方面如网络游戏公司经营游戏虚拟道具收入，收取的玩家间虚拟财产交易的手续费收入，为玩家提供个性化服务及玩家之间的虚拟财产交易的收入均未纳入“营改增”行列，这些销售收入既属娱乐业收入，又同软件开发、文化创意甚至个人所得税交叉，征管上存在税目、税率等方面的混乱，导致这方面的税收征管出现空白。更重要的是，在网络游戏产业中，网络游戏公司的点卡销售收入占行业总销售收入的比重越来越少，更多的是增值服务及玩家之间的虚拟财产交易。税源征管方面的难题导致国家大量的税款流失，也导致行业之间投资报酬率差距过大，易引起社会不公。因此，研究网络游戏行业的税收征管问题，规范其征管及税源监管，有着重大意义。

第二节　我国网络游戏行业发展状况及收入形式

一、近年我国网络游戏行业发展状况

近年来，依托互联网技术以及通信技术的发展，我国网络游戏行业发展极为迅速。2017年上半年中国游戏用户规模达5.07亿人，游戏市场实际销售收入达到997.8亿元，同比增长26.7%，210.3亿元的收入增量成为自2009年以来所有上半年收入增量中的新高。从移动游戏作品角度看，排行榜前10位的移动游戏作品实际销售收入占中国移动游戏市场实际销售收入的比例超过50%；从游戏企业角度来讲，由腾讯、网易发行或代理的移动游戏市场实际销售收入占中国移动游戏市场实际销售收入的比例接近70%，上述两项数据均创下历史最高纪录。移动游戏

市场竞争演化为游戏作品、用户资源、知识产权、渠道等综合实力竞争，腾讯、网易等大企业竞争优势明显。2017 年 1～6 月，电子竞技游戏市场实际销售收入达到 359.9 亿元，同比增长 43.2%。其中移动电子竞技游戏市场实际销售收入达到 176.5 亿元，同比增长 100.6%，占移动游戏市场实际销售收入的 31.4%。移动电子竞技市场持续升温，并在移动游戏精品的带动下走向成熟。移动电子竞技在赛事和直播领域广泛布局，迅速构建出相对完整的移动电子竞技游戏产业链。具体体现在三个方面：一是移动电子竞技赛事逐渐走向成熟，具备创收能力；二是移动电子竞技赛事的观赛习惯逐渐形成，例如，2017 年《王者荣耀》职业联赛（King Pro League，KPL）网上观看量达到数十亿人次；三是移动电子竞技游戏类型多样化，既有传统的多人在线战术竞技游戏（multiplayer online battle arena，MOBA）、射击类，也有新兴轻度游戏，如《球球大作战》《部落冲突：皇室战争》等[85]。

由图 6-1 可见，虽然近年来中国网络游戏用户规模增长率整体呈下降趋势，但是由于其巨大的基数，我国网络游戏用户数量仍在与日俱增。在 13 亿多人口的中国，已经有大约 41%的人口参与到网络游戏中，这是一个相当巨大的规模，我国参与网络游戏的人口比美国的全部人口还要多。

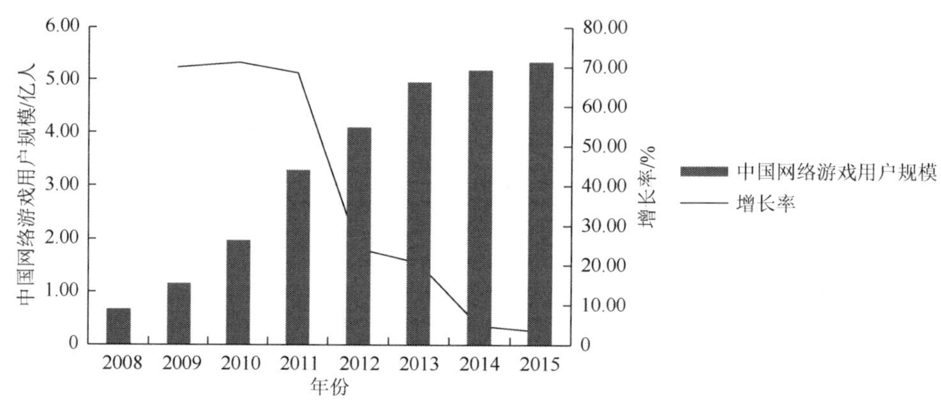

图 6-1　2008～2015 年中国网络游戏用户规模及增长率

资料来源：中国印象与数字出版协会游戏出版工作委员会发布的《2015 年中国游戏产业报告》

就网络游戏市场的格局而言，2015 年，中国客户端（PC 端）游戏市场实际销售收入达到 611.6 亿元，同比增长 0.4%。中国网页游戏市场实际销售收入达到 219.6 亿元，同比增长 8.3%。中国移动游戏市场实际销售收入达到 514.6 亿元，同比增长 87.2%。中国单机游戏市场实际销售收入达到 1.4 亿元，同比增长 180.0%。中国电视游戏市场实际销售收入达到 2.2 亿元。具体情况如图 6-2 所示。

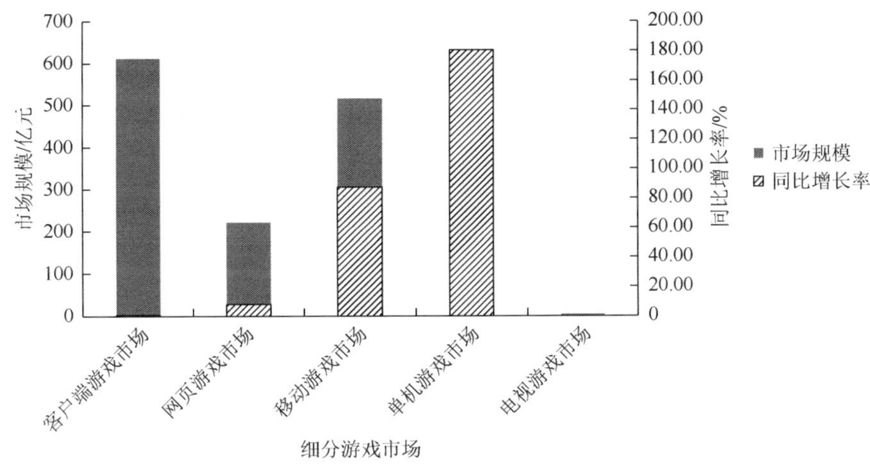

图 6-2　2015 年中国细分游戏市场规模

资料来源：中国印象与数字出版协会游戏出版工作委员会发布的《2015 年中国游戏产业报告》

由图 6-2 可见，在当今的网络游戏市场中，占主要份额的仍是客户端游戏，同时用户人数最多的也仍是客户端游戏；由于智能手机的飞速发展及普及，移动游戏以其方便、快捷、准入门槛低等特点，带动其市场份额高速增长，并且成为中国游戏市场的第二主力；网页游戏由于操作灵活、占用内存小、游戏质量高于移动游戏等特点，仍保留有一定的市场份额及增长率，但是远低于客户端游戏及移动游戏；单机游戏市场虽然增长率极高，但是其增长偶发性较强，且由于其市场份额极小，可忽略不计；电视游戏市场无论是份额还是增长率都是微乎其微。总体来说，中国游戏市场的主力仍是客户端网络游戏，其无论是在游戏质量还是游戏理念上都有其他形式的游戏难以匹敌的优势。因此，本书主要讨论以客户端游戏为主的网络游戏行业的发展及税收征管。

二、我国网络游戏行业的收入形式

（一）网络游戏类型与收费

网络游戏（online game），又称在线游戏，简称网游，指以互联网为传输媒介，以游戏运营商服务器和用户计算机为处理终端，以游戏客户端软件为信息交互窗口的旨在实现娱乐、休闲、交流和取得虚拟成就的具有可持续性的个体性多人在线游戏。

根据游戏方式，我国目前的网络游戏可分为三种类型：①客户终端游戏。此类游戏需要用户下载某种客户端（计算机程序），通过运行该程序来进行游戏。这是最基本也是最传统的网络游戏方式，因此游戏用户较为固定。②网页游戏。此类游戏无需用户下载客户端，只需要通过计算机浏览器打开游戏网页即可进行游戏。此类游戏的优势在于方便快捷，多为上班族所喜爱。③移动游戏。随着智能手机的大规模普及，手机游戏以前所未有的速度发展。手机游戏本质上也是一种手机程序，用户通过下载该程序到手机上，运行该程序来进行游戏。

目前我国的网络游戏有收费和免费之分，收费网络游戏对用户的在线游戏时间计费，免费游戏则不对用户的游戏时间收费。但免费游戏并不是真正免费，而是通过出售虚拟道具等形式收取用户的现金。除此之外，网络游戏运营上还以多种其他方式获取收入。从市场实际情况来看，目前销售游戏软件收入在一些网络游戏公司的整体收益中已经基本消失（目前多数网络游戏都是免费下载），而销售虚拟游戏财物的收益已经成为网络游戏公司最大的摇钱树。

（二）点卡销售收入

点卡（time card）的全称是虚拟消费充值卡，是按照服务公司（本书主要讨论网络游戏公司）的规定用现金兑换虚拟点，然后通过消耗虚拟点来享受该公司提供的服务的一种支付形式。现在市面上常见的网络游戏一般都采用此种收费模式。

点卡一般可按照其用途分为两种。一是时间点卡。这种点卡多见于收费网络游戏中，玩家购买该类点卡后，到指定网站充值给指定游戏账号。点卡内的点数将被折算为相应游戏时间，在玩家进行游戏时，系统将以时间为单位扣点。点卡消耗完需再次进行充值方可继续游戏。二是虚拟货币点卡。此类点卡多适用于免费或者半免费网络游戏中。激活后，点卡点数将被换算为游戏中的虚拟货币。这类游戏通常将游戏内的虚拟货币分为两类：一类可以在游戏中通过游戏行为获得，也就是游戏币；另一类只能通过点卡充值，充值后玩家即可获得相应数量的虚拟货币。一般来说后者的实际价值远大于前者，游戏开发商将许多价值较高的虚拟物品或者服务设置为只能使用点卡充值的虚拟货币购买，由此吸引更多的玩家购买点卡。

由此可见，点卡收入是网络游戏运营商最基本也是最稳定的收入，是运营商维持游戏运转和公司运营最为依赖的收入部分。

（三）网络游戏周边产品销售收入

周边产品一般指利用动画、漫画、游戏等作品中的人物或动物造型，经授权后制成的商品。周边产品的种类十分丰富，有玩具、文具、食品、服饰、电器及各类生活用品。目前，许多网络游戏为了扩大其影响力，同时也将周边产品作为宣传手段的一种，越来越关注周边产品的研发与销售。

网络游戏周边产品一般有两种销售方式。第一，通过网络游戏官方网站销售。消费者通过此种途径购买周边产品类似于通过其他电商平台购买物品，以人民币作为结算货币。第二，在网络游戏内销售。消费者欲通过此种途径购买周边产品，需首先通过该网络游戏的官方网站充值点卡或者游戏专用货币，然后以点卡或者游戏专用货币作为结算货币。由于相当部分网络游戏内通用的专用货币都可以通过玩家的游戏行为获得，游戏内销售的周边产品数量几乎等同于通过官方网站销售的产品数量。

（四）虚拟游戏财产交易手续费收入

网络游戏账号或者账号内的虚拟道具，都属于该物品持有者的虚拟财产。由于持有者进行该类物品交易较为困难且安全性低（主要涉及玩家间的协商问题），有些网络游戏公司开设了官方的交易平台供玩家间进行虚拟财产交易，公司为交易的安全性负责，同时收取虚拟财产出售者一定比例的出售所得作为交易手续费。例如，网络游戏公司为其旗下游戏《梦幻西游》（一款知名网络游戏）所开设的交易平台“藏宝阁”，玩家通过该平台出售虚拟财产需向网易缴纳出售金额5%的手续费。此部分收入虽然并不像点卡收入一样稳定，但是由于游戏内玩家数量众多，交易频繁，手续费收入也是网易收入中的重要部分。根据艾瑞资讯的统计数据，2015年中国虚拟物品交易市场规模（不包括点卡市场）已经达到150多亿元，超过网络游戏市场规模的1/10。虚拟物品交易手续费收入已经成为网络游戏公司的重要收入来源，对其收入结构也产生了深刻影响[86]。

（五）广告收入

网络游戏凭借互动体验、全感参与、在线交流等优势迅速发展成为互联网中新的业务增长点，不仅赚足了玩家的金钱，还将他们的“注意力”作为一种资源转而贩卖给部分广告商，创造了“二次销售”，即实现了将游戏产品销售给目标受众之后的又一次盈利机会。商家选择网络游戏做广告正是基于其目标对象的针对性、稳固的媒体接触惯性、相对低廉的成本等优势，并希望借助游戏较高的认同度所产生的“晕轮效应”，增加消费者对本企业产品的认知与认真关注，形成一定的品牌偏好，继而不断促进销售业绩的提升。

相对于其他广告形式而言，网络游戏内的广告具有以下优势。

首先，广告发布的针对性强。网络游戏的主要玩家群一般为18～30岁的年轻人，明确的广告诉求对象，让广告主做到有的放矢，避免浪费资金投入。另外，网络游戏玩家为了方便给游戏充值点卡，在注册时必定要留下详尽而准确的用户资料，这在无形中就形成了十分有价值的资料库。

其次，广告发布方式灵活多变。网络游戏广告多以内在形式嵌入游戏的界面或内容，方式隐含而易于让人接受，既可根据广告主的产品定制不同形式的网络游戏，还可使广告商品成为网络游戏的道具或场景，甚至是网络游戏运营商与广告主合作制定促销战略以达到双赢目的。

最后，市场促销方式新颖多样。网络游戏吸收了市场营销的许多精髓，广告的促销方式表现出了惊人的创造性和新颖性。各种各样的促销方式使玩家应接不暇，自然为产品的销售打开了广阔的市场。

在网络游戏内推送广告的巨大优势，使得一些互联网商家越来越倾向于同网络游戏公司合作，借其游戏产品大打广告，网络游戏公司的广告收入也因此连年增长，已经成为其总收入的重要组成部分。

三、个体在网络游戏行业中的收入

（一）游戏代练收入

游戏代练，即帮助其他网络游戏玩家打游戏，按照网络游戏玩家的要求，在指定时间内帮助他们快速提升游戏角色级别或者获取高级装备武器，从而得到网络游戏玩家给付的相应酬金。本质上来说，游戏代练也是一种雇佣关系，代练者通过付出劳动获得雇主的劳务报酬。虽然代练行为产生的劳动成果是虚拟的，支付报酬的形式也有现金支付和虚拟货币支付等多种形式，但是归根到底其最终的交易手段仍是使用现实货币，最终的交易目的仍是获取现实经济利益。

（二）出售虚拟游戏财产收入

按照个体在网络游戏中进行游戏行为的目的，可以将网络游戏玩家分为三类：一是纯粹以娱乐为目的而进行游戏的玩家，此类玩家很少或者几乎不通过网络游戏获利，甚至频频在游戏中投入金钱；二是半娱乐半职业玩家，此类玩家在进行游戏娱乐的同时出售部分虚拟游戏财产，但其出售的虚拟游戏财产数量较少且产出很不稳定；三是职业玩家，该类玩家进行网络游戏的唯一目的即获得虚拟财产然后出售，其产出量不仅远远高于半娱乐半职业玩家，而且相当稳定，平均每月都有相对固定数额的虚拟财产出售，获利金额十分可观。从实际游戏活动看，一个职业的《梦幻西游》玩家每月可稳定获利 4000～5000 元，游戏内节日活动丰富时高收入者甚至可以月入万元。

虽然相当一部分人认为网络游戏虚拟财产仅仅是一些数据，并不具有实际意义上的价值，但是其均是网络游戏玩家通过劳动、精力、财产等要素投入而产出的，加之其在网络游戏中均具有一定的使用价值，所以可视为一般意义上的财产。中国人民大学王宗玉认为，网络游戏玩家通过练级或购买获得的“头盔”“战甲”等武器装备，是玩家花时间、金钱和精力获得的，应该算劳动所得。这种财产既有价值，又有使用价值，进行转让是合理合法的[87]。由此看来，网络游戏虚拟财产本质上等同于现实生活中的财产，应该赋予两者相同的法律地位，以便对两者的转让交易行为平等征税。

第三节　当前我国对网络游戏行业征税的规定及其困境

一、我国当前对网络游戏行业征税的规定

在我国，由于网络游戏公司经营方式多样，且其利润呈多元化趋势发展，多类收入在本质上是不同的，应分别纳税。然而，在“营改增”之前，我国将网络游戏行业归入娱乐业，仅对其点卡销售收入征税和对网络游戏公司征收企业所得税。“营改增”之后，也仅是规定将网络游戏公司从用户处取得的游戏点卡收入按照“电信增值业务”缴纳增值税，税率为 6%，并没有对其他收入设计详细的税制。另外，个人在网络游戏中的所得也没有被税法纳入征税范围。

就目前我国网络游戏行业的运营状况和税法规定来看，以下收入部分需缴纳税收。

一是点卡销售收入。自 2014 年 6 月 1 日起，电信业被纳入“营改增”范围，网络游戏公司从用户处取得的游戏点卡收入按照“电信增值业务”缴纳增值税，税率为 6%。

二是游戏周边产品销售收入。此类收入属网络游戏公司销售普通应税货物，与其他收入单独区分，以一般纳税人的身份按照 17%的税率缴纳增值税。

三是广告收入。根据“营改增”最新规定，网络游戏公司需就其广告收入按照 6%的税率缴纳增值税。

四是网络游戏公司经营所得。网络游戏公司也是我国千万企业中的一种，需按照企业所得税法规定缴纳企业所得税，其不享受税收优惠，税率为 25%。

除此之外，我国各种企业应缴纳的城市维护建设税及教育费附加，网络游戏公司也应一同缴纳。

根据前面所述内容，网络游戏公司的许多其他收入，如收取的虚拟游戏财产交易手续费收入并没有被现行税法纳入征税范围，仅作为网络游戏公司整体经营所得缴纳企业所得税。

另外，个人在网络游戏中的所得，包括游戏代练收入和出售虚拟游戏财产所得也不被征税。虽然在 2008 年 9 月 28 日，国家税务总局公布《国家税务总局关于个人通过网络买卖虚拟货币取得收入征收个人所得税问题的批复》，指出个人通过网络收购玩家的虚拟货币，加价后向他人出售取得的收入，属于个人所得税应税所得，之后各省市也陆续出台征收细则，但实际效果很是不好。北京地税部门自 2008 年 11 月 10 日正式执行虚拟货币税收新政后数月内无一人主动申报，并表示暂时不会出台监管细则，其中缺乏有效的认证核查手段是阻碍税收新政实施的一大难题。实际上，国家并没有对个人在网络游戏中的所得开征所得税。

二、我国当前对网络游戏行业征税的困境

（一）网络游戏行业中存在征税空白的区域

我国税法对网络游戏公司多元化的经营行为认识不足，导致网络游戏公司相当一部分收入处于征税范围之外，造成了国家税源的大量流失。

目前我国网络游戏行业存在的征税空白区域有三。一是网络游戏公司虚拟游戏财产交易手续费收入。在网络游戏尚属营业税征收范围时，该部分收入等同于销售点卡收入共同作为营业额征收营业税。而在“营改增”之后，仅点卡销售收入按照“电信增值业务”缴纳 6%的增值税，此部分手续费收入并未被纳入征税范围。二是个体游戏代练收入。在网络时代，网络虚拟财产也成为财产的一种存在形式，游戏代练基本等同于现实中的提供劳务行为。此类收入零碎且分散但是总额巨大，平均职业收入均在 3000 元以上。而且此类收入不属于国家特殊照顾或者应给予税收优惠的部分，但游戏代练者却从未缴过税。三是个体出售虚拟游戏财产收入。个体虚拟财产作为个人财产的一种形式，其转让也本应等同于个人实际财产转让，比照财产转让 20%的税率缴纳个人所得税。然而网络游戏玩家却从未对此类所得缴过税。

（二）网络游戏行业税款的隐性流失

隐性流失，意即某一经济活动虽然被纳入征税范围，但实际税率明显低于其他类似行业或者经济活动且无正当理由。在网络游戏行业中，税款隐性流失主要表现在用户以点卡购买游戏周边产品上。

游戏周边产品虽然是根据网络游戏内某一形象授权而生产的，但其本质上仍

属于普通商品的一种，网络游戏公司销售此类产品需比照其他电商平台销售一般商品按照17%的税率缴纳增值税。本章前面已经提到，网络游戏公司销售周边产品有两种方式，在第二种方式，即游戏内销售周边产品时，消费者通过充值点卡获得游戏内专用货币，然后以游戏内专用货币购买周边产品。虽然本质上这种销售方式等同于以人民币作为结算货币销售产品，但网络游戏公司却将其列为点卡销售收入，本来应该缴纳销售额17%的增值税，以点卡计账后，按照现行征税规定，只能对网络游戏公司征收销售额6%的增值税。这样一来，销售额11%的增值税差额便隐性流失了。在游戏内销售周边产品越来越流行的趋势下，网络游戏公司这种记账方式必然会使其逃避大量税收，国家财政将蒙受巨大损失。

根据网易公布的2015年第二季度财报，2015年第二季度，网易总共营业收入为48.33亿元，其中电商类收入约为5.05亿元，游戏周边产品约占电商收入的20%，约为1亿元。网易玩家调查显示，有50%以上的玩家更倾向于在游戏内以点卡购买的形式购买周边产品。由此可计算，若有50%的玩家以点卡的形式购买游戏周边产品，销售额约为0.5亿元，按照增值税一般纳税人的税率，此部分收入应纳增值税税额约为727万元。然而，此部分玩家以点卡购买的形式购买游戏周边产品，这部分产品应纳增值税税额仅为300万元，此中仅增值税税款隐性流失就已经达到427万元。

由此案例可见，仅网易公司一季度的周边产品销售，就可造成国家增值税税收隐性流失427万元。在现阶段我国的游戏市场上，还存在着大量规模类似网易甚至大过网易的网络游戏公司，其以点卡购买形式销售的周边产品造成的税款隐性流失给国家财政带来的损失是巨大的，因此，尽快加强对网络游戏公司的监管，建立更加完善的网络游戏公司税收征管新方案已经刻不容缓。

第四节　影响网络游戏行业税收征管的因素

一、网络游戏公司运营特点导致现行税收征管办法难以适应

我国网络游戏行业经过多年发展，网络游戏公司的盈利模式从单一的点卡收费转向了多元化收费。其中点卡收入是最为稳定持久的收入，其他如周边产品销售收入、虚拟游戏财产交易手续费收入、广告收入则因网络游戏产品知名度、用户基数等因素的不同而不同，而且受其他市场因素影响较大，较为不稳定，但是其收入却是网络游戏公司收入的一大部分，甚至远远超过了点卡收入。非点卡收入的另一特点则是分散，主要表现为非集中性，且时间分布不均匀，随意性也较强。两大特点导致国家很难对其具体收入额进行有效监管，因此对网络游戏公司征税主要是对点卡收入征税，非点卡收入这一大税源则白白流失。

监管不足导致网络游戏行业的整体税负低于其他行业，易引发社会不公。统一市场的社会主义市场经济体制要求统一税法，公平税负，只要发生交易就应当缴税。即使存在上述种种困难，公平税负与规范处分的理念仍要求尽快加强监管，精准确认网络游戏公司的每一笔收入。

监管成本过高是导致监管不足的一个重要原因。根据税收效率原则，高效率的税收是向少量的纳税者征收大量的税款。由于虚拟财产交易门槛低且无准入限制，其参与者大多是个人和小规模工作室，这导致纳税人数量多而单个个体所缴纳的税款少，税务机关要做好征税工作就必须投入大量的人力、物力，采用更复杂的监管程序，这将大大增加税收监管成本。

二、网络虚拟财产销售额难以确认

我国虚拟物品交易最近几年才兴起，虽然一部分网络游戏公司对其游戏产品配备了相应的交易平台（如网易为其旗下产品《梦幻西游》配备的“藏宝阁”），但大部分网络游戏的虚拟物品交易仍依靠第三方交易平台（如“5173”游戏交易平台），实名制还未完全普及。而且，虚拟物品价格受网络游戏运营公司营销策略、人气、版本改动、运营时间、社会偏好变化等多种因素影响，变化速度很快，导致虚拟财产销售额难以确认，税务机关也难以就此征税。

三、个体收入碎片化且形式多样，难以准确计量

个体在网络游戏行业的收入主要可以分为两部分。一是游戏代练收入，此类收入结账方式主要是个体完成雇主交代的任务然后获得约定报酬，时间期限和报酬根据任务量大小决定，极其不稳定。二是出售虚拟财产收入，此类收入的虚拟性和流动性催生出新特点：消费者可以匿名，生产者易于隐藏其住所，虚拟财产的交易行为也不易被当地税务机关察觉。而且交易发生时间根据出售者自身情况而定，收入额多少根据虚拟财产价值大小而定，同样极其不稳定。因此国家也难以对个体的网络游戏收入进行准确监管和计量，造成国家税款大量流失，同时个体自觉准确申报所得税的自觉性和可行性也很差。

四、国家尚未正式确立私人网络虚拟财产的法律地位

在网络时代，网络虚拟财产从本质上说等同于个人实际财产，同样是个人通过合法劳动或者付出相应代价取得的。虚拟二字并不是指该财产是虚拟的，更不是指该财产的法律性质是虚幻的，而是为了与传统形态的财产提供适当的区分，

表明虚拟财产因网络游戏空间而存在，虚拟财产和传统形态的财产在价值来源与存在方式上有重大差别，但这并不阻碍虚拟财产同样应受到法律保护。

然而，从整个游戏过程来看，网络游戏的持续、顺利进行也有赖于游戏运营商的后台保障和技术支持，因此，严格来说，玩家对虚拟物品的支配权还是一种不完整的支配权，虚拟物品最终的“生杀予夺”大权最终还是掌握在运营商手里。加之我国在虚拟财产方面仍迟迟未立法，尚未承认个人虚拟财产的法律地位，所以目前对个人转让虚拟财产征税较为不妥，因为对某一行为或物体征税就必须先承认其法律地位并且国家对其进行法律保护。反观国外，近年，作为网络游戏大国之一，韩国已经在法律上承认网络游戏虚拟财产的合法财产权利，规定网络游戏中的虚拟装备和物品独立于网络游戏运营商，具有独立财产价值，等同于银行存款，受法律保护。

五、网络游戏税制设计理念尚不到位

税收不仅是政府取得财政收入的重要手段，更是政府对宏观经济和产业发展进行调控的一种手段。通过对不同行业设定不同的税率，可以起到扶持或者抑制某一行业发展的作用。网络游戏行业虽然是新兴行业，其发展也符合国家绿色国内生产总值的发展理念，然而，网络游戏本身的特性，容易使人沉迷其中而荒废学习和工作，尤其是青少年，这一群体自制力和经济能力都较差，若长期沉迷于网络游戏中，必然对其学习和生活造成巨大危害。另外，网络游戏行业是一个特殊行业，游戏本身创造的社会价值十分有限，对社会生产的发展只能起到些许作用，如带动游戏周边产品的销售、带动部分人员就业、弘扬某种文化等。但是现在网络游戏同质化现象较为严重，其内容大多对青少年甚至成人的发展生活产生负面影响，因此，国家在发展这一“绿色”行业的同时，应该更多地关注其对青少年成长所带来的危害。

结合上述，网络游戏在某些性质上等同于香烟（成瘾性、危害性等）。因此，若将网络游戏行业归为普通的娱乐业，与其他普通娱乐业一样以相同的税率征税，本身就是对其他娱乐业的不公和对网络游戏行业的放纵。而且网络游戏公司相当一部分收入实际上是免税的或者税率是低于正常水平的。在这一方面，税收应发挥其调节社会不公、调控产业结构的作用，国家应为网络游戏行业设计合理的税制，充分考虑其行业的特殊性。

第五节 规范我国网络游戏行业税收征管的政策建议

根据以上分析，建议国家重视对网络游戏行业的税制建设和税收征管。具体思路主要有以下几点。

一、建立更加科学完善的网络游戏行业收入监管系统

本章已经提到，网络游戏公司之所以税负相对较轻，是因为其相当一部分收入实际上是免税的或者适用税率低于正常水平，其收入形式多样化，国家对其监管不到位。个体在网络游戏中的获利行为也极为零散且随意性较强，导致国家也无法对其监管，更是无法征税。网络游戏行业本身不属于国家特殊照顾行业，因此个人的获利行为也必须缴税。

所以，针对上述问题，应建立更加科学完善的网络游戏行业收入监管系统，全面监管网络游戏企业和个人在网络游戏中的获利行为。首先，对于网络游戏公司而言，国家应明确其各项收入的来源及性质，严格区分各项收入，禁止网络游戏公司将各项收入混淆，从而方便对各项收入以不同的税率征税。其次，对于个人的获利行为，可从其收入获得的来源入手监管。对于个体间虚拟财产转让，网络游戏公司可代收代缴财产税，以增加手续费比例的形式征收个体的财产转让税，并且加强对交易轨迹的跟踪和记录，找到并保存交易发生时形成的原始凭证；对于个体间的协议代练等行为，网络游戏公司可委托代练网站平台，对代练者的收入按月汇总，然后参照劳务报酬的税率对代练者代扣代缴所得税。

二、尽快确认私人网络虚拟财产的法律地位

由于国家征税对象需有明确的法律地位，应尽快确认私人网络虚拟财产的法律地位。网络虚拟财产在本质上和实物财产相同，都是个人通过劳动或者货币购买所得，理应受到法律保护。尽管有些人认为网络虚拟财产本质上还是数据，离开网络游戏就没有任何价值，但实际上玩家在获得虚拟财产的过程中所付出的劳动、金钱和精力与其获得实际财产无异，网上网下如火如荼的交易也说明其交易的合理性，其运作过程皆在运营商的交易规则之内进行，合法且蕴藏着巨大的税源。

然而在我国，并没有正式出台法律承认网络虚拟财产的法律地位，因此对个人间虚拟财产转让及代练行为征税就缺少合理性。在个人的网络游戏收入越来越多的今天，及时确立虚拟财产的法律地位，对于调节个人收入，促进社会公平，增加国家财政收入，有着重大意义。

三、创新网络游戏行业税制设计理念

作为一个新生行业，网络游戏行业不论是在运营方式上还是在盈利结构上都

与传统企业有着明显的不同，加之个体在其中参与获利，更凸显了网络游戏行业的特征。因此，在给网络游戏行业设计税制时，就不能按照固有的模式和思路，把网络游戏行业当作一个传统企业来看，应该充分调研取证，充分认识到网络游戏行业的运营新特征及收入新结构，充分认识到个人在网络游戏行业中的获利情况，从本质上看到网络游戏行业的性质，然后比照类似行业或类似经济活动，对其设计合适的税制，使其与传统行业承担大致相当的税负，避免引起社会不公，阻碍经济发展。

四、合理调整网络游戏行业税负

网络游戏产品本身具有一定的危害性和成瘾性，因此造就了其行业的特殊性，不能将其简单归入娱乐业统一征税，应为其设计更合理的税制。

目前我国网络游戏行业的征税模式较为单一，主要是对其点卡销售收入征税，税负也较轻。对此，本书提出如下税制设计建议。

第一，对于网络游戏公司，应转向对其收入按实际来源而不是名义来源征税，如对点卡销售部分比照“电信增值业务”征收6%的增值税，对其以各种形式销售周边产品（包括点卡销售）行为按照一般纳税人销售货物行为征收17%的增值税。

第二，对网络游戏公司收取的虚拟财产交易手续费收入另行设计适合的税率，并且可考虑将对个人征收的虚拟财产交易税并入手续费一同向个人收取。让第三方交易平台承担代扣代缴的义务，可以提高网络游戏虚拟财产交易征税的有效性，降低征税成本，减少偷逃税款的现象，提高征税的有效性。

第三，对于个人在网络游戏中购入虚拟物品经过个人改造或加工后加价出售的行为，对其增值额按照17%的税率征收增值税。虽然网络游戏虚拟财产物品不符合《中华人民共和国增值税暂行条例》中对有形动产的规定，但是根据本书论述，虚拟物品本质上等同于有形动产，对其征收增值税是可行且合理的。

第四，对于在网络游戏中取得收入的个人，在比照劳务报酬对其征税的同时，可适当对其征收一定的调节税，使其比提供普通劳务报酬承担更高的税率，旨在促使其更多地从事实际生产性工作，为社会创造更多实际价值。

第五，比照国家对香烟所征收的消费税，对于同样具有一定成瘾性和危害性的网络游戏产品，国家也应适当对其征收一定的消费税，通过提高消费成本的方式控制消费人数，从而在一定程度上降低网络游戏的社会危害，使其回归到娱乐的本质上。

参考文献

[1] 黄承伟. 中国扶贫开发道路研究：评述与展望[J]. 中国农业大学学报（社会科学版），2016，（5）：5-15.

[2] 保定市扶贫开发办公室. 保定市打赢脱贫攻坚战系列方案汇编[Z]. 2016.

[3] George H. Progress and Poverty[M]. New York：Robert Schalkenbach Foundation，2006.

[4] 周彬彬. 向贫困挑战——国外缓解贫困的理论与实践[M]. 北京：人民出版社，1991.

[5] Rowntree B S. Poverty：A Study of Town Life[M]. Charleston：SC Nabu Press，2010.

[6] 曾福生，曾志红，范永忠. 克贫攻坚：中国农村扶贫资金效率研究[M]. 北京：中央编译出版社，2015.

[7] Townsend P. Poverty in the United Kingdom：A Survey of Household Resources and Standards of Living[M]. San Francisco：University of California Press，1979.

[8] Lemert E M. Social Pathology：A Systematic Approach to the Theory of Sociopathic Behavior[M]. San Francisco：McGraw-Hill，1951.

[9] Fairchild H P. Dictionary of Sociology[M]. New York：Litter-field，Adams & Co，1962.

[10] Queen S A，Mann D M. Social Pathology[M]. San Francisco：McGraw-Hill，1951.

[11] World Bank. World Development Report（1990）[M]. Oxford：Oxford University Press，1990.

[12] 国家统计局"中国城镇居民贫困问题研究"课题组. 中国城镇居民贫困问题研究[J]. 统计研究，1991，（6）：12-18.

[13] 吴天锡. 农村贫困问题及其发展趋势[J]. 世界农业，1998，（6）：3-5.

[14] Suhultz T W. Restoring Economic Equilibrium：Human Capital in the Modernizing Economy[M]. Oxford：Basil Blackwell，1990.

[15] 王时涛. 我国城市贫困问题研究[J]. 学术界，1998，（2）：84-88.

[16] Sen A. Commodities and Capabilities[M]. Oxford：Oxford University Press，1999.

[17] 欧共体委员会. 向贫困开发的共同体制特别行动计划的中期报告//唐钧. 中国城市居民贫困线研究[M]. 上海：上海社会科学院出版社，1998.

[18] 世界银行. 2000/2001 年世界发展报告：与贫困作斗争[R]. 北京：中国财政经济出版社，2001.

[19] 王萍萍，徐鑫，郝彦宏. 中国农村贫困标准问题研究[J]. 调研世界，2015，（8）：3-8.

[20] 张秀艳，潘云. 贫困理论与反贫困政策研究进展[J]. 经济问题，2017，（3）：1-5.

[21] 毕洁颖，黄佳琦. 农户多维贫困测量及 2020 年后展望[J]. 农业展望，2017，13（1）：13-18.

[22] 顾菁. 我国扶贫资金的使用绩效研究[D]. 武汉：华中科技大学，2011.

[23] 侯军岐. 论我国专项财政扶贫资金管理研究[J]. 价值工程，2015，（4）：159-160.

[24] Pizza A，Liang E H. The State of Poverty in China：Its Causes and Remedies[R]. Cambridge：Harvard University，1997.

[25] 朱乾宇. 政府扶贫资金投入方式与扶贫绩效的多元回归分析[J]. 中央财经大学学报，2004，(7)：11-15.

[26] 郑海宁，李彤. 农业财政支出绩效评价指标体系初探[J]. 商业会计，2013，(3)：40-43.

[27] 于敏. 中国财政扶贫资金绩效考评存在的问题及对策研究[J]. 新疆农垦经济，2010，(4)：63-66.

[28] 范小建. 扶贫攻坚的中国式探索[J]. 北大商业评论，2015，(10)：68-69.

[29] 汪三贵，郭子豪. 论中国的精准扶贫[J]. 党政视野，2016，(7)：44.

[30] 财政部，国家发改委，国务院扶贫办. 关于印发《中央财政专项扶贫资金管理办法》的通知[Z]. 2011.

[31] Samuelson P A. The pure theory of public expenditure[J]. Review of Economics and Statistics，1954，36 (4)：387-389.

[32] 曾志红. 我国农村扶贫资金效率研究[D]. 长沙：湖南农业大学，2013.

[33] 蔡昉，陈凡，张车伟. 政府开发式扶贫资金政策与投资效率[J]. 中国青年社会科学，2001，20 (2)：60-66.

[34] 胡祥勇，范永忠. 中国农村扶贫资金使用效率实证分析[J]. 中南林业科技大学学报（社会科学版），2014，8 (3)：76-80.

[35] 陈凌珠，庄天慧. 四川省扶贫资金益贫效果分析[J]. 四川农业大学学报，2016，34 (2)：257-264.

[36] Chen S H，Ravallion M. China's (uneven) progress against poverty[J]. Journal of Development Economics，2007，82 (1)：1-42.

[37] 洪喜，雷良海. 公共支出绩效评价指标体系构建的理论思考[J]. 经济研究导刊，2009，(4)：11-12.

[38] 陈杰. 我国农村扶贫资金效率的理论与实证研究[D]. 长沙：中南大学，2007.

[39] 陈强. 高级计量经济学及 Stata 应用[M]. 2 版. 北京：高等教育出版社，2014.

[40] 关友毅. 安徽省 R&D 投入与 GDP 增长关系实证分析[J]. 科学决策，2013，(4)：78-94.

[41] 严成樑，龚六堂. R&D 规模、R&D 结构与经济增长[J]. 南开经济研究，2013，(2)：3-19.

[42] 孙东，周怡君. 政府 R&D 投入、创新能力对长三角经济增长的影响[J]. 华东经济管理，2013，(9)：80-82.

[43] 杜文献，吴林海. 政府 R&D 投入对企业 R&D 投入的诱导效应——基于 1991～2004 年中国科技统计数据的实证分析[J]. 科技进步与对策，2007，24 (11)：20-23.

[44] 刘凤朝，孙玉涛. 基于过程的政府 R&D 投入绩效分析[J]. 研究与发展管理，2008，20 (5)：90-95.

[45] 刘文惠. 政府研发补助对企业研发投入的影响——基于创业板上市公司经验数据的分析[J]. 现代商贸工业，2014，(6)：32-34.

[46] 孙维峰. 政府 R&D 支出对企业 R&D 支出的影响——基于省际数据的实证分析[J]. 科技和产业，2012，(10)：100-103.

[47] 陈建宝，禚铸瑶. 我国政府对大中型工业企业 R&D 的最优资助率区间研究[J]. 科技管理研究，2013，(21)：46-50.

[48] 郝言慧. 政府 R&D 投入对企业 R&D 投入的效应分析——以山西省为例[J]. 物流工程与管理，2013，35 (3)：148-150.

[49] 王海霞. R&D 绩效评估体系的构建[J]. 合作经济与科技，2013，(4)：38-39.

[50] 张世慧，宋艳，王俊. 四川省财政科技投入绩效评价体系的优化设计[J]. 软科学，2013，27（8）：136-140.

[51] 王刚，池翔. 我国财政科技支出绩效评价体系构建问题研究[J]. 福州大学学报（哲学社会科学版），2014，(4)：34-37.

[52] 田时中，田淑英，钱海燕. 财政科技支出项目绩效评价指标体系及方法[J]. 科研管理，2015，(s1)：365-370.

[53] 马少强. 省级财政科技投入绩效评估——基于 DEA 的实证研究[J]. 中国城市经济，2011，(2)：10-11.

[54] 穆智蕊. 基于超效率 DEA 模型的北京 R&D 投入绩效评价[J]. 科技进步与对策，2012，29（5）：117-120.

[55] 郭兵，袁菲，谢智敏. 基于 DEA 方法的上海市财政科技投入绩效评价研究[J]. 中国管理科学，2012，(S1)：32-35.

[56] 李媛媛. 辽宁省财政科技投入产出效率的研究[D]. 沈阳：沈阳大学，2013.

[57] 黄科舫，向秦，何施. 基于 DEA 模型的湖北省财政科技投入产出效率研究[J]. 科技进步与对策，2014，(6)：123-129.

[58] 李尽法. 基于 SE-DEA 的财政科技投入效率测度实证研究[J]. 科技管理研究，2011，31(15)：69-71.

[59] 尹伟华，袁卫. 我国区域 R&D 投入绩效评价研究——基于关联网络 DEA 模型[J]. 科技进步与对策，2012，29（23）：123-127.

[60] 张霄，刘京焕，王宝顺. 我国省级财政研发支出效率的评价[J]. 统计与决策，2013，(1)：134-138.

[61] 樊华. DEA/PCA 模型在科技绩效评价中的应用[J]. 淮海工学院学报（自然科学版），2005，14（2）：81-84.

[62] 仵凤清，唐朝生. 财政科技资金绩效评价模型的构建及实证研究[J]. 中国科技论坛，2009，(11)：8-12.

[63] 梁强. 基于 DEA-EFA 模型的财政科技投入绩效评价[J]. 财会通讯，2011，(17)：49-50.

[64] 钟华，安新颖，汪凌勇. 国家 R&D 投入产出效率评价的实证分析——DEA 方法[J]. 重庆大学学报（社会科学版），2011，(1)：72-79.

[65] 张军果，任浩，谢福泉. 项目后评价视角下的财政科技项目绩效评估体系研究[J]. 科学学与科学技术管理，2007，28（2）：14-20.

[66] 范慧慧. 基于层次模糊综合评判的南京市科技投入绩效实证研究[J]. 科技管理研究，2009，(4)：79-82.

[67] 方涛. 基于组合分析的政府 R&D 投入绩效优化模型[J]. 科技管理研究，2013，(18)：49-52.

[68] 邹林全. 基于省级面板数据财政科技投入绩效评价模型的构建[J]. 未来与发展，2013，36（1）：26-29.

[69] 李保婵，唐唯晓. 财政科技投入资金绩效评估机制的构建[J]. 合作经济与科技，2014，(3)：108-109.

[70] 习近平在听取京津冀协同发展专题汇报时强调优势互补互利共赢扎实推进努力实现京津冀一体化发展[N]. 人民日报，2014-02-28（1）.

[71] Tiebout C M. A pure theory of local expenditures[J]. Journal of Political Economy，1956，64（5）：416-424.

[72] Breton A. Competitive Governments：An Economic Theory of Politic and Public Finance[M]. Cambridge：Cambridge University Press，1996.

[73] 黎鹏. 区域经济协同发展及其理论依据与实施途径[J]. 地理与地理信息科学，2005，21（4）：51-55.

[74] 哈肯 H. 协同学：大自然构成的奥秘[M]. 凌复华，译. 上海：上海译文出版社，2005.

[75] 杨安华. 国外地方政府间建立伙伴关系研究述评[J]. 南京社会科学，2008，（5）：79-85.

[76] 葛晓倩. 冬奥评估团考察北京赛区场馆[N]. 北京晨报，2015-03-25（7）.

[77] 马斌. 公共服务中的政府间合作[N]. 学习时报，2009-05-05（6）.

[78] 徐卫芳. 政府购买公共服务路径选择[N]. 中国政府采购报，2014-04-17（2）.

[79] 周庆华，何菲. 河北顶层设计政府购买社会工作服务制度[N]. 中国财经报，2014-09-11（3）.

[80] 邱益中. 政府购买公共服务要有制度规范[N]. 文汇报，2014-04-17（4）.

[81] 马得清. 河北省出台实施办法——政府购买公共服务严禁转包及超预算[N]. 河北日报，2014-06-03（2）.

[82] 穆勒 J. 政治经济学原理及其在社会哲学上的若干应用[M]. 赵荣潜，桑炳彦，朱泱等，译. 北京：商务印书馆，1991.

[83] 奥斯特罗姆 E. 公共事务的治理之道——集体行动制度的演进[M]. 余逊达，陈旭东，译. 上海：上海三联书店，2000.

[84] 萨瓦斯 E S. 民营化与 PPP 模式：推动政府和社会资本合作[M]. 周志忍等，译. 北京：中国人民大学出版社，2015.

[85] 李治国. 我国游戏市场规模近千亿元，移动电竞市场升温[N]. 中国高新技术产业导报，2017-08-14（2）.

[86] 刘佳南. 虚拟财产交易的可税性分析[J]. 法制与社会，2012，（35）：95-97.

[87] 荆龙. “虚拟财产”面对现实考量[N]. 人民法院报，2004-08-26（5）.